MINERVA
TEXT
LIBRARY
66

現代アジアの企業経営

多様化するビジネスモデルの実態

中川 涼司・髙久保 豊 編著

ミネルヴァ書房

は し が き

　本書は 2009 年に出版されたシリーズ「現代社会を読む経営学」の第 12 巻『東アジアの企業経営』を章構成などを若干変え，また，全体としてアップデートしたものである。

　東アジア地域は世界銀行の『東アジアの奇跡』(1993 年) において考察されたように，世界的にも高い経済成長を遂げてきた。東アジア経済の成長に関しては，雁行形態論（赤松要，小島清）や構造転換連鎖論（渡辺利夫）などにより，アジアにおいて真っ先に工業化に成功した日本を先頭に，連鎖的な発展を遂げてきたという見方が強く出されている。また，アジア的価値論や儒教資本主義論など価値観の共通性を指摘する見方も根強い。

　もちろん，マクロ的にはある程度の共通点を見出すことはできる。輸入代替工業化から輸出志向工業化への転換を図ったこと，積極的な外資導入政策を採ったこと，権威主義的な政府が主導性を持ってこれらの工業化を促進したこと，人材教育を重視したことなどである。

　しかし，各国・地域の社会的・文化的背景と発展経緯に留意しながら仔細に各国企業の主たるビジネスモデルを検討すると，そこには共通点とともに多くの多様性を見出すことができる。また，各国のビジネスモデルも必ずしも一様ではなく，多種多様なビジネスモデルが混在し，一企業のビジネスモデルすら，いくつかのモデルの複合体である。しかも，昨日までのビジネスモデルが明日以降も有効であるとは限らない。企業を取り巻く環境の変化に対応して，企業自身が革新を遂げなければならないからである。本書は，共通性よりもむしろこの多様性と複合性のダイナミズムに着目して，アジアの企業経営の特徴を明らかにしていくものである。

　本書の特徴は，東アジアの各国・地域（韓国・台湾・中国・タイ・ミャンマー）別のビジネスモデルの特徴を明らかにするとともに，職能・企業形態（コーポレート・ガバナンス，人事・労務，生産システム，CIO［情報管理担当役員］，マーケティング，

i

中小企業）別の考察を行うことで，縦糸と横糸から東アジアの企業経営の特徴を明らかにしようとしていることである。このようなアプローチによって，東アジアの立体的な考察ができることを狙いとしている。

　また，東アジアの企業経営について理解しようとする場合，経営学の基本用語について理解するとともに，東アジア諸国の国情についても理解する必要があり，初学者にとっては二重の困難がある。したがって，本書では経営学の基本用語と東アジアの国々の特徴を示すキーワードの両方を，本文中および用語解説において懇切丁寧に説明することを心がけている。さらに，東アジアの社会や企業経営に関して，身近な話題から関心を持ってもらうことを目的として，社会事情や代表的な企業事例などをコラムとして取り上げ，ディスカッションを容易にするための設問も設けられている。設問はそれぞれの章の内容を再確認するためのものと，章の中身を踏まえてさらに発展的に考察を加えるためのもの両方が準備されている。推薦図書は，本書の内容をさらに深く学びたい読者のためのものである。

　東アジアの経済的一体性や相互依存性は益々高まっている。2012 年 11 月 ASEAN10 カ国＋ 6 カ国（日本，中国，韓国，オーストラリア，ニュージーランド，インド）による東アジア地域包括的経済連携（RCEP）の交渉が立ち上げられた。2013 年 7 月には環太平洋パートナーシップ（TPP）の 12 番目の交渉国として日本が交渉に参加し，2015 年 10 月のアトランタ閣僚会合において，TPP の大筋合意がなされ，2016 年 2 月に署名を行った。ASEAN は 2015 年にアセアン経済共同体（AEC）を結成している。しかし，一体性や相互依存性が高まるにつれ，相互の不理解から発生する諸問題がかつてないほどリアルな問題として浮上してきている。東アジアの社会や企業に対して，先進国に抑圧・収奪されるというような見方や，あるいは逆にアジア的価値を背景に躍進しているといった単純な見方をしていてはこのような時代に対応できない。本書の目指す東アジアの企業経営のリアルな把握が，東アジア経済の健全な発展に貢献することを願う。

　2017 年 8 月 10 日

編著者　中川　涼司・髙久保　豊

現代アジアの企業経営
―― 多様化するビジネスモデルの実態 ――

目　次

はしがき

序　章　東アジアにおけるビジネスモデル………………中川　涼司…1
　　1　「ビジネスモデル」とは何か？：東アジアの範囲はどこか…………1
　　2　東アジア各国・地域の経済発展状況………………………………2
　　3　東アジアにおけるビジネスモデルの多様性と複合性……………5
　　4　東アジア各国のビジネスモデル…………………………………6
　　5　東アジアにおけるビジネス職能…………………………………11
　　6　本書の構成………………………………………………………19
　　Column：『東アジアの奇跡』論争とその後……21

第Ⅰ部　国・地域別編

第1章　韓国：現代における財閥の存在意義……………柳町　功…25
　　1　韓国財閥の現況と構造…………………………………………25
　　2　財閥のトップマネジメント構造：オーナー経営者と専門経営者
　　　………………………………………………………………………33
　　3　財閥を巡る最近の問題…………………………………………39
　　4　オーナー経営体制の新たな方向性……………………………44
　　Column：サムスン電子，現代自動車のグローバル経営……46

第2章　台湾：IT企業群の黒子への専念，そしてそこからの脱皮
　　　………………………………………………中原　裕美子…48
　　1　台湾のビジネスモデルの背景にある特徴……………………48
　　2　台湾の特徴を生かしたビジネスモデル………………………53
　　3　黒子からの脱皮への模索………………………………………58
　　Column：先進国からの人材がもたらすメリット……64

iv

目　次

第3章　中国：新たな重層構造を読み解く …………………高久保 豊…66

　　1　中国のビジネスモデル：「新たな重層構造」とは何か……………66

　　2　「中国のビジネスモデル」を組み立てる構成要素………………71

　　3　急速な社会変化に対応しうるビジネスモデルを探る………………80

　　Column：ハイアール・グループの躍進：小さな工場からスマート

　　　　　　　家電のソリューションへ……86

第4章　タイ：「足るを知る経済」と日系企業の役割…木村 有里…88

　　1　タイ王国とその発展………………………………………………88

　　2　タイ財閥の特徴……………………………………………………94

　　3　「足るを知る経済」の下での経営………………………………98

　　4　在タイ日系企業の役割…………………………………………104

　　Column：タイ人の信仰……107

第5章　ミャンマー：衣類輸出を担う国内企業

　　　　　………………………………………………水野 敦子…109

　　1　軍事政権下における民間企業の成長………………………………109

　　2　軍政時代の縫製業の興隆と停滞……………………………………118

　　3　民政移管後の縫製業の成長…………………………………………122

　　Column：軍関連企業の民営化と米国の制裁解除……131

第Ⅱ部　職能・企業形態編

第6章　コーポレート・ガバナンス：会社機関構造における

　　　　日韓中の比較………………………………………楊　秋麗…135

　　1　コーポレート・ガバナンスとは…………………………………135

　　2　日本のコーポレート・ガバナンスの特徴………………………137

　　3　韓国のコーポレート・ガバナンスの特徴………………………143

　　4　中国のコーポレート・ガバナンスの特徴………………………146

　　5　日韓中のコーポレート・ガバナンスの共通性と相違点…………153

　　Column：中央企業の再編……155

第7章　人事・労務：共通の土台と相違点……………中村　良二…157

　1　人事・労務とは…………………………………………………157

　2　共通性と多様性…………………………………………………159

　3　中国市場システムの構図………………………………………162

　4　中国における人事管理…………………………………………170

　5　人事管理と中国の行く末………………………………………177

　Column：一律の同額賃金アップの謎……179

第8章　生産システム：東アジア自動車企業における展開

　　　　………………………………………………今田　治…181

　1　生産システムと今日の研究課題………………………………181

　2　世界自動車市場と東アジア……………………………………185

　3　中国自動車産業の発展と自動車企業の生産システム…………189

　4　ASEAN自動車産業の発展と生産ネットワーク………………194

　5　ASEAN主要国の自動車産業の状況と日系企業………………200

　Column：モータリゼーション……205

第9章　マーケティング：東アジア企業のマーケティング戦略

　　　　………………………………………………関根　孝…207

　1　東アジアの企業とマーケティング……………………………207

　2　マーケティング戦略の策定……………………………………213

　3　社会的マーケティング理念……………………………………223

　Column：オムニチャネル・マーケティング……226

第10章　CIO：中国における展開と課題………李　東・中川　涼司…228

　1　CIOという概念の出現…………………………………………228

　2　CIOの発展………………………………………………………230

　3　CIOの概念内容…………………………………………………232

　4　CIOの役割………………………………………………………233

　5　中国の企業情報化とCIO………………………………………236

目　次

　　6　中国における CIO の展望……………………………………………… 241

　　Column：聯想集団（レノボ）における企業情報化……242

第 11 章　中小企業：北東アジアの経済発展での位置づけ

　　　　　………………………………………………駒形　哲哉…244

　　1　「中小企業論」の視点……………………………………………… 244

　　2　経済発展過程における中小企業の位置づけとその特徴………… 247

　　3　技術変化がもたらす中小企業の可能性…………………………… 259

　　4　経営環境の変化の下で重要性を増す中小企業…………………… 264

　　Column：『中小企業白書』は中小企業重視のバロメーターとなりうるか

　　　　　……265

終　章　東アジアにおける企業経営の展望………………中川　涼司…267

　　1　東アジアのビジネスモデルの成果………………………………… 267

　　2　東アジアのビジネスモデルの課題………………………………… 269

索　引……275

| 序　章 | 東アジアにおけるビジネスモデル |

1　「ビジネスモデル」とは何か？：東アジアの範囲はどこか

　ビジネスモデルとは通俗的にいえば企業がビジネスを行って利益を上げる仕組みのことである。どのような顧客に対し，どのような価値（製品そのものよりその製品がもたらす効用に着目した言い方）を，どのような経営資源（ヒト，モノ，カネ，情報）を使って提供し，どのように利益を上げるのかという仕組みのことである。このように中身を規定すると企業戦略や経営戦略と呼ばれるものと大きな差異はない。ただし，企業戦略や経営戦略がどちらかというと市場競争において他社に対する競争優位を如何に確保するかに力点があるのに対して，ビジネスモデルという場合は，他社との競争関係以前にそもそも顧客との関係において利益をあげうるシステムなのかどうかが問われる。

　しかし，本書で「ビジネスモデル」という場合は，個々の企業が選択したビジネスの仕組みというだけでなく，社会的広がりを持った概念として使用している。すなわち，ある特定の国・地域の置かれた社会的・経済的諸条件の中で，経済成長をもたらしていくような企業活動のあり方である。

　地域的な定義もしておく。本書が対象とするのは東アジアである。ただし，東アジアという場合，大きくいえば北東アジアだけを指す場合と東南アジアも含める場合の両方がある。前者であれば，日本，中国，韓国，北朝鮮，モンゴルといった国々に台湾，香港，極東部ロシアを加えた地域が概ね該当する。後者であれば，さらに ASEAN 各国（シンガポール，タイ，マレーシア，フィリピン，インドネシア，ブルネイ，ベトナム，カンボジア，ミャンマー，ラオス）および ASEAN 未加盟である東チモールが入ってくる。本書は北東アジア，東南アジアを含めた後者の意味で東アジアと規定する。世界銀行の『東アジアの奇跡』に見られるように東南アジアを含めて東アジアというケースも少なくないことと，日中

I

韓各国と東南アジア各国の経済関係の緊密化があり，一体として論じることが
経済学的にも適切だからである。もっとも，紙幅の制限もあり実際に章立てを
して詳細に論じることができたのは，韓国，台湾，中国，タイ，ミャンマーに
留まった。その他の国・地域については序章・終章で触れることとしたい。

2 東アジア各国・地域の経済発展状況

　東アジア各国・地域の経済発展状況を各国のビジネスモデルと関わらせなが
ら確認しておこう（**表序-1**）。

　まずは経済発展水準の指標として1人当たりGDPを見よう。

　NIES（新興工業経済地域）と呼ばれる韓国，台湾，香港，シンガポールのうち，
韓国・台湾は1人当たりGDPでそれぞれ2万7397ドル，2万2393ドルと2
万ドルを超え，さらに香港，シンガポールについてはそれぞれ4万2431ドル，
5万2239ドルで，円安の影響もあって3万4629ドルに低下した日本よりも高
くなっている。ASEAN（東南アジア諸国連合）加盟10カ国のうちの原加盟国5
カ国からさらにNIESに分類されるシンガポールを除いたASEAN4（タイ，マ
レーシア，フィリピン，インドネシア）についてはマレーシアが9768ドルを超え，
タイが5815ドルと上位中所得国に位置し，フィリピン，インドネシアはそれぞ
れ2904ドル，3346ドルと低位中所得国ではありながら，高位中所得国への移
行が望めるところにまで上昇してきた。急激な上昇を見せたのは中国である。
すでに8109ドルと，マレーシア以外のASEAN4を凌駕した。これらに対して，
ミャンマー，カンボジア等はそれぞれ1161ドル，1159ドルと低所得国をかろ
うじて逃れているレベルである。北朝鮮はデータの正確性に問題はあるが647
ドルと，これらの中では最低のレベルである＊。

　　＊　世界銀行は世界銀行アトラス方式を用いて算出された2014年の1人当たりGNI
　　　［国民総所得］に基づき，各国・地域を低所得国［1045ドル以下］，低位中所得国
　　　［1046〜4125ドル］，高位中所得国［4126〜1万2735ドル］，高所得国［1万2736ド
　　　ル以上］に分類している。

　ついで企業の輸出志向性をマクロ的に検証するために財・サービス輸出額の

表-序1 東アジア各国・地域基礎的経済指標（2015年）

地域	国・地域	分類	人口	GDP	1人当たりGDP	1人当たりGNI（世界アトラスメソッド）	財サービス輸出	同輸入	FDIストック	受入FDIストック	輸出対GDP比率	FDIストック対GDP比率	FDIストック対輸出比率	FDIストック対受入ストックFDI比率
（単位）			1000人	100万ドル	ドル	ドル	100万ドル	100万ドル	100万ドル	100万ドル				
北東アジア	日本		126,573	4,383,076	34,629	38,840	784,916	808,192	1,226,554	170,699	0.179	0.280	1.563	7.185
	中国		1,376,049	11,158,457	8,109	7,900	2,360,310	2,002,409	1,010,202	1,220,903	0.212	0.091	0.428	0.827
	香港	アジアNIES	7,288	309,236	42,431	—	606,085	598,690	1,485,663	1,572,606	1.960	4.804	2.451	0.945
	マカオ		588	46,178	78,586	—	35,302	17,474	4,877	31,300	0.764	0.106	0.138	0.156
	台湾	アジアNIES	23,381	523,581	22,393	—	326,050	282,836	336,127	72,341	0.623	0.642	1.031	4.646
	韓国	アジアNIES	50,293	1,377,873	27,397	27,450	640,612	533,259	278,395	174,573	0.465	0.202	0.435	1.595
	北朝鮮		25,155	16,283	647	—	n.a.	n.a.	n.a.	664	n.a.	n.a.	n.a.	n.a.
	モンゴル		2,959	11,758	3,973	3,870	5,137	5,290	377	16,753	0.437	0.032	0.073	0.023
東南アジア	シンガポール	アジアNIES	5,604	292,734	52,239	52,090	528,166	451,225	625,259	978,411	1.804	2.136	1.184	0.639
	マレーシア	ASEAN4	30,331	296,285	9,768	10,570	210,408	187,684	136,892	117,644	0.710	0.462	0.651	1.164
	タイ	ASEAN4	67,959	395,168	5,815	5,720	275,847	229,766	68,058	175,442	0.698	0.172	0.247	0.388
	インドネシア	ASEAN4	257,564	861,934	3,346	3,440	171,345	165,994	30,171	224,843	0.199	0.035	0.176	0.134
	フィリピン	ASEAN4	100,699	292,449	2,904	3,550	72,262	90,117	41,100	59,303	0.247	0.141	0.569	0.693
	ブルネイ		423	12,930	30,553	38,010	6,766	4,868	2,645	6,061	0.523	0.205	0.391	0.436
	カンボジア	CLMV	15,578	18,050	1,159	1,070	12,467	13,871	531	14,739	0.691	0.029	0.043	0.036
	ラオス	CLMV	6,802	12,585	1,850	1,740	3,568	5,818	16	4,850	0.284	0.001	0.004	0.003
	ミャンマー	CLMV	53,897	62,601	1,161	1,160	13,823	16,181	n.a.	20,476	0.221	n.a.	n.a.	n.a.
	ベトナム	CLMV	93,448	193,241	2,068	1,990	173,362	171,216	8,590	102,791	0.897	0.044	0.050	0.084
	東チモール	（ASEAN未加盟）	1,185	2,873	2,425	2,290	91	1,320	86	332	0.032	0.030	0.949	0.260

（注）1：極東部ロシアは独立のデータを得ることができないので除外している。
2：当年価格。

（出所）UNCTAD STAT (http://unctadstat.unctad.org/EN/Index.html 2017年6月15日閲覧). GNIは世界銀行 (http://data.worldbank.org/indicator/NY.GNP.PCAP.CD?view=chart 2017年6月15日閲覧) より筆者作成。

対 GDP 比を見よう。まず突出しているが，香港（1.960）とシンガポール（1.804）
である。両国・地域はすでにハブ経済として機能しており，輸出額は GDP の
2 倍弱となる。輸出志向工業化で成長した，韓国（0.465），台湾（0.623），マレー
シア（0.710），タイ（0.698）等も（韓国がやや低くなっているが）0.6〜0.7 程度と
高い比率となる。ベトナム（0.897），カンボジア（0.691）も輸出志向的に成長を
し始めており，この比率は高いが，まだ基盤整備段階にあるミャンマー（0.221）
は高くない。意外に低いのは，中国（0.212）と日本（0.179）である。ただし，
中国は分母である GDP が急成長した影響が大きく，輸出額は世界最大である。
それに対して，日本はこれらの国の中で最低の値である。これは内向きになっ
ていることを必ずしも意味しない。次に見るように輸出ではなく，対外直接投
資によって現地ないし第 3 国で生産をする傾向が強くなっていることによる。
かつては輸出立国ともいわれた日本であるが，その姿は今は無い。

　FDI ストックの対 GDP 比および対輸出額比を見よう。ここでも突出してい
るのは香港（4.804，2.451）とシンガポール（2.136，1.184）である。両国地域が
単なる貿易センターであるだけでなく，地域統括本部所在地であり，投資のセ
ンターであることを示している。生産地を次々と中国その他に移している台湾
もこの値は高い（0.642，1.031）。日本はこれらに対して対 GDP 比（0.280）では
劣る。ただし，対輸出比（1.563）ではシンガポールを上回り，香港に次ぎ，ま
だまだ輸出志向の強い韓国（0.202，0.435）や中国（0.091，0.428）よりもかなり
高い。輸出型から直接投資型に移行していることが分かる。

　最後に対外直接投資の対内直接投資に対する比率を見よう。一般に先進国は
対外直接投資を行うとともに，対内直接投資も受け入れているので，この値は
1 から 2 程度である。その意味で 7.185（かつては 20 を超えていた時期もある）の
日本や 4.646 の台湾は，先進国型というよりも国内の投資環境において投資障
壁があることをうかがわせる。一方，直接投資を積極的に受け入れることで技
術や資本を獲得し，製品の輸出拡大を行ってきた新興途上国ではこの値は 1 を
下回ることが通例である。その意味でかつては 1 前後をうろうろとしていた韓
国が 1.595 となっており，投資型への移行をうかがわせるものとなっている。
それに対して対外直接投資がほとんど無いラオスやカンボジアが低いのはもち
ろん，積極的な直接投資の受入れを進めるインドネシア等もこの値は低い。

4

3 東アジアにおけるビジネスモデルの多様性と複合性

　東アジアは**雁行形態**（赤松要，小島清）や**構造転換連鎖**（渡辺利夫）等により，連鎖的な経済発展を遂げてきた（小島清 [2004]『雁行型経済発展論　第1巻』文眞堂，渡辺利夫 [1996]『開発経済学　第2版』日本評論社等）。すなわち，アジアにおいて真っ先に工業化に成功した日本を先頭に，輸入→国内生産→輸出と構造転換をし，また，それが輸出入と比較劣位に陥った産業の対外直接投資に媒介されて東アジアに連鎖的な構造転換を引き起こしていくということである。そこから，東アジアを一体としてビジネスモデルを見る見方は根強い。雁行形態論，構造転換連鎖論に加えて，世界銀行の『東アジアの奇跡』（1993年）の影響もある（世界銀行 [1994]『東アジアの奇跡』東洋経済新報社）。すなわち，東アジアは政府の部分的な介入によって高成長と分配の公平性の同時達成という「奇跡」を成し遂げたという見方である。あるいは，アジア的価値を強調する元マレーシア首相マハティールの主張，あるいは，儒教資本主義論など価値観の共通性を指摘する見方も根強い。すなわち，法の下に平等な個人を主体とし，権利・義務関係を明確にしながら社会を構成する欧米的な社会に対し，集団を主体とし，信頼関係や情感といったものに重きを置き，また，上下関係を重視するのがアジア的な価値観であって，このアジア的価値観がアジア的なビジネスモデルを生み出したという見方である。

　もちろん，マクロ的にはある程度の共通点を見出すことはできる。**輸入代替工業化**から**輸出志向工業化**への転換を図ったこと，積極的な外資導入政策を

雁行形態：当初は赤松要によって提唱されたもので，後発工業国の経済発展は消費財の輸入→国内生産→輸出，生産財の輸入→国内生産→輸出という経路をたどるとされ，その形が飛雁の形に似ていることからこう名づけられた。さらに小島清によって対外直接投資を通じて東アジア地域に伝播をしていくことが示された。

構造転換連鎖：上記の雁行形態論を継承・発展させる形で渡辺利夫が提唱したもの。日本を起点として，NIES, ASEAN，中国で連鎖的に構造転換が生じていることを指す。

輸入代替工業化：従来輸入していた製品を国内生産できるようにすることを目的とした工業化路線。第2次世界大戦後政治的に独立した多くの発展途上国はこの工業化路線を採ったが，国内市場の小ささや製造設備の輸入による貿易赤字の拡大といった問題に突き当たってしまった。

採ったこと，権威主義的な政府が主導性をもってこれらの工業化を促進したこと，人材教育を重視したこと等である。

　しかし，仔細に各国企業の主たるビジネスモデルを検討すると，そこには共通点とともに多くの多様性を見出すことができる。また，各国のビジネスモデルも必ずしも一様ではなく，多種多様なビジネスモデルが混在し，また，一企業のビジネスモデルすら，いくつかのモデルの複合体である。本書は，共通性よりもむしろこの多様性と複合性に着目して，アジアの企業経営について考察していくものである（アジア各国・地域経済の歴史的発展プロセスについては大野健一・櫻井宏二郎［1997］『東アジアの開発経済学』有斐閣アルマ，原洋之介編［2001］『新版 アジア経済論』NTT 出版等を参照）。

4　東アジア各国のビジネスモデル

1　アジア NIES

　まず，アジア NIESから考えてみよう。

　韓国と台湾は，ともに**権威主義開発体制**（韓国：朴正煕，台湾：蔣介石・蔣経国）の下で，基礎産業（韓国：銀行等，台湾：プラスチック等の川上産業）を公有としつつ，繊維産業等の労働集約産業を輸出志向化することで急成長を開始した。しかし，ともに 60 年代末から，賃金上昇等の下で構造転換を図ることが求められるようになり，70 年代から重化学工業化路線が採られた。ところが，そこから両者の発展モデルは大きく分岐していく。

　輸出志向工業化：技術や資本を積極的に海外から受け入れるとともに，製品を国外市場に輸出する工業化路線。NIES，ASEAN4，中国といった諸国はこの工業化路線を採ることによって大きく経済成長を達成した。

　（アジア）NIES：NIES は Newly Industrializing Economies の略。韓国，台湾，香港，シンガポールの 4 カ国・地域を指す。1979 年に OECD（経済協力開発機構）が 10 カ国・地域を新興工業国（NICs）と命名したが，台湾や香港の国際的地位の問題から，1988 年のトロント・サミットにおいて，NIES に名称変更された。

　権威主義開発体制：渡辺利夫の命名。「強力な軍・政治エリートが開発を至上目的として設定し，有能なテクノクラート群に開発政策の立案・実施にあたらせ，開発の成功をもって自らの支配の正統性の根拠とするシステム」。「開発独裁」と呼ばれることが多かった政治システムの内容を明確化したもの。

序　章　東アジアにおけるビジネスモデル

　韓国は，自動車，鉄鋼，造船，電子など文字通りの重化学工業が，**財閥**（チェボル）を中心として発展を遂げ，特に 1985 年の**プラザ合意**に基づく急激な円高は韓国企業が日本企業から市場を拡大する大きな契機となった。現代，サムスン（三星），LG（金星），大宇を中心とする財閥体制が構築された。1997 年の**アジア金融危機**は韓国を直撃し，その後成立した金大中政権によって，大規模な財閥改革が進められたこともあり，小財閥の淘汰，大財閥の分裂，閉鎖的オーナー支配からの脱却等が起こった（松本厚治・服部民夫編 [2001]『韓国経済の解剖　先進国移行論は正しかったのか』文眞堂等）。しかし，現時点でも財閥系企業が韓国経済の中核を担っていることは変わりがない。ただし，従業員数で見れば約 70 ％は中小企業に勤務し，また，ネットゲームに象徴されるように金融危機後に多くのベンチャーが輩出していること，にも着目しておく必要がある。

　台湾は「十大建設」として同じく，鉄鋼，造船等の育成も図られたが，実際に大きく発展していったのは，IT 産業である（ウェード，ロバート，長尾伸一訳 [2000]『東アジア資本主義の政治経済学』同文舘出版等）。特に，1981 年に IBM が PC に進出する際に業界標準を奪うためにアーキテクチャを公開し，多くのクローンメーカーを輩出することになったことは，台湾に大発展の契機をもたらした。つまり，IBM その他の PC 等のハードウエア生産が台湾に持ち込まれ，OEM（Original Equipment Manufacturing：相手先ブランドによる製品供給）のビジネ

財閥（チェボル）：日本にも韓国にも適用しうる一般的な「財閥」の定義は「特定の家族ないし同族の封鎖的な所有・支配体制の下にある，大規模かつ多角的な事業経営体」である。日本の場合，第 2 次世界大戦後の財閥解体によって，少なくとも当時の巨大財閥について「家族・同族」という要素がなくなり，銀行を中核とする企業集団となった。しかし，戦後に成長した韓国の現代，三星，LG（金星），SK，大宇（のち崩壊）といった財閥の場合は，家族・同族の要素が依然として強く存在している。

プラザ合意：1985 年の先進 5 カ国（米，日，英，独，仏）の財務相・中央銀行総裁会議（G5）におけるドル高の是正の合意。これにより，1 ドル＝ 250 円の為替レートが 1987 年初頭には 140 円にまでなるという急激な円高が進行し，輸出条件の悪化した日本企業が対外直接投資を急拡大させることになった。

アジア金融危機：1997 年に発生した，アジア各国における連鎖的な金融危機。経済ファンダメンタルズ（基礎的な経済条件）の悪化だけでなく，国際的な投機資金の動きがその大きな原因であった。タイ，韓国，インドネシアの 3 カ国は IMF（国際通貨基金）の救済措置を受けた。

OEM（Original Equipment Manufacturing）：「相手先ブランドによる製品供給」と訳される。他社から製造を受託し，製品の生産を行うが，商標（ブランド）は委託した企

7

スモデルが確立したからである。また，シリコンバレー不況を契機として IT 人材が台湾に帰り，新竹科学工業園区に結集して，多くのベンチャービジネスを立ち上げたこともこのモデルの確立に大きく貢献した。PC だけでなく，半導体についても台湾積体電路製造（TSMC）および聯華電子（UMC）が同様にファウンドリー（半導体生産における受託専業）というビジネスモデルを確立した。これらのビジネスの担い手は広達（Quanta），鴻海（Honhai, Foxccon）その他の OEM/ODM 企業（ODM は Original Design Manufacturing で製造だけでなく設計まで受託する形態を指す。なお，その後，デザイン，技術サポート，販売支援まで行うトータルビジネスサポート型に進化した）であるが，これらのビジネスモデルは韓国のように財閥主導で**規模の経済**を生かしていくモデルではなく，中小企業を柔軟かつ短時間で組織し，顧客ニーズにすばやく対応していく**速度の経済**を生かしていくモデルであった。

　香港とシンガポールの両者は似通っているが，韓国や台湾とはともにかなり異なる。香港とシンガポールの両者はともに中継貿易を中心とする経済であったが，周辺各国の政治環境の悪化等があり，1960 年代後半から 70 年代前半にかけて，輸出志向工業化が採られた。しかし，70 年代末からは，自国・地域の賃金上昇と周辺各国の政治的・経済的環境の改善（香港：1978 年の中国改革開放および 1980 年の深圳経済特区の設置，シンガポール：マレーシアとの関係改善，1985 年のプラザ合意を契機とする日系企業の ASEAN 大量進出と ASEAN 経済の発展）等の下で，脱製造業化が図られ，製品貿易，部材調達（IPO），金融，情報（統括本部）のセンターとしての役割が強くなっている。製造業企業の大半は製造拠点は中国やマレーシアに移し，統括，物流，資金調達，情報収集等の拠点を香港・シンガポールに設置するモデルとなっている。すなわち，**ビジネス・ハブ**としての成

　　業のものとなる。製造だけでなくデザイン，技術サポート，販売支援まで行うトータルビジネスサポート型に進化したものもある。

　規模の経済，速度の経済：規模の経済は，製造やサービスの事業規模を拡大したとき，製品・サービスの単位当たりコストが減少することを指す。それに対し，速度の経済は，財・サービスの供給の決定から実際の供給までの時間を短縮することで，直接費用と機会費用（あることを行わなかったとするときに発生が予測される逸失利益）が減少することを指す。

　ビジネス・ハブ：物流，人流，資金調達，情報収集等においてハブ・アンド・スポークシステムのハブになっていること。ハブ・アンド・スポークシステムとは車輪のハ

長戦略である。

②　ASEAN4

　ASEAN4もまた権威主義開発体制の下で，輸入代替工業化から積極的な外資導入策に基づく輸出志向工業化への路線転換を図ったことはある程度，アジアNIESとも共通している。しかし，土地改革の不徹底と大地主等の地方勢力の温存（フィリピン），政権の不安定と政策的一貫性の乏しさ（タイ），1973年の「オイルブーム」によるオランダ病（インドネシア），経済的優位にあるが政治的には少数派である華人とその逆の現地民族との間の対立関係（各国）等の下で，アジアNIESほど早期かつ徹底した形で政策転換を行うことができず，1971年の新経済政策で明確な輸出志向工業化を目指すこととなったマレーシアを除いては，実質的に明確な輸出志向工業化路線が採られたのは80年代半ば以降である。特に，1985年のプラザ合意とその後の急激な円高によって促された日系企業のマレーシア，タイ等への大量進出は「歴史的日本機会」とも呼ばれ，輸出志向工業化モデルの確立に大きく寄与した。また，アジアNIESと比較すると，FDI（対外直接投資）による外資系企業への依存度がより高くなっており，現地系企業の主導性が比較的小さい。

　外資依存構造がある一方で，それとも協力しつつ，大企業グループが経済的な支配力を持っている。華人財閥ではタイのバンコク銀行，CP（チャルーン・ポーカパン），サハ，マレーシアのクォック，ホン・リョン，フィリピンのユーチェ

　ブとスポークから連想されたもので，当初は航空路線の効率化のために考案されたものだったが，今日ではビジネス全般に応用されている。
ASEAN4：ASEANは東南アジア諸国連合のことで，1967年に反共産主義的な立場を取る5カ国で結成され，現在はかつては共産主義国であった国々を含め10カ国が加盟している。ASEAN4は原加盟国5カ国（シンガポール，タイ，マレーシア，フィリピン，インドネシア）のうち，経済学的にはNIESに分類されることの多い，シンガポールを除いた4カ国のことである。
FDI（対外直接投資）：FDIはForeign Direct Investmentの略。対外直接投資と訳される。外国に対する資本の投資のうち，海外子会社・支店の設置・拡張等，直接的な経営支配を目的とした投資のことを指す。これに対し，配当や利子の取得を目的としたものは対外証券投資（対外間接投資）という。現在では経済開発のために先進国からのFDIの誘致を行う途上国が多い。

ンコ，ルシオ・タン，インドネシアのサリム，シナール・マス，バリト・パシフィック等，民族系（土着化した外資系を含む）ではタイのサイアム，インドネシアのバクリー，フィリピンのアヤラ，ソリアノ等である。華人系等は家族同族が支配力を持つファミリービジネス（財閥）の形態を採る。もっともこれらのファミリービジネスはオーナー経営者の強大な権力が特徴的であったが，次第にビジネス規模が拡大し，多角化を遂げ，グローバル化の波にさらされる中で社外取締役の導入等の経営近代化も迫られている（末廣昭［2007］『ファミリービジネス論──後発工業化の担い手──』名古屋大学出版会等）。

［3］移行経済

中国とベトナムについてはさらにこれらに**移行経済**としての特質が加わる。1978年以降の中国の改革・開放路線，1986年以降のベトナムのドイモイ（刷新）政策によって共産党政権は社会主義政権から権威主義開発体制への転換が進んでおり，計画経済と国有企業の比重は下がり，市場経済と民間企業の比重が上昇している。また，積極的外資導入による輸出志向工業化はASEAN4とも共通するものである。しかし，比重を下げているとはいえ，石油，電力，電気通信，航空，鉄鋼，鉄道等のインフラ・基礎素材関連は国有企業によって占められており，売上げで見たトップ200社の大半も国有企業である。また，国有でなくても，政府の業界への介入度は（歴史的には徐々に減少しているとはいえ）依然として，資本主義国に比べれば高い。中国に関していえば，単に移行経済というだけでなく，13億人の人口，GDP世界第2位という巨大な国内経済を持つという他の途上国では見られない特色も見ておく必要がある。

ミャンマーは中国やベトナムのように明確に移行経済に位置づけられることはなく，軍事政権の下で，独自の「仏教社会主義」ともいわれる社会体制を採ってきたが，今日開放政策に転じるとともに，（制限つきだが）民主化も達成し，投資先として注目されている。

移行経済：社会主義的な計画経済から，資本主義的な市場経済への移行過程にある国・地域の経済システムを指す。東アジアでは，中国，ベトナム，ラオス，カンボジア，モンゴル等である。

序章　東アジアにおけるビジネスモデル

5　東アジアにおけるビジネス職能

［1］ビジネス職能の多様性と複合性

　ビジネス職能は，ビジネスモデルにしたがってそのシステムが構築されるのが基本である。ビジネスモデルから来るミッション（遂行課題）に最も適合的なビジネス職能のあり方が求められる。ビジネスモデルは社会・経済環境によって変化し，また，市場競争条件も変化するため，求められるビジネス職能も変化する。ただし，それぞれの人々の持つ社会的規範や習慣がある程度の慣性を持って存在しているのも，もう一つの事実である。特に，価値観を反映しやすい人事・労務についてはそうである。

　したがって，東アジアにおけるビジネス職能を考える上で以下のことがいえる。

　各国・地域のビジネスモデルの違いは，生産，販売，人事・労務，情報管理等のビジネス職能（ビジネスファンクション）の差異としても現れる。しかし，ビジネスモデルがたとえ接近したとしても，価値観の相違から来る差異は残る。

　また，一国内にいくつかのビジネスモデルが存在し，また，慣性を持つ社会規範や習慣の存在がある以上，一国内においてもビジネス職能の多様な形態が混在するだけでなく，一企業も複合化・ハイブリッド化をせざるを得ない。

　紙幅の都合や執筆者の知見の限界もあり，これらの多様性・複合性を一挙に明らかにすることは容易ではないが，基本的な視点としては確認しておきたい。

［2］コーポレート・ガバナンスモデル

　日本では 1899 年に商法が成立し，三権分立をモデルとする近代的会社法のモデルが導入されたが，主要大企業は財閥家族の直接，あるいは持ち株会社を通じた支配を受け，近代会社法的理念は実現されなかった。戦後，持ち株会社は禁止されたが，6 大企業集団によって株式の相互持合いが発展し，また，企業金融も直接金融ではなく，間接金融が主体であったため企業は会社法モデルではなく，メインバンクによる統制が行われた。1980 年代以降に直接金融が発展し，また，それにともなってガバナンス制度が整えられた。商法その他関連

II

法に分散していた会社法を文字通りの「会社法」として纏め，株主代表訴訟制度を実質化し，また，米国で一般的な委員会方式の導入，すなわち取締役会内に委員会を設け，取締役会と執行役を分離し，社外取締役を活用するといった改革である。また，有限会社は株式会社に一元化されるとともに，合同会社制度の導入が行われた。韓国では1962年に（会社法の内容を含む）商法が制定された。その後の改正の方向は日本と類似している。株式会社は英米式理事会制度を採用し，株主総会の権限を大幅に縮小した。日本の現行法同様に執行役員設置会社は業務執行と監督を分離するため，取締役会（理事会）とは別に執行役員を設置することができる。しかし，問題はこのような法体系の整備の一方で，主要財閥において理事ではない「オーナー」が，円環出資等の手法でもって少数の株式により，かつ実質的な支配権を握っていたことである。中国では1993年になって近代的な会社法（公司法）が制定された。主要国有企業も「国有独資会社」として形式上はその枠組みの中に組み入れられた。また，上場企業については，社会取締役（独立董事）の導入も図られている。しかし，中国のトップ企業の多くは国有企業であり，国有企業では国有資産監督管理委員会や中国共産党組織部等の国有セクターの管理部門による統括がその上位にくる。ベトナム，カンボジア，モンゴル，ラオス，インドネシア，ミャンマーでは日本の法整備支援活動等により，会社法の整備が進められている。

3 生産モデル

　生産モデルとしては韓国は財閥系企業の規模の経済を生かしたモデルが取られ，台湾ではフレキシブルかつ迅速な生産ネットワーク形成による速度の経済を生かしたモデルが取られている。韓国と台湾の違いとしては自社ブランド中心かOEM/ODM中心かという区別もできる。もっとも台湾はすでに単なる下請け的なOEMビジネスの段階はすぎており，デザイン，技術サポート，販売支援までの総合サポートを行うほか，TSMC等に見られるようにTSMCの生産モデルにしたがって逆に製品設計もされる等のレベルにあること，単純なOEM生産そのものは中国等に移転して，そのマネージだけを行っていること等は注意を向けておく必要がある。香港やシンガポールは周辺国・地域にある製造拠点の統括が中心となる。ASEAN4では外資系企業による国際分業の一

環を担った生産システムが特徴だが，その一方で食品加工型アグリビジネス（タイ）等の自国のアドバンテージを生かしたキャッチアップモデルの存在も特徴として存在している（末廣昭［2000］『キャッチアップ型工業化論——アジア経済の軌跡と展望——』名古屋大学出版会）。中国は外資系企業による国際分業の一環を担った生産システムという性格を持つとともに，巨大な国内市場を前提にしたキャッチアップモデルが特徴的である。つまり，「**擬似オープンアーキテクチャ**」（藤本隆宏・新宅純二郎編［2005］『中国製造業のアーキテクチャ分析』東洋経済新報社）の存在とそれを前提にした「垂直分裂」（丸川知雄［2007］『現代中国の産業』中公新書）の生産分業システムの存在である。つまり，日本等で**擦り合わせ（インテグラル）**型製品として発達した自動車，家電，オートバイ等を，模倣と改造の繰り返しによって汎用部品の寄せ集めに近い**組み合わせ（モジュラー）**型製品に変えてしまう「アーキテクチャの換骨奪胎」を行い，それによって，日本等では垂直統合されている生産プロセスを分業化してしまうことである。ただし，近年中のこの状況は変化しつつある。2015 年の研究開発費についてはUNESCO が速報値を発表しているが，中国は**購買力平価（PPP）**で見て，3335億ドルで，アメリカの 4535 億ドルに次いで世界第 2 位，日本の 1602 億ドルの2 倍以上である。個別事例で見ても深圳の DJI の製造するドローンは世界の非軍事用ドローンの 7〜80％の市場を握り，業界を先導するポジションにいる。

擬似オープンアーキテクチャ：藤本隆宏らによる概念である。「オープン・アーキテクチャ」はモジュラー型の一種で，インターフェイスが業界全体で標準化しており，企業を超えた寄せ集めが可能なタイプを指す。擬似オープン・アーキテクチャとは本来クローズドであったアーキテクチャを擬似的に事実上オープンにしてしまったものを指している。

擦り合わせ（インテグラル）型・組み合わせ（モジュラー）型：同じく藤本ら東京大学ものづくり経営研究センターによって提唱されている概念。製品設計の基本思想である「製品アーキテクチャ」のうち，部品設計を相互調整して，製品ごとに最適設計しないと製品全体の性能が出ないタイプを擦り合わせ（インテグラル）型，部品（モジュール）の接合部（インターフェイス）が標準化していて，これを寄せ集めれば多様な製品ができるタイプを組み合わせ（モジュラー）型と呼ぶ。

購買力平価（PPP）：PPP は Purchasing Power Parity の略。外国為替市場レートは貿易財を中心に決まるため，非貿易財を含めた通貨の実質的な購買力を必ずしも反映していない。そこで，実質的な購買力から見た異種通貨間の換算比率を算定するため，ある商品バスケットの値段を比較したものである。

4 マーケティングモデル

マーケティングについても同様である。韓国においてはサムスン（三星：Samsung），LG，現代（Hyundai）等のブランドイメージを如何にあげ，自社の影響力を行使できるチャネルを整備し，アフターサービスを充実していくことが課題であった。今やサムスンのブランド価値はソニーをもしのぐまでになったが，2016年のギャラクシーノート7の発火事件はサムスンのブランド価値を大きく毀損した。台湾では，OEM/ODMビジネスにおいて社内に独立の開発チームを編成して委託企業との間で密接な関係を保ち，そのニーズに的確かつ迅速に応えていくことが課題となる。もっとも，OEMビジネスを展開していた企業の一部が自社ブランドによる展開を志向し始めたのも一つの特徴である。Acerは自社ブランドによる売上が約半分を占める台湾企業としては異例な存在であったが，明基がBen-Q，華碩がAsusブランドで展開をし始めている。ただし，自社ブランド販売とOEM／ODMビジネスは利益が相反し，エイサー（Acer）も結局，二つの部分を分社せざるを得なかった。これらの調整も台湾企業の大きな課題である。また，ASEAN4や中国等に進出している外資系企業に関していえば，その拠点自体としては主に企業内国際移転が行われるだけで，マーケティングの課題は大きなものではない。しかし，これらの拠点もグローバルなマーケティングに即した活動を行わざるをえない。例えば，厦門に東アジアの製造拠点を置くデルの場合，ネットによるオーダーに即応する形で生産，配送を行っていく必要がある。

国内マーケティングに関しても，発展段階の違いによる差異およびその他の社会要因による差異が存在する。マーケティングを代表する存在ともいえる自動車販売を取り上げて考えれば，韓国ではメーカー直営制が1970年代に始まり，80年代に広範に普及し，90年代後半には一般的な流通経路となっていた。しかし，1997年のアジア金融危機以降は代理店が大半を占めるようになり，同時に新車販売だけの1S店から部品販売，アフターサービス，顧客情報管理までを行う4S店への転換が進んでいった（塩地洋［2002］『自動車流通の国際比較──フランチャイズ・システムの再革新をめざして──』有斐閣等）。従来は多段階・多経路を特徴としていた中国では，この動きは少し遅れ2001年のWTO加盟以降に顕著となった。政府規制によって自動車流通に外資系が参入できなかったの

が，WTO 加盟による規制緩和で可能となったからである。特に，ホンダ等の日系企業は 4S 店化の動きを強めた。ただし，政府の規制の産物ともいえる「汽車交易市場」が中国版オートモールとして機能しているという特徴を見出すことができる（塩地洋・孫飛舟・西川純一 [2007]『転換期の中国自動車流通』蒼蒼社等）。

　一方，アリババや京東等に代表される中国の電子商取引は国際的に見ても大きな発展を遂げるに至った。クレジットカードが発展していなかった中国において「支付宝（Alipay）」等の第三者支払いのシステムが確立し，家電をも含む多くのものがネット販売に流れた。携帯ではネット販売による小米（シャオミ）がいったんは中国国内市場第 1 位となった。さらには，国外の製品をネットを通じて購買する越境 EC の発展も見ている。ただし，オンラインの限界からOnline と Offline の組み合わせを考える「O2O（O to O）」が主張され，また，携帯電話でもあえて Offline での販売を強化する OPPO 等が小米に取って替わる等の逆転現象も見られている。

⑤ 人事・労務モデル

　人事・労務のあり方もアジア各国・地域で違いが見られる。韓国の場合，構造化した学歴社会の中で著名大学からいかに人材を確保していくかという課題がある一方，1980 年代の民主化措置以降先鋭化した労働運動にいかに対処するのかが大きな課題である。台湾の場合，1980〜90 年代にかけては台湾 IT 産業の発展の原動力となったシリコンバレー等からの帰国人材の確保が大きな課題であった（サクセニアン，アナリー，酒井泰介訳，星野岳穂・本山康之監訳 [2008]『最

4S 店：4S とは新車販売（Sales of new car），部品販売（Sales of parts），アフターサービス（Service），顧客情報の管理と情報のフィードバック（Survey of customer information）の 4 つを指し，自動車ディーラーがこの 4 つの機能を兼ね備えているときに 4S 店という。アジアでは多様で多段階的な自動車流通が特徴であったが，4S 店の拡張が進んでいる。

WTO 加盟：WTO とは World Trade Organization の略で，世界貿易機関と訳される。1947 年に調印された GATT（関税貿易一般協定）が 1995 年に従来からの物的財の貿易にとどまらずサービス，投資，知的財産権等に領域が拡大されるとともに組織整備がなされ，WTO として生まれ変わった。日本，韓国，タイは GATT 時代のそれぞれ 1964 年，1967 年，1982 年に，中国，台湾（独立関税地域），ベトナムは WTO 成立後のそれぞれ，2001 年，2002 年，2007 年に加盟している。

新・経済地理学 グローバル経済と地域の優位性』日経 BP 社等）。今日では帰国人材の役割はやや低下し国内大学からの供給が増加したが，質的ミスマッチ問題は残っている。また，台湾企業の中国進出が進むにつれ，家族も含め 100 万人が大陸に居住するようになっており，両岸における人事のマネージメントも大きな課題である。タイやマレーシアでは労働組合はさほど強くはない。しかし，ジョブホッピング（頻繁な転職）が大きく，賃金も上昇傾向にある。中国との競争関係もあり，労働コストを抑えつつ，技能養成を行っていけるかどうかが大きな課題である。中国は依然として労働集約的産業において競争優位を持つ。しかし，A. ルイス的な「**労働力の無制限供給**」の局面は今では基本的に失われている（中国社会科学院人口・労働研究所所長・蔡昉）。労働集約産業における競争優位を維持しつつ，いかに高付加価値産業の担い手たる高技能人材の採用・育成を図っていけるのかが大きな課題である。

　もっとも，人事・労務モデルは文化や価値観の問題とも深く関わり，一国の中でもさまざまなモデルが存在し，また，一企業のモデルすら各種の要素がコンフリクトを起こしも補完的に混在しているのが実態である（ミン・チェン，長谷川啓之・松本芳男・池田芳彦訳［1998］『東アジアの経営システム比較』新評論等）。

6　企業情報管理モデル

　企業情報管理モデルに関していえば，韓国企業でも IT 投資が活発になったのは 1990 年代以降である。このことはレガシーシステムが無いことによるコスト減にはなるものの，社員の情報リテラシーや社内情報システムの遅れをもたらしている。ERP（統合基幹業務システム）に関しては導入が進んでいるものの，「設計支援・技術情報管理」や「受発注管理」等の分野や SCM では日本企業に比べ導入が遅れており，また，CIO の設置率が日米に比べ低く，また，IT部門長が役員でない比率も高かった（元橋一之［2007］『日米韓企業の IT 経営に関

　労働力の無制限供給：カリブ出身の経済学者 A. ルイスの提唱した概念。農村等の伝統的セクターでは限界生産性 0 であるが，共同体維持原理にしたがって生活を永らえている大量の労働力が滞留しており，これを工業セクターに投じれば，最低生活水準維持レベルの低賃金労働力を（限界点までは）ほぼ無制限に利用できるという考え方。

序　章　東アジアにおけるビジネスモデル

する比較分析』RIETI Discussion Paper Series 07-J-029）。しかし，2011年の日本の経済産業省の調査では，「情報システムを部門を超えて企業内で最適に活用」できるステージにある大企業は米国71.0％，韓国62.9％に対し，日本では55.2％とむしろ日本の遅れが目立つようになっている。CIOの有無および社外ITコーディネータの存在について，米国では82.7％が社内にCIOが，14.7％が社外のITコーディネータがおり，韓国はそれぞれ，58.7％，24.7％であったのに対し，日本は55.4％，10.0％にとどまっている（経済産業省［2011］『「IT経営力指標」を用いた企業のIT利活用に関する現状調査――報告書――』）。

　中国においては韓国にもまして，最新の設備を導入する傾向があり，レガシーコストは少ないが，アクセンチュアによれば「新しい技術への投資によって新しい機能の提供ではなく，既存の断片的で陳腐化したプロセスの単なる自動化を行うことが多いため，部署間や業務間で全く統制が取れていないガバナンス構造が生じ，プロセスの大規模な変更に対しても消極的になってしまっている」。ITを単なるバック・オフィス・サービスからビジネス機能に変換する必要があり，CIOの役割を他の主要な部署のマネジャーと同様なレベルまで高める必要があるとされてきた（メイベリー，トレント，シピング・ワン，ボブ・スー［N. A.］「IT整備のファーストステージ――中国企業のCIOが直面する新たな課題――」アクセンチュア　スペシャルレポート）。しかし2013年の北京大学の調査では，CIOトップマネジメントの支持の下で，既存業務プロセスの改善を中心に成果を見せており，状況は変わりつつあるようである。

７　中小企業

　中小企業に関しても機能と役割は各国・地域でかなり異なる。韓国における中小企業の位置は日本と類似していた。事業所数で99％以上，従業員数で約70％を占めながら，付加価値額では50％を切る水準であった。もっとも，1960年代には大企業優先の経済政策の中で一貫して下がり，70年代初頭には20％

CIO：Chief Information Officer の略で「最高情報責任者」や「IT担当役員」等さまざまな訳が当てられる。企業において情報化戦略を立案，実行する責任者のこと。アメリカ等ではCEO（最高経営責任者），CFO（最高財務責任者），COO（最高執行責任者）などと並んで，企業経営陣の中できわめて重要な役割を持つとされる。

代にまで低落していたものが，2000年代には50％程度にまで回復しているので，韓国の全体的な経済成長の中で中小企業もまた成長を遂げたことが分かる（権五景［2005］「通貨危機後，韓国中小企業問題は改善されたか」『長岡大学研究論叢』第3号）。1997年の金融危機後，「ベンチャー育成に関する特別措置法」の制定があり，**ベンチャー企業**の設立が進んだ。韓国のネットゲームの隆盛はこれらベンチャー企業によるものとされており，ベンチャー企業も大いに着目された。ただし，ベンチャー企業の発展は大きくは進まなかった。

　これに対して，台湾の中小ベンチャー企業の役割は大きい。工業技術研究院（ITRI）等から次々とスピンアウトしていく中小ベンチャー企業が，台湾のITビジネス発展の担い手となっていった。

　中国における中小企業の位置づけは複雑である。国有企業改革の中では「抓大放小」の方針の下で，中小国有企業は整理の対象となっていったが，その一方で農村工業化の担い手として郷鎮企業の発展が見られた。郷鎮企業も当初は蘇南等の集団所有制モデルが主流であったが，徐々に，温州等の非公有制のモデルが中心となっていった。これらの中で1998年に中小企業政策官庁としての中小企業司が設置され，2002年には中小企業促進法が制定された。同時に北京中関村をはじめとするハイテク地域におけるベンチャー企業育成の方針が採られ，**ベンチャー・キャピタル**等の設立も進められた。これらの中でいくつかのハイテクベンチャーがベンチャー・キャピタルから資金を得つつ急成長し，NASDAQ等に上場を果たしていっている。中国では中小企業の範囲が比較的広く取ってあるが，2015年末，全国の登記済中小企業は2000万社あまり，個人企業は5400万社に上る。工業では2015年末で全国の年売上げ2000万元を超える企業の97.4％は中小企業で税収の9.2％，利潤総額の64.5％をしめる。都市部では就業者の80％以上は中小企業によって雇用されている（「工業・信息化部関於印発促進中小企業発展規画（2016-2020年）的通知」2016年6月28日）。（アリ

　ベンチャー企業／ベンチャー・キャピタル：経営的なリスクが高く，倒産の可能性も高いが，高い技術力，優れた経営能力・人材等を背景に将来性も見込める企業をベンチャー企業という。また，そのような企業に対して，株式購入の形で資金を提供し，成長させ，株の売却益を得ることを目的とする投資会社をベンチャー・キャピタルという。

バハや華為等の一部の例外を除けば）インフラ部門や基礎素材部門を中心に巨大国有企業集団が形成される一方で，非公有制を主体とする中小企業の発展が見られるのが，中国的特徴である。

6　本書の構成

　以下，本書の構成を紹介する。

　第Ⅰ部は国・地域別編であり，東アジアにおける国・地域別の特徴を明らかにすることを課題にしている。取り上げた国・地域は韓国，台湾，中国，タイ，ミャンマーである。

　第1章「韓国：現代における財閥の存在意義」(柳町功執筆) は韓国のビジネスモデルを最も特徴付ける存在である財閥の形成，発展過程および現状をフォローし，その特徴と諸問題を明らかにするものである。

　第2章「台湾：IT 企業群の黒子への専念，そしてそこからの脱皮」(中原裕美子執筆) は台湾のビジネスモデルの特徴である OEM（相手先ブランドによる製品供給）ビジネス，特に IT 産業におけるその発展のプロセスとメカニズムを明らかにするとともに，その諸問題について分析を加えるものである。

　第3章「中国：新たな重層構造を読み解く」(高久保豊執筆) は今日の中国企業を「伝統中国」，「社会主義の中国」，「改革・開放の中国」からなる三層構造から捉えることで，その複合性を明らかにしている。

　第4章「タイ：『足るを知る経済』と日系企業の役割」(木村有里執筆) はタイ経済の発展プロセスとタイ財閥・華人について明らかにするとともに，日系企業のプレゼンスとその課題について明らかにしている。

　第5章「ミャンマー：衣類輸出を担う国内企業」(水野敦子執筆) は 2011 年にテインセインが大統領に就任し，全方位外交に基づく開放政策を実施，さらに，2016 年にアウンサンスーチーが主導する国民民主連盟（NLD）政権の誕生により国際制裁が解除されたことで大いに着目されているミャンマーの外資系企業と現地系企業の動きについて明らかにしている。

　第Ⅱ部は職能・企業形態別編であり，アジア（の全部ないし一部）に特徴的に見られる企業経営上の職能について明らかにするものである。検討するのは，

19

コーポレート・ガバナンス，人事・労務，生産，情報管理，マーケティング，中小企業である。

第6章「コーポレート・ガバナンス：会社機関構造における日韓中の比較」(楊秋麗執筆) は日中韓のコーポレート・ガバナンスの異同とそれぞれの問題点について明らかにしている。

第7章「人事・労務：共通の土台と相違点」(中村良二執筆) は東アジアにおける人事・労務の共通性と多様性を捉えようとするものであり，特に中国における成果主義導入の意義と問題点について考察している。

第8章「生産システム：東アジア自動車企業における展開」(今田治執筆) は「設計」に着目しながら，製品アーキテクチャの分析概念でアジア域内製造業の姿を明らかにしている。

第9章「マーケティング：東アジア企業のマーケティング戦略」(関根孝執筆) は東アジア市場環境の多様性に着目し，その中で適合的なマーケティング戦略のあり方について論じている。

第10章「CIO：中国における展開と課題」(李東・中川涼司執筆) は中国におけるCIO (情報管理担当役員) の役割とその課題を2006年と2013年のアンケート調査に基づき明らかにしている。

第11章「中小企業：北東アジアの経済発展での位置づけ」(駒形哲哉執筆) は東アジア3カ国・地域における中小企業の役割と課題をアンケート調査に基づき明らかにしている。

終章「東アジアにおける企業経営の展望」(中川涼司執筆) は東アジアにおけるビジネスモデルの成果と今後の課題をまとめている。

東アジアの全ての国・地域を取り上げることは紙幅上難しく，また，東アジア全域に共通する企業経営職能の特徴がそもそもあるのか，という問題があり，取り上げられた国・地域も限定され，また，ビジネス職能についても東アジアの一部の国・地域の特徴を述べているに過ぎないといったことはある。しかし，それでも，東アジアの主要国をカバーし，また，国・地域別ではなく，職能別にも考察するといういわばマトリックス的な考察方法を取ることで，東アジアの企業経営の全体像は概ね描くことができたのではないかと思う。

序　章　東アジアにおけるビジネスモデル

▶▶ *Column* ◀◀

『東アジアの奇跡』論争とその後

　世界銀行『東アジアの奇跡』は各界に大きな影響を与えました。その概要は以下のようなものです。

　東アジアの8カ国・地域（日本，韓国，台湾，シンガポール，香港，マレーシア，タイ，インドネシア）は1965～1990年に至る4半世紀において世界のどの地域よりも高い経済成長を達成し（アジアの他の地域の2倍，中南米・南アジアの3倍，サハラ周辺アフリカ諸国の5倍，中東産油国以上），しかも，それは「成長の分かち合い」（成長と分配の同時達成）をともなっていました。これは「奇跡（miracle）」であり，成長の要因としては次のものがあげられます。①高率の貯蓄と高率の民間投資，②人的資本の積極的育成政策，③経済ファンダメンタルズの堅実な維持，④政府の効率的支援に基づいた輸出指導型戦略，⑤社会間接資本の充実，⑥外国技術の積極的な導入，⑦開発をリードする金融機関の育成等です。

　米国のMIT教授のP.クルーグマンは1994年に *Foreign Affairs* に「アジア奇跡の神話」と題する論文を発表，『東アジアの奇跡』報告を真っ向から批判しました。クルーグマンは東アジア経済成長は基本的に労働と資本の大量投入による要素主導型成長に他ならず，東アジアでは労働と資本の投入が今や限界にぶつかっており，もはや高成長は維持できなくなった，と主張したのです。

　この世界銀行とクルーグマンの主張を巡っては世界各国から多くの主張が出され，国際的な大論争となりました。

　しかし，1997年に起こったアジア金融危機によって，世界銀行のポジションも大きく変わりました。アジア経済が模倣（imitative）な段階から，革新的（innovative）な段階に移行する必要が強調されるようになりました。それは，アジア金融危機の影響をほとんど受けずに高成長を続けてきた中国に対しても同様で，中国政府も生産性の高い経済への転換を課題として打ち出しました。

（推薦図書）

世界銀行，白鳥正喜監訳／海外経済協力基金開発問題研究会訳（1994）『東アジアの奇跡』東洋経済新報社。

　東アジアの高い経済成長と比較的平等な分配の同時達成が政府の選択的介入によってもたらされたとする。

陳晋（2014）『アジア経営論――ダイナミックな市場環境と企業戦略――』ミネルヴァ書房。

　アジア各国主要企業の発展形態と躍進する現状を紹介し，今後のアジアの市場構造と企業経営の展開を分析している。

渡辺利夫編著（2009）『アジア経済読本（第4版）』東洋経済新報社。

　やや古くなっているが，アジア経済の全体像をつかむにはわかりやすい。

設 問

1. 東アジアの企業発展はどのようにしてもたらされたのでしょうか。
2. 東アジアの企業経営の特徴は何でしょうか。

（中川 涼司）

第Ⅰ部

国・地域別編

| 第1章 | 韓国：現代における財閥の存在意義 |

　今まで韓国の経済・社会全般に決定的な影響力を及ぼしてきたのが財閥（チェボル）です。中でもサムスングループと現代自動車グループは「2強」と呼ばれ，韓国内では突出した位置にあります。しかし彼らは決して安泰ではありません。グローバル競争の中でグローバル企業としての高い経営成果が求められるようになってきています。市場を通した外国資本からのガバナンス改革要求，製品不良への厳しい顧客の声，さらには国内政治との必ずしもスムーズとは言えない関係改善など，改革課題は山積しています。それらを具体的に考察していきましょう。

1　韓国財閥の現況と構造

1　韓国経済と財閥

　財閥の存在を抜きにして韓国経済の議論を行うことはできない。まず現状の把握から始めよう。公正去来委員会（日本の公正取引委員会に相当）は毎年4月1日，前年度の資産規模に基づき大規模企業集団（財閥）の規模別ランキングを発表している。財閥に対する各種法規制が始まった1987年以降恒例化している。

　2016年4月1日に発表された最新のデータによると，資産総額が5兆ウォン（5000億円，1ウォン＝約0.1円）以上の集団が65集団あり，そのうち民間が52集団，公企業が13集団ある。公企業を除いた民間集団は，資産規模順に①サムスン，②現代自動車，③SK，④LG，⑤ロッテ，⑥ポスコ，⑦GS，⑧ハンファ，

現代自動車：かつての現代グループの主力企業であったが，経営権紛争を機に「現代自動車グループ」として本体から分離独立（2000年）。IMF経済危機で経営難に陥った起亜自動車を買収し生産能力を高める一方，自動車部品から自動車鋼板に至る自動車関連事業に幅広く多角化する。国内市場では寡占状態を維持するも，外国メーカーとの競争は激化している。生産のグローバル化も進む。なお現代自動車グループは，旧来型の循環出資構造にとどまっており，持ち株会社には移行していない（サムスングループも同様）。

第Ⅰ部　国・地域別編

表1-1　大規模企業集団指定状況（2016年4月基準）

（社・兆ウォン［1ウォン＝約0.1円］）

	集団名	総帥	系列社	資産総額	売上高	当期純利益
1	サムスン	李健熙	59	348.2	215.5	16.2
2	現代自動車	鄭夢九	51	209.7	163.5	11.7
3	ＳＫ	崔泰源	86	160.8	137.3	13.6
4	ＬＧ	具本茂	67	105.8	114.3	3.3
5	ロッテ	辛格浩	93	103.3	62.8	1.5
6	ポスコ	―	93	80.2	61.7	1.1
7	ＧＳ	許昌秀	69	60.3	52.1	0.9
8	ハンファ	金昇淵	57	54.7	28.8	0.7
9	現代重工業	鄭夢準	26	53.5	48.4	- 1.4
10	韓進	趙亮鎬	38	37.0	22.3	- 0.3
⋮						
30	集団合計	―	1,148	1,545.9	1,129.4	47.3

（出所）　公正未来委員会（2016.4.1）「2016年大規模企業集団指定現況」。

⑨現代重工業，⑩韓進となっている（**表1-1参照**）。公正去来委員会では30集団中，上位（1～4位），中位（5～10位），下位（11～30位）の3分類を行い，最近5年間の資産増加率が上位27.3％，中位13.5％，下位1.5％と，強大なグループはますます大規模化を図る状況にあることを指摘している。

表1-1からも明らかな通り，10大グループの中でも顕著な格差が確認でき

SK：日本統治下時代の鮮京織物を母体とするも，時代の変化の中で主力事業の軸を繊維から石油化学，通信へと移し，現在ではエネルギー・情報通信・半導体を核としている。財界第3位の巨大集団だが，オーナー家による株式支配力が弱く，ガバナンス面での盲点を突いた外国資本と経営権紛争に発展するなど，支配構造強化が常に課題となっている。その強化を目的として，現在は持ち株会社制度に移行している。

LG：LG化学（旧・楽喜化学）とLG電子（旧・金星社），さらに情報通信を核とする巨大集団（財界第4位）。長くサムスンのライバルと称されてきたが，現在のIT分野ではサムスンに大きく水をあけられている。かつての具一族・許一族による共同所有・経営が清算され，GS, LSの2グループが分離独立するにともない，LGグループでは持ち株会社体制に移行した。オーナー家における世代交代に合わせ，経営権の継承はスムーズに行われてきた。

ポスコ：1965年の日韓国交正常化により得た対日請求権資金（日本側では「経済協力資金」）により設立された国営の浦項総合製鉄が前身。基幹産業の主役として韓国経済を牽引した。民営化（2000年）後も同社経営トップ人事に関しては政府の影響力が残る。創業以来，新日鉄（現・新日鉄住金）と提携関係を続けてきたが，高級鋼板技術の不正取得問題では訴訟に発展した（その後和解）。厳しい経営環境の中でグローバル鉄鋼メーカーへと成長している。

る。サムスンと現代自動車の２大グループが圧倒的に突出した存在であり，SK と LG を加えた４大グループ，さらにロッテを含めた５大グループまでが韓国経済の主軸を構成する状況が見て取れる。

　ここで韓国政府による企業集団規定について触れておこう。日本の独占禁止法に相当するのが公正去来（取引）法（1980 年制定）であるが，これを法的根拠にして公正去来委員会が対財閥政策を推進してきた。同委員会など政府機関では財閥という表現は使わず「企業集団」という用語を用いている。企業集団とは公正去来法において「同一人が事実上その事業内容を支配する２以上の会社の集団」と規定されている。1986 年の同法第１次改正時の大規模企業集団の指定制度新設によって，「総資産額合計が 4000 億ウォン以上の企業集団」に該当する 32 グループが「大規模企業集団」の指定を受けた。該当グループには持株会社の設立禁止，相互出資の禁止，出資総額の制限，金融・保険会社所有株式の議決権制限，企業結合申告の拡大・強化といった各種の規制条項が強化された。経済規模拡大とともにグループの資産規模も拡大したため，1992 年には第３次改正として「資産順上位 30 大企業集団」が新たな大規模企業集団指定基準となった。規制内容が一層厳しくなったのはいうまでもない。

　大規模企業集団指定基準は，この後 2002 年の改正で「資産規模によって各個別規制形態別に適用企業集団を指定し規律する」ことになった。というのも，30 グループに対してのさまざまな規制（出資総額制限，相互出資禁止，債務保証禁止，金融保険会社の議決権制限，大規模内部取引の公示など）が一律に適用されることの非合理性が際立ったためである。2002 年度より企業集団指定の「二元化」が始められ，「資産総額５兆ウォン以上」で出資総額制限企業集団となり，「資産総額２兆ウォン以上」では相互出資制限企業集団および債務保証制限企業集団と指定されることとなった。

　その後 2008 年の法改正により，2009 年より一律「資産総額５兆ウォン以上」が企業集団指定の条件とされたが，８年経過した 2016 年には経済与件の変化に対応できていないとの認識から更なる法改正が行われ，2017 年からは「資産総額 10 兆ウォン以上」が新たな企業集団指定の条件となるとともに，すべての公企業集団が適用除外となった。つまり新たな企業集団規定は「資産総額 10 兆ウォン以上の民間企業集団」となり，対象企業集団数は 2016 年４月の 65 集

第 I 部　国・地域別編

団（民間 52 集団，公企業 13 集団）から民間のみ 28 集団となった。ここで注目されるのが「総帥一家の私益詐取を規制すべく，公示義務は現行通り資産総額 5 兆ウォン以上の集団とする」とされた点である。社会的影響力を持つ民間企業集団（財閥）に対する圧力が強まっている様子は明らかである。

　さて，ここで最大財閥のサムスンを例に事業構造を若干考察してみよう。系列会社数はサムスン 59 社，現代自動車 51 社，SK86 社，LG67 社となっているが，サムスンの場合，金融・保険会社は 15 社，非金融・保険会社が 44 社存在し，グループの中核を構成するサムスン電子を含む電子関連の企業は 8 社になる。サムスングループ全体の売上高は 215.5 兆ウォンであるのに対し，サムスン電子一社では 200.7 兆ウォンで（2015 年，以下同様），93.1％を占めている。サムスン電子の事業部門別の売上高を見てみると IM（IT & Mobile communication）が 103.6 兆ウォン（46％），CE（Consumer Electronics）が 46.9 兆ウォン（21％），DS（Device Solutions）のうち半導体が 47.6 兆ウォン（21％），DP（Display Panel）が 27.5 兆ウォン（12％）となっている。部門別売上高の金額には事業部門間の売上高も含まれているため単純合計はできないが，IM，すなわちスマートフォン事業がサムスン電子全体の売上高の半分を占める状況には，ここ数年間変化は見られていない。サムスンの事業形態はあまりにもスマートフォンに偏重しているため「スマホ 1 本足打法」などといわれている。スマホが売れなくなると一気にサムスン電子の売上減になり，サムスングループ全体の地盤低下に繋がる状況となっている。スマホへの過度の依存を低め，スマホに代わる新しい事業を構築しないといけない，と数年間からずっと指摘されてきたのはそのためである。売上高に一定の比重を占める半導体の場合，商品特性上スマホやコンピュータなどの核心的な部品として位置づけられる。いわば相手あっての商品であるがゆえ，市況に左右されやすい側面がある。

［2］ 日本の財閥（ざいばつ）と韓国の財閥（チェボル）

　ここで韓国財閥の構造を定義づけておくことにしたい。はじめに日本の財閥についての代表的な定義を，森川英正と安岡重明の定義から見ておこう。森川は「富豪の家族・同族の封鎖的な所有・支配下に成り立つ多角的事業経営体」（森川英正［1978］『日本財閥史』教育社，16 頁）と定義し，「ルーズな規定」を主張

第1章　韓国：現代における財閥の存在意義

している。一方安岡は「財閥とは，家族または同族が出資し支配する多角的事業体であって，そのうちの大規模な事業部門（または企業）は国民経済・地方経済に大きい影響力を及ぼすほどの規模を有する」（同志社大学人文科学研究所編／安岡重明他［1985］『財閥の比較史的研究』ミネルヴァ書房，5頁）とし，森川に比べて規模に関する規定を追加した形になっている。

　両者の議論は，「家族・同族による封鎖的な所有・支配」と「高度に多角化した事業経営体」という二つの要素に注目する点で共通している。日本の財閥を想定したこれらの議論は，韓国財閥を説明する場合においても十分に有効であると考えられる。

　ところで，韓国の財閥を議論する際注意しなければならない点として，財閥を構成する家族の構造自体が日本のそれと大きく異なっていることを指摘しなければならない。日本の家（いえ）と韓国の家（チブ）制度を比較した服部民夫（社会学）の財閥研究として明らかにされているように，韓国では一般に「家産」という概念が成立していない。それゆえ創業者の時代は全ての財産は基本的に創業者個人の財産と見なされる。創業者が完全に引退するか死亡し世代交代が行われる場合，その財産の相続を巡っては家族間での紛争に発展することが多い。特に子息が複数いる場合，その紛争は複雑化する場合がある。韓国の場合，事業継承において経営能力よりも息子・娘への継承，すなわち血縁維持が優先される考えが根底にあるからである。

　そのため家族間の財産争いを回避するために世代交代期に家族構造の原則に沿ってスムーズな財産分割が行われたり，また逆に分割を回避するためには独特の「制度的装置」が作られている（服部民夫［1988］『韓国の経営発展』文眞堂，21-24頁）。

3　歴史的特徴

　次に韓国財閥の歴史的特徴を整理しておこう。母体企業設立の時期は財閥によってさまざまであり，日本統治下時代に創業した小資本，あるいは植民地解放後の混乱期から**朝鮮戦争**期（1950〜53年）に創業・再建した小資本がほとんど

朝鮮戦争：日本の植民地解放からわずか5年後の1950年6月25日，日曜日の早朝，金

29

第I部　国・地域別編

である。朝鮮戦争後，1950年代という復興の過程で多くの企業が勃興したが，一部の企業の中には当時の李承晩政権（1948〜60年）と良好な関係を築いて財閥と呼べるまでに成長し，企業集団化したものもあらわれた。三星・李秉喆はその典型例である。

　学生革命（1960年）で李承晩政権が崩壊し，さらに翌年には軍事革命が発生する。政権を掌握した朴正熙将軍による軍政を経て，朴正熙政権が始まるが，前政権と癒着して成長した企業家などは「不正蓄財者」としての厳しい政治的試練が待っていた。ここでも李秉喆は不正蓄財第1号であった。前政権を否定することを通じて自身の正当性を確立させるという，韓国独特の政治行動が背景にあった。しかし政治と並び経済における国家再建を掲げる朴正熙政権は，企業側からの意見も取り入れ両者は歩み寄る。企業家を単なる処罰対象と見る姿勢が改められ，経済再建，さらには経済開発の担い手として積極的に保護・育成することで活躍の場を与えることになった。

　朴正熙政権は前政権期から構想が始まっていた経済開発計画を具体化し，政府内の経済部署を総括するコントロールタワーとしての経済企画院を設立し，政府主導の強力な工業化政策を実現していくことになる。民間銀行を政策的に全て国有化し，外国資本も含め民間部門への資本供給は政府の手に握られることになった。政府主導，すなわち官治経済・金融のシステムが作られ，大統領が強力なリーダーシップを発揮しつつ，国家運営が進められた。民間側の受け皿として財閥団体である全国経済人連合会が作られ，政府と共同歩調をとることで1960年代中盤以降，韓国は急速な経済成長を実現するが，日韓国交正常化（1965年）とそれにともなう日本からの資本・技術導入は決定的な意味を持った。

　低賃金労働力以外これといった資源を有さなかった韓国であったが，後に「漢江の奇跡」と称される急速な経済発展の実現は，国家と民間，さらに国民が一体となって成し遂げた歴史的成果であったと評価できる。

　日成率いる北朝鮮人民軍は北緯38度線を奇襲突破し南侵を開始した。朝鮮戦争の勃発である。3日後には首都ソウルは陥落した。釜山地域に避難した韓国政府・李承晩大統領の要請により国連軍が参戦する一方，北朝鮮側には中国軍義勇軍が参戦し，一進一退が続いた。1953年7月の休戦まで3年間戦争は続いたが，現在も休戦状態のままである。

第1章　韓国：現代における財閥の存在意義

　しかし，低賃金労働力を武器に安価な商品を大量生産・大量輸出して外貨を稼ぐという韓国経済の成長パターンは，産業構造の高度化にともない経済の成熟が進む1980年代中盤になると次第に限界に近づくようになった。長期政権を率いてきた最高指導者・朴正煕大統領の暗殺（1979年）後，1980～93年の13年間，全斗煥・盧泰愚という2人の軍人出身大統領が国家を統治したが，韓国の政治・経済は本質的な構造変化を迎える。民主化宣言（1987年）による抜本的な変化である。

　政治的民主化を求める声の高まりは憲法改正を実現し，大統領選挙の方法はそれまでの間接選挙から国民による直接選挙へと転換した。その一方，同時に労働者の権利・主張が認められ，労働組合の設立が自由化されると労使紛争の激化，さらには賃金水準の急激な上昇をもたらした。しかしそうした動きをコストとして吸収できる強靱な体質が企業には備わっていなかった。国際競争力の源泉が低価格から高品質へとシフトできるようになるのはまだかなり先のことであった。

　金泳三政権（1993～98年）下では，政権主導で「世界化」が叫ばれる中，韓国に対する市場開放要求はますます高まった。政治決断としてこれを受け入れることになるが，商品と資本の両面での市場開放は，韓国経済に対し一層厳しい体質強化を要求することになった。こうした中，ついに1997年のアジア通貨危機（IMF経済危機）を迎える。従来の政府主導経済下においては，政府管理下の金融機関からの巨額の借り入れは資本調達の主たる方法であり，企業自らが直接資本市場から調達することは稀であった。国際金融資本もまた，政府保証という要素を高く評価していた。結果として，財閥企業の借金依存体質は構造的特徴となっていた。ところが東南アジア諸国の政治・経済の混乱が続く中，1997年夏には国際金融資本は一転してアジア諸国の政府保証や企業の財務状況を否定的に評価し，アジアからの資金引き揚げを断行するに至る。タイ・バーツの暴落から東南アジア経済は混乱し，その余波は1997年11月にはついに韓国にも及び，韓国経済も破綻寸前に陥ってしまった。

　国際金融資本の資金引き揚げによって，財務構造が悪化した企業は一気に経営破綻し，連鎖反応で金融機関の破綻が続いた。大手財閥でも深刻な経営破綻事業を生み，中規模財閥に至ってはグループ自体が完全に経営破綻を起こし，

第Ⅰ部　国・地域別編

グループ解体，外資への身売りなども相次いだ。かつての名門・**大宇グループ**も例外ではなかった。結局金泳三政権末期の 1997 年 11 月，IMF への緊急支援要請が出されるに至る（IMF 経済危機）。

経済危機のさなか成立した金大中政権（1998〜2003 年）は，最大の政策目標を経済再建，IMF からの借金の早期返済に設定した。IMF の改革要求は政府主導の経済改革に至るが，中心課題の一つが財閥改革であった。「危機を招いた主犯こそが財閥である」との極端な認識が社会的に広まる中，財閥に対する改革圧力は政治的圧迫をともなっていた。経営透明性を高度化する，相互債務保証制度を解消する，財務構造を画期的に改善する，オーナー家など支配株主の責任を明確化する，といった改革目標は，コーポレート・ガバナンスの仕組みを政治力によって構築する大きなきっかけとなった。

さて，個別財閥の状況としては，IMF 経済危機からの回復過程の中で経営力に決定的な差異が生まれた。かつての 5 大財閥であるサムスン，現代，大宇，LG，SK のうち，現代と大宇は政治的環境変化への対応に失敗し，結果的にグループ解体を余儀なくされた。一方サムスンは李健熙会長による新経営宣言（1993 年）を機に，ダイナミックな構造改革に取り組んできたため，他のグループほどのダメージを負うことはなかった。有名な「妻と子ども以外は全て変えよ」に代表される自分からの変化，量から質重視経営への転換，情報化・国際化・複合化といったキーワードからなる「新経営」は，世界市場の中での生き残りを目指した徹底した意識改革に繋がり，サムスンの事業構造を先進国企業型へと変える原動力となった。この時期のサムスンの成長はどのような歴史的意義を持っていたのだろうか。

2000 年代に入ったころから半導体，液晶，テレビ，携帯電話，スマートフォンに至るサムスン発のグローバル製品がマーケットから高い評価を受ける一方，

大宇グループ：かつての 5 大財閥の中で最も歴史の短い財閥。サラリーマン・金宇中（キム・ウジュン）が脱サラして創業した繊維商社・大宇実業が母体である。「世界は広くやるべき仕事は多い」を看板に，アフリカや旧東欧圏など高リスク地域でのビジネスを開拓。赤字企業を買収し経営再建を通してグループ規模を急拡大した。IMF 経済危機の中でそれまでの借金経営が破綻し，1999 年グループは解体された。その責任を問われる中，金宇中は海外に逃避し，帰国後逮捕され有罪判決を受けるも，その後，特赦された（2007 年末）。

第1章　韓国：現代における財閥の存在意義

先発のグローバル企業との距離は確実に縮まった。熾烈な競争を展開する IT 業界の中では，かつて師匠役であった日本企業の地盤沈下が目立ち，世界市場における地位の逆転が実現した。

　この時期に中国，インド，ブラジルといった国家が新興国市場として成長し始めると，早速サムスンは現地中間層に照準を合わせボリュームゾーン領域の製品作りに乗り出す。現地ニーズを徹底的に把握し，日本製品をベースにしたリバース・エンジニアリングの手法によって既存技術を組み合わせて製品開発を実現し，現地のニーズに最も適合的な商品を現地市場に投入するサムスン流モノ作りの構築に成功した。

　こうして李健熙会長主導の大改革である「新経営」以後，IMF 危機の克服過程でサムスンは徐々に競争力を身につけ，強靱な体力を持つグローバル IT 企業へと変身する。トップの戦略的判断の下，競争力の源泉としてのデザイン，サムスン流のモノ作りを確立し，「日本」要素を果敢に導入しつつ価値の最大化を図ったと総括できる。

2　財閥のトップマネジメント構造：オーナー経営者と専門経営者

1　オーナー経営体制

　さて，所有と経営が未分離で，オーナー（所有者）が同時にトップ・マネジメント（最高意思決定権者）を兼ねており，「総帥」といった表現に見られるように，グループ会長はグループ最高意思決定において決定的な影響力を持つ存在であった。グループ支配の求心力がグループ会長，その人であったといえる。この「オーナー経営体制」こそが財閥の強さの本質であり，創業者の時代には明確な特徴となって現れていた。

　植民地解放後の混乱，国家建設と南北分断，朝鮮戦争による破壊と再建，軍事的対峙と政治・経済の混乱，革命による政権崩壊——1960 年代までの韓国はこうした時代であった。この激動の時代を生き抜いて企業成長を実現するには，全ての権限が創業者という一点に集約されたトップダウン式の経営，強力なリーダーシップに基づくワンマン経営のスタイルが適合的であった。オーナー経営体制とは，こうした時代が求める経営のあり方であった。サムスンの創業

33

者・李秉喆や現代の創業者・鄭周永<rt>チョン・ジュヨン</rt>などは典型例であった。

　1960年代以降になると，創業者の時代の中でも「個人の時代」から「組織の時代」への移行が始まる。1959年に韓国企業で初めてサムスンが会長秘書室を設置したが，それはグループ化を進めるにともないコントロール機能としての役割を担うものであった。従来会長個人が行っていた機能の組織化が図られることになった。会長の目となり，手足となって動き，グループを統率していく一方，企業規模の拡大は多くの専門経営者人材の育成を要請するようになった。

　会長秘書室設置と同じ1959年，サムスンは公開採用制度を開始している。大学新卒者の人材を試験・面接によって採用するという制度で，当時の韓国では公務員や銀行以外では行われてはいなかったという。縁故採用が幅を利かせていた時代，サムスンはいち早く実力本位の人材採用を始めた。創業者・李秉喆の3大経営理念である事業報国・人材第一・合理追求にもあげられているが，彼はことのほか人材育成には執念を持っていた。学縁・地縁などの韓国的要素にとらわれることなく実力本位で新卒者を採用し，その後徹底的な教育を施し，幹部人材，さらには専門経営者として配置するシステムは人材経営の先駆者であったと評価できる。

　こうして育成した専門経営者と彼らからなる秘書室，そして会長という3要素によって1960年代以降には新たな「オーナー経営体制」が作られていくことになった。「組織の時代」の登場である。いずれにせよ，創業者時代には，創業者のカリスマ性もまた，強いリーダーシップと並んでオーナー経営体制の核心部分であり，創業者個人の属性を色濃く反映していた。

　1970年代後半になると創業者の高年齢化に対応し，後継者育成という重要課題が浮上する。創業者時代の晩年にはすでにオーナー経営体制の仕組みに変化が始まるが，創業家2世代目となるグループ2代目会長（息子）の時代になると，その中身に変化が見られるようになった。父親（創業者）が個人の力で引っ張ってきた財閥を，組織として，またシステムの総合力として自らが引っ張っていくことになった。あるいは息子本人が，父親時代とは異なった新たなカリスマ性を作り上げていく中で，父親時代とは異なったオーナー経営体制を構築していかなければならなかった。

　サムスンの場合，創業者・李秉喆は1987年に77歳で亡くなるが，1979年に

彼の三男・李健熙がグループ副会長に就任し正式な後継者として登場する。李健熙が２代目会長就任後，父親時代に活躍した専門経営者の引退，組織改編，特に会長秘書室の改革がゆっくりとしたペースで進んだ。父親の時代に韓国第一の財閥に成長し，政治・経済に圧倒的な影響力を持つようになったサムスンではあったが，将来を見据える李健熙の目には，賞味期限切れの近づく商品に過ぎなかった。低賃金労働力を武器として戦えた時代に適合した旧型仕様にとどまっていたのであり，新たな時代への準備は全くできていなかった。こうして，前述した李健熙会長主導の「新経営宣言」（1993年）に至る。この「新経営」からIMF経済危機とその回復過程に至る中で，李健熙は独自のカリスマ性を作り上げることになったといえよう。

　一般的にいって，韓国財閥における世代交代には「オーナー経営体制」という支配のあり方の継承，いい換えるとグループ経営権の継承という側面がある。父親が創業したグループをどの子息が継承するのかという問題は，経営と所有の両面での継承を意味する。息子が単に「社長」あるいは「会長」という最高意思決定権者としてのポストに就任することに止まらない。支配的な大株主（オーナー）への就任も含め，「オーナー経営体制」自体を継承するのであって，当然莫大な財産の相続をともなう。

　創業者に複数の息子がおり，長男が「家長」としてのみならずグループ全体の総帥としての器に恵まれている場合，世代交代にともなう息子同士での摩擦は少ない。長子単独相続を基本とする韓国的価値観に適合するからである。しかし，現実には複数の息子同士の中で所有権や経営権を巡る紛争がしばしば勃発している。グループ中核企業の支配を巡る摩擦がグループ支配全体を巡る紛争へと発展し，社会的影響力の大きさゆえに多くの国民の注目となり，激しい批判に晒されることも少なくない。旧現代グループ「王子の乱」（2000年）やロッテグループ「御家騒動」（2015年～現在）などは典型的な例であろう。韓国社会においては，企業が社会の公器であるという意識以上に創業者一族の所有物だと見る意識が依然として強いためである。

②　グループ参謀組織と専門経営者

　系列企業数十社からなる企業集団に対するコントロール機能として，全ての

第Ⅰ部 国・地域別編

財閥にはグループ参謀組織が存在している。サムスンの会長秘書室（1959年設立。現在の未来戦略室の前身）が始まりであるが，グループにより会長室，企画調整室，政策本部，戦略企画室など名称はさまざまである。また持ち株会社体制に移行したグループの場合には，グループ本社機能としての参謀組織がその内部に設けられている。

グループ参謀組織は，基本的に会長の目として，手足として位置づけられ，責任者には系列会社の社長以上の権限が認められている。構成メンバーはグループ各社から集められ，グループの頭脳を構成している。

ところで企業のガバナンスを考える際，不正腐敗や不祥事の発生を防止すべく監視し，問題発生時には迅速に対応するという側面と，経営者を積極的に動機づけ企業価値最大化に繋げるという側面の二つが考えられる。不祥事を含めて業績悪化などがあった場合には経営者を速やかに交代させる仕組みが不可欠である。と同時に，経営者に対しては適切な目標および金銭的インセンティブを付与する仕組みも求められる。企業価値の最大化はこうして実現できるのであり，サムスンの場合は李健熙会長の意思決定がそれを下支えしてきた。

先に述べたように，韓国の財閥では基本的にオーナー経営体制が貫徹しており，オーナー会長と専門経営者（この場合所有機能を持たないという意味で「サラリーマン社長，雇われ社長」と特徴づけられる）の関係に注目しなければならない。それはかつての日本の財閥に見られたような「主人」と「番頭」（使用人）の関係と類似している。オーナー会長は所有経営者であり，実務面での意思決定は社長（専門経営者）に多くの権限委譲を行っている。しかし社長への人事権はオーナー会長にのみ掌握されている。

サムスンの場合，戦略的かつ長期的視野に立った意思決定はオーナー会長自身が遂行し，実務面での意思決定は社長級の専門経営者が担当している。彼ら専門経営者は，オーナー会長からの絶大なる信頼を受けることで自らの立場が正当化され，会長もまた自らの手足となって動く専門経営者たちの存在があってこそグループ全体を統率し支配する立場に立てているのである。「主人」と「番頭」（使用人）間には強い相互依存関係が築かれており，会長あっての専門経営者であり，専門経営者あっての会長である，という表現が当てはまるかもしれない。

36

第1章 韓国：現代における財閥の存在意義

それゆえ，専門経営者たちを監視すると同時に高い報酬で労に報いるという独特なガバナンス方式が存在しうるのである。サムスン電子の場合，事業部最高責任者の権限と責任はきわめて大きく，高度な分権化のゆえにスピード経営が実現できている。それに対しては莫大な報酬がインセンティブとして準備されている。創業者の時代から，サムスンでは厳格な信賞必罰制度が運営されてきた。能力主義・成果給の現在においては，一層強力な報酬インセンティブが専門経営者たちへの強い動機づけになっている。しかし結果が出せない限り，役員にまで出世できたとしてもその地位は一期で終了となってしまう。それがサムスンの現実である。

③ 世代交代と支配権の継承

韓国財閥の中で創業者が存命なのはロッテグループのみで，それ以外はほとんどのグループが創業家2代目から同3代目への移行過程にある。主要グループにおける世代交代の様子を概観してみよう。サムスングループの場合，創業者・李秉喆は亡くなる約10年前に三男・李健熙後継体制を内外に明らかにし，父親の死去後グループ2代目会長に就任した。現在は彼の長男・李在鎔（イ・ジェヨン）がグループ副会長の地位にあり，病床の父に代わって創業家3代目オーナーとしての事実上の指揮を執っている。サムスンは2代目移行後，李健熙会長の兄弟間でサムスン本体からの系列企業分離が行われ，ハンソルグループ（全州製紙），第一製糖グループ（第一製糖，現・CJ），新世界グループ（新世界百貨店，朝鮮ホテル）などが新たに誕生した。資本的にも人的にも完全に分離独立した関係となっている。

旧現代グループの場合，創業者・鄭周永が大家族の家長（長男）として兄弟とともにグループを率いてきた。その後弟たちは全て独立し，次男・鄭夢九（チョン・モング）を中心とする2代目たちの世代に移行した。しかしその後も鄭周永は「名誉会長」として自ら最後まで現役にこだわり，明確な後継体制を構築できない中で息子たちの間で御家騒動が勃発，「王子の乱」と広く世間から糾弾される事態を招いた。

2代目世代の中心は長男格の鄭夢九で現代自動車グループを率いる一方，その長男・鄭義宣（チョン・ウィソン）が同グループ副会長として3代目の地位を確立している。旧

37

第Ⅰ部　国・地域別編

現代からは自動車のほか百貨店，重工業，産業開発などが分離独立してそれぞれグループ化し，北朝鮮事業など一部を受け継ぐ現代グループも残っている。

　LGグループ場合，旧ラッキー金星グループ時代までは具一族と許一族による共同経営を中心としてきた。創業者・具仁會からは具滋暻，具本茂と代々長男がグループ会長職を継承している。共同経営時代からのLGの文化として特に創業者の理念である「人和」を重要視し，スムーズな継承を実現してきた。現在では具本茂の息子（4世代目）がグループ役員として勤務している。また旧LGグループからは世代交代を機に具一族（傍系）と許一族がGSグループ，LSグループを形成し分離独立している。

　SKグループの場合，旧鮮京グループの母体企業・鮮京織物が崔鍾建によって創業され，彼の死去後，弟・崔鍾賢がグループ化の礎を築いた。しかし崔鍾賢もまた68歳と比較的若くしてこの世を去る。当時38歳であった長男・崔泰源がグループ会長を継承するまでの間，父親の側近を務めた専門経営者である孫吉丞がその役割を担った。SKグループの場合，資本所有面での後継体制準備が完了する前に父親が死去したため，オーナー家の所有支配が脆弱であった。これを克服するため繰り返された無理な資本移動が犯罪行為として摘発され，崔泰源自身と弟・崔再源（首席副会長）が背任・横領・粉飾決算などの罪で長期の収監生活を強いられるなど，グループガバナンスにも大きなダメージとして残った（崔泰源はその後特赦）。

　創業者の時代から2世代目，3世代目へと継承が進む韓国では，社会がどのように継承を認識してきたのかきわめて興味深い。2世代目への継承は創業者が生きていた時代でもあり，時代的にも緩やかな時代であった。3世代目への継承となる現在では，継承を取り巻く内外の環境はきわめて厳しくなっている。オーナー家内部の家族会議に世間は注目し，「経営の世襲」や「企業の私物化」に関わるような役員人事，組織改編などにはきわめて厳しい批判が向けられている。

第1章 韓国：現代における財閥の存在意義

3 財閥を巡る最近の問題

1 ナッツリターン事件

　2014年12月，ニューヨーク発仁川行き大韓航空機のファーストクラスで起きた騒動は，**反財閥感情**を非常に刺激する結果をもたらした（ナッツリターン事件）。客室乗務員の接客マナーが不十分だと問題視した大韓航空の趙顕娥副社長の怒りが度を越し，離陸のために搭乗口を離れた航空機を無理やりリターンさせ，機内から客室責任者を降ろしたことで出発を遅延させたという内容であった。当の女性副社長は役職を辞任したが，目撃した多くの乗客によって当時の客室内の様子がネット上を瞬く間に広まると，会社側は事件のもみ消し工作を図ったが，結局被害者の暴露会見によって全てが露呈することとなった。

　この事件は単なる不祥事として済まされなかったばかりでなく，財閥創業家の若き3代目経営者が引き起こした事件であったことから，「財閥の横暴」として世論の憎しみと嘲りを一手に集める結果になった。社会的バッシングの中，趙顕娥副社長は逮捕・起訴される一方，父親である趙亮鎬韓進グループ会長が「娘の過ちで傷ついた乗務員に心からおわびする」と謝罪会見を開くも，世論・マスコミの攻撃はなかなか静まらなかった。

　航空保安法違反罪などに問われた裁判の結果，2審での執行猶予判決によりようやく釈放されたが，社会的信用の失墜はオーナー家にとって大きなダメージとして残った。

　当時の社会的雰囲気を振り返ってみると，鬱積していた反財閥感情が些細なトラブルを契機に一気に噴き出した状況にあった。冷静に考えると，逮捕・裁判・有罪判決に至るほどの甚大な犯罪行為とはとても思えないトラブルであっ

反財閥感情：財閥に対する否定的感情は古くからあったが，経済格差が一層拡大するにつれ，その元凶＝財閥という意識がますます高まっている。韓国経済は昔に比べ確かに豊かになったが，その果実を享受できない層が拡大し，若者の失業率の高まりなどを背景に，成功した一部の集団としての財閥を見る視線は剥奪感や嫉妬といった感情に大きく左右されるようになった。財閥絡みの事件が発生すると，その感情はネット上で爆発する。しかしその一方，大卒就職先として財閥への入社を望む思いは常に大きい。反財閥は屈折した情緒となっている。

39

たが，感情の制御不能に陥った当事者は事件後も不誠実な態度に終始し，会社は隠蔽工作を続ける中で，双方にとって最悪の結果を招いた。格差社会の元凶とも目される財閥にとって，国民目線，さらには弱者目線での言動・立ち振る舞いができず，自らを道徳的倫理的に厳しく律することができなかったことに大いに反省すべきであった。

２ ロッテグループ御家騒動

①御家騒動の背景としての経営の前近代性

2014年12月の人事異動に端を発するロッテグループ御家騒動は，創業者の2世代目となる長男・辛東柱（日本名・重光宏之）と次男・辛東彬（日本名・重光昭夫）による経営支配権争いから始まった。これは人事を巡る単純な問題ではなく，背景にはロッテグループ特有の問題が存在している。その核心が創業者・辛格浩（日本名・重光武雄）についてである。

辛格浩は植民地時代に日本に渡り早稲田大学で化学の勉強をしている。戦後日本で米軍兵士が噛むチューインガムからヒントを得て，ガム製造の商売を始めたのがロッテ製菓のスタートである。日本での事業は，このロッテ製菓の他はプロ野球・千葉ロッテマリーンズと小規模ホテル経営を行っている程度だ。

1960年代，朴正熙政権が国作りをしていく当時，韓国政府は在日韓国人企業家たちの祖国への事業投資を要請する。代表例がロッテであり，韓国で初めて日本式百貨店商法を導入した「ロッテ百貨店」，韓国を代表する一流ホテルとして「ロッテホテル」を作った。日本での事業の成功をもとに里帰り投資を行ったロッテは，菓子製造レベルを遥かに超えるホテル，百貨店，総合レジャー，金融・サービス，製造業に至るまで多様な事業を包摂する企業集団へと発展した。

１カ月のうち半分は重光武雄として日本に，また半分は辛格浩として韓国に滞在し「日韓シャトル経営」と呼ばれるように精力的に仕事をこなしたという。そうした中，重光の高齢化にともないグループ後継者問題が登場し，日本での事業は長男に，韓国での事業は次男にそれぞれ担当させ，兄弟間分業をさせつつ自らは総監督の立場で事業を総括することになった。韓国事業に比べ日本事業は経営規模こそ小さいものの重要度は低くない。持株構造上，韓国事業の上

位に位置づけされるのが日本の持株会社（ロッテホールディングス）であり，さらにその上には重光一族の財産管理会社である光潤社（非上場）が存在しているからである。詳細は不明であるが，韓国事業の成果としての利益は日本に流れ一族の富が形成される，といった見方が韓国での一般的な認識となっている。

　ここで2014年12月の人事異動の内容を見てみよう。いかにもロッテらしい人事であったが，創業者で絶対的存在であった父親・辛格浩（総括会長）が，経営上の失敗を理由に長男（当時ロッテホールディングス副会長）を解任したのである。会社の中の重要決定が父親の一存で決まるというのがロッテの文化であったが，経営者としての地位が剝奪された上，後にその地位は次男が掌握するに及ぶと長男はこれを承服できず極端な行動に出る。父親との関係を修復した長男は，一連の動きは弟とその側近たちによる陰謀によるものと見て，彼ら全てを排除するクーデターを実行する。この動きは結局失敗するが，父親も含め親族間を巻き込んでの兄弟間の経営権紛争に発展し，社会からは厳しく批判されるに至った。

　連日のマスコミ報道によってロッテの問題が次々と明らかになった。その核心は創業者・辛格浩の「老害」である。1922年生まれの辛格浩は，騒動勃発時にすでに92歳であった。韓国ロッテのグループ会長は次男・辛東彬に移っていたが，辛格浩は「総括会長」として，その上位に位置する最高意思決定権者であり最高権力者であり続けた。若い時から抜群の記憶力を誇り，特に数字にめっぽう強かった辛格浩は歴史上に残る創業企業家だが，長生きした反面，あまりにも自らが長く意思決定に関わり過ぎたといえる。健全な意思決定ができる段階で後継体制を構築し，自らは潔く引退するというシナリオがなかったのだろうか。これができないまま辛格浩のアルツハイマーが深刻化してしまったため，残念なことに，彼自身およびロッテ一族の栄光と名誉は大きく傷ついてしまった。

　ここで思い出されるのが，ほとんど同じ内容として記録される旧現代グループで起きた「王子の乱」（2000年）である。現代は韓国を代表する巨大財閥だったが，創業者・鄭周永は長生きをする中，「実権を委ねる」と口ではいいながら「名誉会長」として実際は最後まで関与し続けたため，グループ経営は混乱をきわめた。収拾に至る前に創業者は死去するが，グループ後継を巡る息子と家臣

第Ⅰ部　国・地域別編

たちを巻き込んだ小グループ間の御家騒動は，その後グループの解体，小グループへの分割に至る。その間，御家騒動の当事者であり，金大中政権時代に起きた北朝鮮への不正送金事件に関わったとの疑いで検察の取り調べを受けていた鄭夢憲（創業者五男）が自殺する悲劇が発生した（2003年）。

　財閥の持つこうした前近代的側面が15年経て再びロッテにおいて繰り返されたことは，他グループの過去の過ちを検証し，教訓として学んでいなかったことを意味している。

　②ロッテに向けられる韓国社会の視線

　財閥であるロッテに対しては「家族の論理」と「企業の論理」とが混同され，企業が私物化されているとの批判が向けられている。他の多くの財閥と共通するが，ロッテの場合，さらにオーナー家一族が在日韓国人であることに対しても批判的に捉えられることが多い。

　韓国事業を担当する次男の辛東彬は日本生まれの日本育ちであったため，父親から韓国担当を命じられたのち韓国語を学んだ。記者会見やコメントの発表時など，公の場でも現在では通訳を必要とせず直接韓国語で話すことが可能である。外国生まれの韓国人として十分なコミュニケーション能力を身につけたことは高く評価されるべきであるが，それにもかかわらず韓国社会では「韓国人なのに，韓国語が下手だ」と批判され，さらには「ロッテははたして韓国企業といえるか。日本企業ではないか」といった複雑な評価までもがしばしば登場している。ことあるごとに辛東彬会長は「ロッテは韓国企業である」と低姿勢で述べ，韓国社会に溶け込もうとする懸命な努力を続けているが，韓国社会からは冷ややかな視線が向けられている。

　御家騒動の当事者，創業者長男の辛東柱の場合は，自らの正当性をマスコミにアピールする際，韓国語が全くできないことが広く知られるところとなった。マスコミを通じ日本語による肉声コメントが多く流れたことは，ロッテに向けられる韓国社会の視線を一層冷たいものにしたといえる。

　さて御家騒動自体はその後法廷へと移ったが，ロッテを取り巻く内外の環境は一層厳しいものとなった。辛東彬グループ会長は，財閥総帥として初めて国会聴聞会へ出席し，国会議員たちから一連の騒動に対する厳しい追及を受ける一方，長期間携わってきた免税店事業の営業免許審査での落選，前政権期の秘

42

密資金疑惑に関する本社や幹部の自宅への強制捜査，そして百貨店事業を担当してきた創業者長女・辛英子の逮捕，自らも含む創業家一族の在宅起訴など，ロッテバッシングともいわれる状態がしばらく続くこととなった。

グループ会長として国民向け謝罪会見を行い，「道徳性を優先的に考える企業に生まれ変わる」と宣言し，外部有識者によるコンプライアンス委員会設置，優良系列企業の上場，グループ支配機構である政策本部の権限縮小，さらには持株構造における循環出資を解消し，持株会社体制化を目指すといった趣旨のコメントを発表している。

一連の騒動のさなか，2016年8月には李仁源グループ副会長が，検察からの取り調べを直前にして自殺する事件が発生した。李副会長は，辛東彬グループ会長の最側近としてオーナー一族からも信頼の高い存在であったが，自殺という極端な方法を選択したことは検察捜査にも少なからぬ影響を及ぼした。そればかりではない。李副会長は，グループ支配機構である政策本部の責任者として，M&A戦略やグループの財務戦略などを統括する立場にあったため，突然の死はグループ経営自体にも深刻な影響を与えることとなった。

③ サムスンの試練

2014年5月，李健熙サムスングループ会長が急性心筋梗塞で倒れ，闘病生活に入って3年近くになる。その間サムスンを取り巻く環境は刻々と変化し，新しいサムスンの姿を構築すべき多角的な努力が繰り広げられている。その概要は大きく次の三つにまとめられる。

第1は，グループ事業構造の再編である。サムスングループの従来の高い収益はサムスン電子に支えられており，更にそれは半導体やスマートフォンの好調に大きく依存する構造であるところはすでに見た。しかしアップル社や中国企業の追い上げによってそれらの主力事業の競争力にも陰りが見え始め，グループ次元での新たな収益源確保が急がれている。将来の新規事業へ経営資源の大胆なシフトが始まっているのだが，代表例が化学事業関連のハンファグループおよびロッテグループへの売却であり，ヒューレット・パッカード社へのプリンター事業の売却などである。選択と集中を進め，新規事業としてバイオ医薬品分野や電気自動車（電池分野）などを強化する方向が確認できる。

第Ⅰ部　国・地域別編

　第2は，スマートフォン事業の再建問題である。2016年夏に発生した主力商品「ギャラクシーノート7発火事故」は，その後の推移を見る限り技術的欠陥による単純なリコール問題にとどまらない。スマートフォン市場が成熟化する中で機器のスペック競争がますます過熱し，リチウム電池を含む機器の安全性がないがしろにされたまま商品として市場に供給されたゆえの事故であったとの見方が強い。経営と技術のあり方を根本から問う重要な契機となったといえる一方，主力高級機種の失敗がもたらしたブランド価値の毀損は，トップ企業サムスン電子に重大なダメージを与えることになった。

　第3は，オーナー家3世代目の李在鎔副会長への継承問題である。父親の李健熙会長の闘病が長期化する中で，次期グループ会長への就任が確実視されているが，そうした動きにともない，近年は所有と経営の両面における支配基盤の構築・強化が進められてきた。オーナー家にとっては，李健熙会長を核とする構造から李在鎔副会長を核とする構造へと全てを変革する必要がある。そうした文脈の中で一連の作業，すなわち旧サムスンエバーランド，旧第一毛織，旧サムスン物産などの系列企業の統合・再編が進められてきたと見るべきであろう。問題はその過程の中で米国ヘッジファンドのエリオットなどから異議が提示されたように，市場や世論との摩擦や批判が相次いだことである。オーナー家のみを利する行為で一般の株主の利益侵害に他ならない，といった批判は必ずしも事実を正確に反映したとはいえないが，サムスンにとってそうした投資ファンドの存在も決して無視できないステークホルダーであることは間違いない。

　以上三つに加え，サムスンでは新しい企業文化の構築に向けての作業が始まっている。グローバルR&D拠点を海外に複数設置し，外国人人材を多数確保する中で，グローバル企業として市場から高い評価を受けるような企業文化を構築していく必要がある。

4　オーナー経営体制の新たな方向性

　韓国財閥の強さの本質はオーナー経営体制にあった。それは第1にトップマネジメントの核心として高い競争力を持つオーナー会長，第2にグループの精

第1章　韓国：現代における財閥の存在意義

鋭を集めた参謀本部（グループコントロールタワー），第3に高い力量を持った専門経営者，という3つの要素から成り立っている。創業者の時代，あるいはオーナー会長のカリスマ性が高い場合などは意思決定におけるオーナーの影響力はきわめて大きい。必然的にそれはオーナー主導の経営となる。

しかしもはやオーナーの持つ俗人的力量に依存し，オーナーの独断で成長できるような単純な時代ではない。オーナーに依存し過ぎない意思決定構造，すなわち集権化と分権化のバランス，オーナー経営者と専門経営者間の調和のとれた意思決定構造の構築が急がれる。それは経営合理性の視点からも追求すべき方向性であろう。オーナーの高齢化や病気，あるいは犯罪行為による長期収監など，結果としてオーナーの不在は経営判断の遅れや欠如をもたらす。こうした「オーナーリスク」解消に向けての努力が求められる。

また企業を取り巻く緊張要因として，市場からの評価をより重要視しなければならない。特に外国の投資ファンドや，それと無関係ではない国内外の機関投資家たちの動きは，株主利益の最大化を求める圧力として意思決定の際に大きく影響している。仮にオーナー家の利益を最優先にした経営をしたならば，公私混同や企業の私物化を招き，さまざまな形で市場からの厳しい評価となって跳ね返ってくるのは自明であろう。

その意味で，時代の要請に対応した新たなオーナーシップのあり方が模索されねばならない。支配に足るだけの十分な株式所有を実現しているわけではなく，ごくわずかな所有だけで財閥という企業集団全体に対する支配を行っている，またこうしたオーナー家による支配を貫徹させるため不透明で錯綜した所有構造を構築している——，こうした批判は左派市民団体の主張にしばしば見られる。透明性のある所有構造が必要なのはいうまでもない。

加えて韓国の場合，**財閥と政治**との関係，あるいはその背後にある世論との

財閥と政治：韓国歴代政権のいつの時代においても財閥が関連する政治スキャンダルはあった。しかし2016年秋に始まる一連の騒動，いわゆる「崔順実（チェ・スンシル）ゲート」は初の大統領弾劾に至るなど，韓国の政治・経済・社会に甚大な衝撃を与えた。サムスンをはじめ大手財閥は大統領およびその知人へ巨額の賄賂を送り，さまざまな対価を受け取った一大贈収賄事件として報道されている。サムスングループは特別検察によるスキャンダル捜査の最大標的とされ，李在鎔・サムスン電子副会長が逮捕収監されるなど，少なからぬダメージを受けた。

45

第Ⅰ部　国・地域別編

▶▶ *Column* ◀◀

サムスン電子，現代自動車のグローバル経営

　サムスン電子は韓国最大のグローバル企業です。2015年の総売上高200.7兆ウォン（1ウォン＝約0.1円）のうち米州68.9兆ウォン（34％），欧州（含ロシア）38.6兆ウォン（19％），中国31.0兆ウォン（15％），アジア・アフリカ41.3兆ウォン（22％），韓国20.8兆ウォン（10％）となっています。近年その割合に大きな変化はないが，国内比重が常に10％水準にあるのは注目されます。同社は全世界を15地域に分け，生産拠点38，販売拠点53，R&D拠点34，グローバルデザインセンター6を設置し，また従業員は80カ国32万名を超え，R&D費14.8兆ウォン，デザイナー1900名強を有しています。商品別では全売上高の約半分がスマートフォンですが，同社最大のスマホ・携帯電話生産工場はベトナムにあり，世界生産の3割を占めています。そのため「ギャラクシーノート7発火事故」（2016年）の影響は深刻で，工場の生産中止により11万名が働く「サムスン城下町」や多くの部品供給メーカーはかなりの打撃を被りました。同社はインドネシアにおいても同国政府の国産化政策に対応し，スマートフォン生産を拡大しています。現地市場向けのスマートフォンは原則現地生産で対応していく動きとなっています。

　現代自動車もまた，グループ内の起亜自動車とともにグローバル化を積極化しています。現在10カ国に35の生産工場，6カ国13のR&D拠点，26カ国40の販売拠点を設け，2016年実績を含め5年連続世界5位の販売実績，従業員は26万名を超えています。同社最大の工場は国内・蔚山工場だが，2016年には12年ぶりに労組の全面ストがあり，生産実績は伸び悩みました。同社はかつてから北米市場に中型車を大量投入し「日本車キラー」と呼ばれ，また中国自動車市場での成長期を牽引しました。しかし近年では北米と中国市場での伸び悩みが目立ちます。激戦の米国市場では円安の影響もあり日本車に競り負け，中国市場では地元中国メーカーの追い上げでそれまでの優位性が低下しています。2017年に入り米国への大規模投資を表明する一方，世界の主要メーカーがエコカーや自動運転などを巡り活発な提携を繰り広げる中，逆行するかのように同社は「自前路線」に固執しています。開発費の膨張を招くなど不安要素として指摘されています。

関係を十分に考慮した経営が求められる。古くからいわれてきたことであるが，近年のように経済格差がますます拡大の方向を進む中，常に財閥は批判の対象でしかない。特に**大統領選挙**など政治の季節が近づくと恒例のように政治によ

　大統領選挙：韓国大統領の任期は5年で一期のみである。本来，朴槿恵（パク・クネ）政権は2018年2月が任期満了で，2017年12月に大統領選挙が予定されていた。しかし同年3月の弾劾決定により大統領罷免となり，規定により同年5月に大統領選挙が繰り上げ実施となった。選挙翌日に新政権が発足するため，政策論争と並び政権人事の話題が選挙戦のイシューとなっている。次期大統領の最有力候補には，朴槿恵政権を弾劾に追い込んだ野党のリーダー・文在寅（ムン・ジェイン）があげられている。

第1章　韓国：現代における財閥の存在意義

る財閥批判，財閥バッシングが繰り広げられてきた。国民の反財閥感情を煽り，むしろ利用するかのように政治家は選挙対策としての財閥バッシングを行ってきた。そのため，解消していくべき反財閥感情は決してなくならず，時に政治スキャンダルとともに一層大きく爆発する。

　そうした動きが 2016 年秋から再び高まっており，財閥を取り巻く環境は一層厳しさを増している。仮に法的に問題となる企業犯罪があったならば，いうまでもなく厳しく罰せられなければならない。しかし嫌疑不十分である部分も含めて現在の財閥バッシングは明らかに行き過ぎの面があろう。

　これからの方向性として，韓国社会における財閥に対する正しい認識が形成されなければならない。それには社会各層からの多角的取り組みが不可欠であるが，その本質的部分は財閥自らの高い倫理観，道徳観の構築ではないだろうか。

推薦図書

石坂浩一・福島みのり編著（2014）『現代韓国を知るための 60 章』（第 2 版）明石書店。
　現在の韓国を多角的に学ぼうとする入門者のみならず，研究者にとっても各分野の専門家によるコンパクトで深い解説は有益である。
佐久間信夫・出見世信之編著 (2014)『アジアのコーポレート・ガバナンス改革』白桃書房。
　韓国のみならず，日本やアジア企業のコーポレート・ガバナンス問題が国際比較の視点から幅広く整理されている。
安倍誠・金都亨編著（2015）『日韓関係史　1965-2015 Ⅱ経済』東京大学出版会。
　日韓国交正常化 50 周年（2015 年）に合わせ，政治，経済，社会・文化の 3 分野で両国の研究者が共同研究の成果をまとめた。

設　問

1．韓国経済の支配的位置にまで成長してきた財閥は，どのような特徴を持っているでしょうか。
2．グローバル化を進める韓国財閥にとって，今後克服していかなければならない問題について整理してみましょう。

（柳町　功）

第 2 章	台湾：IT 企業群の黒子への専念，そしてそこからの脱皮

　台湾は，1980 年代以来，IT 産業に特化した発展を遂げ，台湾の IT 企業は，自社名を出さない黒子的存在でありながら，世界市場で高いシェア（市場占有率）を占めてきました。しかし近年，これら企業は，黒子からの脱皮を図っています。

　人口わずか 2300 万人の台湾が，世界の IT 市場で高いプレゼンス（存在感）を示す鍵である固有のビジネスモデルとは，どんなものでしょうか。また，黒子への専念や，そこからの脱皮の模索は，どのように行われているのでしょうか。

1　台湾のビジネスモデルの背景にある特徴

　台湾特有のビジネスモデルを見る前に，まず本節では，そのビジネスモデルの背景となっている数々の特徴——受託生産中心の輸出主導型の成長，流動性の高い労働市場，旺盛な起業家精神，帰国者のプレゼンスとシリコンバレーとの繋がり，外部技術の導入を順に見ていく。

〔 1 〕 受託生産中心の輸出主導型の成長

　台湾は 1960 年代以降，輸出主導型の経済成長を遂げた。それは，台湾政府が**輸出志向工業化**を実施したことにもよる。そして，台湾の企業は，海外の企業

シリコンバレー：米国のカリフォルニア州にある，米国最大，そして世界最大の IT 産業のクラスター（集積地）のこと。

輸出志向工業化：発展途上国が国際市場での競争の中で工業製品輸出を拡大することにより，工業化と経済発展を実現しようとする政策のこと。具体的には，自国への外資系企業の誘致のために保護政策を撤廃し輸出加工区を設置する，関税を引き下げる，などがある。1980 年代以降，アジア経済の高成長の一因となった。これと対照的な政策に，輸入している工業製品の国産化により工業化や経済発展を進める輸入代替工業化があるが，競争がない環境下では持続的な成長に繋がりにくく，一定程度の時間を経た後には輸出志向工業化に転換することが望ましいとされる。

第2章　台湾：IT企業群の黒子への専念，そしてそこからの脱皮

から注文を受けて，靴や自転車などの受託生産を行うようになった。台湾の製造業が，このような，海外からの受託生産中心の輸出主導型の成長をしてきていたことが，次節で見る，海外企業からのIT製品の受託の下地となった。

2　流動性の高い労働市場

　台湾の労働市場の流動性は極めて高い。日本のような終身雇用制という考え方はなく，平均勤続年数は9.3年と非常に短い（「中華民国統計網」2015年［http://eng.stat.gov.tw/ct.asp?xItem＝38842&CtNode＝1659&mp＝5　2016年12月10日閲覧]）。

　そして，ほとんどの場合，**内部労働市場**は形成されていないと考えられる。それは，中小企業に就業している者が大半を占め，多くの労働者が家族経営に代表される曖昧な人事制度の下で就労している，そして企業特殊的技術でない普遍的技術が使われていることが多い，などの理由による。また，台湾においては，内部労働市場の大きな特徴である，企業内訓練もあまり行われていない。それは，人事制度が未確立であることに加え，労働移動が盛んなため，雇用主がいつ離職するかも知れない労働者に対しての訓練はコストに対しリターンが少ない，との認識を持つことによる（李誠［1995]「台湾地区労働市場功能的実証研究」劉克智編『台湾人力資源論文集』聯経）。

　つまり，台湾では内部労働市場の形成が進んでいないため，離職にも，内部労働市場が存在する組織において一定程度進んだ昇進階梯を途中で放棄して離職することほどのデメリットがない。これが，台湾の労働市場の流動性を一層高くしているといえる。

　また，求職方法では，日本のように学校卒業時の一斉就職という形態がないこと，2017年まで男子には兵役が課せられていたため若年層の就職が安定的でなかったこともあって，長らく縁故募集という伝統的方法が大きな比重を占め，

内部労働市場：P. B. ドーリンジャーとM. J. ピオレが提唱したもので，企業内部の労働の配分・価格付けが，競争的市場とは異なる規則によって支配されている実態を，「技能の企業特殊性」「職場内訓練（OJT）」「職場の慣行」という3点で特徴づけられる「内部労働市場」として，競争的労働市場である外部労働市場との対比において説明するものである（ドーリンジャー，P. B.・M. J. ピオレ著／白木三秀監訳［2007]『内部労働市場とマンパワー分析』早稲田大学出版部）。

49

第Ⅰ部　国・地域別編

1990 年代になっても,「親戚・友人の紹介」という,いわゆる縁故によるものが半数近くを占めていた。

　そして,転職先としては,前職と類似性のある産業へ向かう傾向が強い。

　台湾最大のハイテクパークである**新竹科学工業園区**の中での流動性も,きわめて高い。

③ 旺盛な起業家精神

　台湾の人々の起業家精神は,きわめて旺盛である。複数の企業で経験を積み人脈を形成した後に,自分で会社を興すことを最終目標としている者が多い。

　この背景としてあげられるのは,第 1 に,民族に元来備わった特質であろう。台湾人は冒険を好み,新しいことや変化を常に求め迅速に行動する特質を持っている(『天下雑誌』1994 年 9 月 1 日)。また,「鶏口牛後」という考えが浸透しており,雇用される側という地位と固定された賃金は,台湾の労働者の自尊心を,心理的にも経済的にも満足させないという (Liu, Shang-Jyh [1998] "Industrial Development and Structural Adaptation in Taiwan : Some Issues of Learned Entrepreneurship," *IEEE Transactions of Engineering Management*, Vol. 45, No. 4, p. 344)。

　そして第 2 に,後述する,海外からの帰国者の存在があげられる。1994 年時点で,新竹科学工業園区において,全就業者中 5 ％程度に過ぎない帰国者が,園区内全企業のうち 47 ％の企業の起業に参加していた(『天下雑誌』1994 年 9 月 1 日)。シリコンバレー流の起業文化の薫陶を受けた帰国者が,起業の先頭に立っていたのである。

　第 3 に,ベンチャーキャピタルの充実があげられる。政府は 1980 年代に,ハイテクベンチャーを金融面で支援するために,ベンチャーキャピタルの育成,既存金融機関のハイテクベンチャー向け融資の拡大など,さまざまな税制上の優遇措置を講じた。

　以上のように,民族の特質に加えて,帰国者の存在や,ベンチャーキャピタルの充実が,起業を一層盛んにしたと見られる。

　新竹科学工業園区：台湾政府が 1980 年に,高度な技術を持つ外資系企業の誘致と,帰国者の受け入れを視野に入れて,米国のシリコンバレーを模して造成したものである。

第2章　台湾：IT企業群の黒子への専念，そしてそこからの脱皮

④ 帰国者のプレゼンスとシリコンバレーとの繋がり

　台湾のIT産業では，帰国者と，そのシリコンバレーとの繋がりが，きわめて重要な役割を果たしたといわれる。

　台湾から海外の大学への留学は，早くから，全学生中3～4％が留学するという高い比率で行われていた。専攻分野は工学が3～4割と多く，また留学先は米国が9割という圧倒的多数を占めていた（教育部統計処『中華民国教育統計』各年版）。

　しかし，かつては，これら留学生は留学後帰国せずそのまま海外で働くケースが多かった。そこで台湾政府は，1970年代より，台湾の経済発展のために，これら人材の帰国を促進させる政策を施行した。まず，シリコンバレーの技術会合や会議に協賛して，米国で働く台湾人技術者に帰国を呼びかけた。そして，就職先の斡旋を積極的に行った。

　政府によるこれら一連の取り組みが奏功して，台湾に帰国して就業した者の数は1980年代に入って増加し始め，さらに90年代前半に急増した。

　そして，帰国者は，帰国後もシリコンバレーとの繋がりを保ち続けていた。この繋がりにより常に最新の技術情報が得られるため，台湾のIT企業が，シリコンバレーで発表されたばかりの新技術を盛り込んだ新製品を開発するスピードは，驚くほど速かったという。

　帰国者がもたらしたのは，技術だけではなかった。それまでの，前近代的な家族経営に代わる，近代的な組織としての企業の経営スタイルをもたらし，就労形態を大きく変えたという面での貢献にも，多大なものがあった。

⑤ 外部技術の導入

　台湾企業は，中小企業がほとんどを占め，長期的視野に立った研究開発が難しい状況にあったため，多くの場合，外部から技術を得て，技術力を形成してきた。外部とは，台湾に直接投資をしてきた先進国企業，先進国からの帰国者，OEM・ODM委託元先進国企業，労働移動してきた技術者，**工業技術研究院**な

工業技術研究院：中小企業が中心で研究開発に資金を投入しづらい状況にある民間部門の代わりに，政府の資金で製品開発に直結する実用的な技術を開発するために，政府が設立した研究機関である。政府資金による研究開発の成功の典型例といわれる。

51

第Ⅰ部　国・地域別編

どである。

　まず，先進国からの対内直接投資による技術移転を見てみよう。1960〜70年代に，先進国企業が台湾に設立した子会社には，親会社から多くの技術が移転された。1973年時点で台湾にあった電子・電気製品製造業の先進国企業の子会社への調査では，96％が，移転された海外技術を使っていたという（薛琦［1984］「直接外人投資，技術移転與台湾工業発展」于宗先・劉克智編『台湾的工業発展』中央研究院経済研究所）。

　先進国の技術を得たのは，子会社だけではなかった。これら先進国企業の子会社は，部品の現地調達を通じて台湾の部品メーカーに対する技術指導を行い，技術が移転された。

　また，後述するように，1990年代初頭から日本や米国など先進国企業のOEM・ODM受託を行うようになってからは，これら委託元の日本企業・アメリカ企業からの技術指導により，多くの技術を学んだ。なぜなら，OEM・ODMにおいては，委託側の先進国企業が，自社のブランドを冠した製品としての高いレベル確保のため，技術者を派遣しての組織的・継続的な技術指導を長期にわたって行う。それにより，開発技術はもちろんのこと，経験に裏付けられた開発のノウハウや，市場でのトラブル解決の経験から蓄積された品質管理技術・生産管理技術などの学習が可能になったと考えられる。これらは，本来緊密な人的コンタクトなしには移転が難しいとされる**暗黙知**である。OEM・ODMでは技術者同士の交流がきわめて密接で長期にわたるため，その学習が可能となったのであった。

　これらは，台湾企業が，**後発性の利益**を享受したものと考えられる。

　また，工業技術研究院の役割も大きい。これは，設立以来，数多くの技術を台湾の産業界に提供してきた。工業技術研究院は，何らかの技術を開発した後に，その技術の移転公告を出して希望する企業に移転する「技術移転」を年間

　暗黙知：言語により表出化されない知識のこと。言語により表出化される形式知と異なり，移転が難しく，移転には緊密な人的コンタクトを必要とする（ポランニー，M.著／佐藤敬三訳［1980］『暗黙知の次元——言語から非言語へ——』紀伊國屋書店）。
　後発性の利益：A.ガーシェンクロンが提唱した概念で，後発国（途上国）は先発国（先進国）に対して経済発展は遅れているが，先発国の開発した技術を導入することで，先発国よりも速いスピードで工業化を進められる可能性がある，というものである。

第2章　台湾：IT企業群の黒子への専念，そしてそこからの脱皮

約800件行い，企業への「技術支援」は年間約2万6000社に対して行っている。また，企業の技術者を一定期間預かっての訓練も行っている。さらに，工業技術研究院の毎年の離職率は10％程度と非常に高く，研究チームごとスピンアウトして起業することも多いため，これによっても技術を伝播させてきた。

そして，学習された技術は，前述した流動性の高い労働市場という台湾独自のメカニズムなどによって，広く台湾の産業中に伝播した。労働移動が盛んであることは，移動する労働者に体化している技術やノウハウの移動も起こりやすいことを意味する。例えば，新竹科学工業園区における転職者は，離職後も旧企業の同僚との関係を保ち，これが現企業・旧企業双方にとって有利に働くケースがかなり見受けられる。転職していった従業員が契機となり，その転職先企業との協業が成立した例もある。元同僚との情報交換もよく行われている。

帰国者の転職も盛んである。海外での就労経験を持ち帰国した者が転職することによっても，技術は伝播したと思われる（行政院青年輔導委員会［1984］『回國学人及留学生服務状況之研究分析』青年人力研究報告之三十六，70頁）。

さらに，一定の年数を経た企業は新人に訓練を行い育てることも可能であるが，創立からの年数の浅い企業は即戦力の技術者を求める傾向がある。

このように，盛んな労働移動は技術移転の大きな媒介になったといえる。

2　台湾の特徴を生かしたビジネスモデル

次に，これらの特徴を生かした，台湾ならではのビジネスモデル——OEM・ODM，EMSと半導体ファウンドリ——を順に見ていく。

① パソコンのOEM・ODM

OEM・ODMというビジネス形態がある。OEMはOriginal Equipment Manufacturingの，ODMはOriginal Design Manufacturingの略である。それらの定義は，一般にOEMは「受託企業が，委託企業の提供する仕様書に従っ

スピンアウト：企業から，一部の部署や社員が独立して別会社を作ること。狭義には，元の組織と関係を持った別組織となることをスピンオフ，元の組織とは関係が薄い別組織となることをスピンアウトとして区別することがある。

53

第Ⅰ部　国・地域別編

て自社の生産設備を使って生産し，製品は委託企業のブランドで販売されるもの」，またODMは「OEMに加え，受託側が開発も請け負うもの」などとされている。

　これを具体的に見てみよう。OEMでは，例えばA社という企業が，自社で開発した設計図を他のB社という企業に渡し，B社がその設計図に沿って自らの工場で生産してA社に納入し，製品は市場においてA社の名前で販売される。

　一方，ODMとは，B社が開発も行うものである。B社は，自ら開発した設計図に沿って製品を生産し，A社に納入する。製品は市場においてA社の名前で販売される。

　いずれの場合も，受託したB社の名前が表に出ることはない。

　先述の通り，台湾企業は，工業化の初期から，靴や自転車の海外からの受託生産を行ってきていた。

　そして，1980年代後半頃より，パソコンにおいて，先進国企業が途上国企業へOEM・ODM委託を行うケースが多く見られるようになり，1990年代初頭からは，米国や日本のブランド企業のパソコンのODM委託が台湾企業に集中するようになった＊。

　＊　OEMではなくODMであったのは，この頃すでに台湾企業は，ODM受託が可能な（開発も受託することが可能な）技術力を備えていたからである。

　ところで，OEM・ODMとは，第1に，世界市場に参入できない途上国企業が販路を獲得できる，第2に，途上国企業が，先進国企業が自社ブランド品として世界市場に販売するに足る品質をクリアしようと尽力する中で技術力を向上させられる，という二重の意味で，途上国企業にとってはチャンスになるものなのである。先述の通り，台湾企業はこの先進国企業からのOEM・ODMにおいて，これら委託元の日本企業・米国企業からの技術指導により，多くの技術を学び，技術力を大幅に向上させた。

　そして，黒子としての存在ながら，台湾企業のパソコンは，世界市場の9割のシェアを占めるようになる。

54

第 2 章　台湾：IT 企業群の黒子への専念，そしてそこからの脱皮

② 電子機器の EMS

EMS という業態に特化し，圧倒的な生産量を誇っている企業に，鴻海がある。EMS とは，Electronics Manufacturing Service の略で，他メーカーから請け負った，スマートフォン，ゲーム機，パソコンなどの電子機器全般の受託生産を大規模に行う企業のことである。OEM・ODM 同様，商品を見ただけでは EMS 企業が生産しているとは分からず，社名が表に出ることはない*。

＊　以前は，EMS は大規模で電子機器全般の受託，OEM・ODM は比較的小規模で，ノートパソコンなど特定の分野に限ったもの，と区別されることもあったが（Sturgeon, Timothy J. and Lee, Ji-Ren [2001] "Industry Co-Evolution and the Rise of a Shared Supply-Based for Electronics Manufacturing," *Globalization Study, MIT Industrial Performance Center Special Working Paper Series*, 01-003, Cambridge, p. 13 など），現在ではその区別は曖昧になってきている。

1974 年，コネクタなどの部品メーカーとして創業した鴻海は，1990 年代後半に EMS の業態に転換して以降，急成長を遂げ，EMS で世界最大の企業になった。アップルの「iPhone」「iPad」，任天堂のゲーム機「DS」なども受注している。

鴻海の強みは，金型から筐体・コネクタ・ケーブルに至るまで，さまざまな部品を自社内で作ることによる，生産リードタイムの圧倒的な短さと，価格の安さである。例えば，金型の製作は，外注すれば 1 ～ 1.5 カ月かかるのが通常であるが，鴻海は内製するため，携帯電話機の金型ならわずか 7 日間で作れるので，ビジネスチャンスを逃さない。

この鴻海の大躍進は，創業者社長の郭台銘の傑出したビジネスセンスや，営業手法，徹底した成果主義によるといわれる。

そして，社員は，軍隊並みの規律の下，休日出勤や深夜残業もいとわないハードワークが求められている。労働時間は長く，深夜 0 時からの会議や，午前 1

金型：工業製品を製造するための型のことで，多くが金属製であるためこう呼ぶ（鯛焼きの型をイメージすると分かりやすい）。専門の技術が必要なため，メーカーが自社内で作成するのではなく，金型専門の企業に外注するのが一般的である。金型は，新製品を開発する上できわめて厄介な存在であるといわれる（『日経エレクトロニクス』2006 年 7 月 31 日，105 頁）。

55

第Ⅰ部　国・地域別編

時に終業なども珍しくない。さらに，全事業部に，「売上高を年率3割伸ばす」という目標を課しており，それを満たせなければ社員は報酬の大幅カットを覚悟せねばならない。逆に，この目標を満たし会社への貢献が認められれば，幹部はもちろん若手社員でも年に数百万円に相当する自社株式を与えられる*。

　＊　本節の記述の一部は，『日経エレクトロニクス』(2006年7月31日)，『週刊ダイヤモンド』(2012年9月1日)を参考にした。

③ 半導体ファウンドリ

　台湾企業は，半導体産業においても高いプレゼンスを示している。そして，ファウンドリという独特の業態において，TSMC (Taiwan Semiconductor Manufacturing Corporation, 台湾積体電路製造) は，世界1位を保ちつづけている。

　ファウンドリとは，発注元の企業（多くはファブレス企業）から IC (Integrated Circuit) の設計データを受け取り，その設計に沿って生産を行う企業である。これは，台湾が創始した業態である。

　IC 生産の特徴は，生産設備の管理や新しい製造技術の開発に莫大なコストが必要で，開発周期が短いことである。このため，かなりの大規模生産をするメーカーでないと生産設備を自社で持つのは難しい。そこで，半導体の設計は行うが生産ラインを持たないファブレス企業と，製造専門のファウンドリという企業とで，設計と製造が分業される形態が採られることが多くなった。

　ファウンドリという新しいビジネスモデルは，以下のようにできあがった。

　ファウンドリの原型となる事業モデルは，他の企業や新竹科学工業園区内の在米華人企業が発案していたが，実現には至らなかった。企業化のアイディア

半導体：電気を通す導体と，電気を通さない絶縁体の中間的な性質を示す，周囲の電場や温度によって電気伝導性（電気をどの程度通すかということ）を敏感に変化させる物質である。しかし，通常「半導体」というと，この半導体そのものではなく，半導体を用いて作られた半導体チップなどの部品を指すのが通例である。

ファブレス企業：設計に専念して製造は他社に委託する，生産ラインを持たない設計専業会社のことである。

IC (Integrated Circuit)：集積回路のことで，半導体チップともいう。特定の機能を果たす電気回路を一つの小型パッケージにまとめたもので，半導体基板上に，微細な回路（回路素子や配線など）を定着させて作る。これらは現在，IT 機器や家電製品に欠かせないものとなっている。

を補充したのは米国の TI（テキサス・インスツルメンツ）の副社長を務めた張忠謀である。張は 1985 年に帰国して工業技術研究院の院長に就任し，このアイディアを発展させ，1987 年にファウンドリ専業メーカーとして TSMC を設立し，会長に就任した。工業技術研究院から TSMC に試験工場が貸与され，技術が移転された上，150 人もの技術者がスピンアウトして移籍している。

その後，TSMC は大躍進を続ける。

4 液晶パネル

台湾の液晶パネル産業は，後発性の利益を享受しようとする追随戦略の典型的な事例である。

台湾の液晶パネル産業は，1990 年代初頭，台湾企業 2 社が独自技術で，携帯電話向けなどの小さいサイズの液晶パネルの生産を始めたことで勃興した。しかしその後の 1990 年代後半，台湾企業と日本企業の技術提携が相次いで行われ，より大きなサイズの液晶パネルの量産が始められた。この中で，技術提携先の日本企業から日本人技術者が台湾へ派遣されたり，台湾側の技術者が日本へ赴く形で技術指導が行われたりして，日本の技術が台湾に移転された。日本企業は技術移転先の台湾企業に生産の一部を委託していたため，台湾側の**歩留まり**を向上させることは，自分たちの利害に直接結びついたのである。

また台湾企業も，日本人技術者を個別に呼び寄せてキャッチアップを図ろうとした。台湾企業が，退職した日本人技術者を顧問として雇用したり，現役技術者を高年収で引き抜いたりして，技術指導を仰いだ。これらにより，台湾企業は，日本企業や日本人技術者に蓄積された既存の技術，ノウハウの吸収に努めた。

つまり，台湾企業は，後発性の利益をできるだけ享受する体制で，液晶パネル生産を進めていったのである＊。

＊　本節の記述の一部は，赤羽淳（2014）『東アジア液晶パネル産業の発展──韓国・台湾企業の急速キャッチアップと日本企業の対応』勁草書房を参考にした。

歩留まり：生産において，原料の投入量から期待される生産量に対して，実際に得られた製品数量の比率のこと。高い方が望ましい。

第 I 部　国・地域別編

3　黒子からの脱皮への模索

　以上のように，黒子に徹する，後発性の利益を享受する，といった特徴的な歩みをしてきた台湾企業であるが，現在，それぞれに，さまざまな模索を行っている。

　世界最大の EMS 企業となった鴻海は，シャープを買収することで，受託生産だけの企業から脱皮しようとしている。

　ODM サプライヤーに特化した成長を遂げたパソコンメーカーは，自社ブランド事業を展開できていないことがほとんどである。しかしその中で，ODM 事業を切り離して，本体では自社ブランドを推進し，世界シェアで上位にランクづけされるようなエイサーといった企業も出てきた。また，パソコン事業では ODM を継続しながらも，サーバー事業では自社ブランドに挑戦している企業もある。

　さらに，黒子に徹することを選んだ企業もある。

　以下に，そのさまざまな模索を見ていく。

〔1〕シャープ買収で上流工程に進出しようとする鴻海

　鴻海が 2016 年にシャープを買収したことには，以下のような意図があるものと考えられる。

　これまで鴻海は，筐体やコネクタといったごく一部の部品供給と機器の組み立てだけを引き受けているケースが多かった。また部品の多くは，委託元のブランド企業から譲渡されたり，命じられるまま購入したりしている。つまり機器全体の設計や部品選択という上流工程にはあまり踏み込めておらず，設計で利益を得られていないし，部材購買力（値下げ力）も低い。つまり，製品 1 台当たりの利益率は低いものとなっている。例えば，iPhone 1 台の販売で，アップルと鴻海が得る利益は，2007 年の発売時には，アップル 19.4 ％，鴻海 2.5 ％だったものが，2012 年半ばには，アップルが 30.8 ％と上昇したのに対し，鴻海は 1.5 ％に下落したといわれる（「ブルームバーグ」http://www.bloomberg.com/news/2012-01-04/apple-profit-margins-rise-at-foxconn-s-expense.html　2016 年 12

58

第2章　台湾：IT企業群の黒子への専念，そしてそこからの脱皮

月23日閲覧）。

　そこで鴻海は，上流工程まで担当したいと考えているが，顧客企業から上流工程を任せてもらえるようになるためには，顧客をもしのぐ上流工程の能力を持たなくてはならない。だからシャープに目をつけたのではないかと思われる。

　そして，鴻海は，傘下に台湾最大の液晶パネル企業，群創光電を擁しているが，シャープ買収により，優れた液晶技術を持つシャープに，有機EL（Organic Light-Emitting Diode：OLED）という新世代の液晶を開発させたいと考えていると思われる。そうだとすれば，長らく台湾の液晶パネル産業が取ってきた，後発性の利益を享受する追随戦略からの転換となるであろう。

　また，鴻海は，中国の豊富で安価な労働力を利用した大規模な受託生産で急成長したが，この「豊富で安価な労働力」も，中国における賃上げ圧力や人口増加の終結などで，いつまでも依存できるものではない。また，鴻海は，韓国・サムスンを強く意識していると見られ，シャープへの出資は，サムスンへの対抗という意図もあると思われる。

②　自社ブランドとODM事業切り離し戦略のパソコンメーカー

　台湾のパソコンメーカーは，上述の通り，技術力と，機動性と柔軟性のある供給力を生かして，先進国企業に製品を提供するODMサプライヤーとしての地位を確立した。しかし低利潤のODM受託による成長には限界がある。**スマイルカーブ**という概念が示すように，パソコン産業における最終組み立て工程の利潤は最も低い。またODMは，複数の企業が激しく競合しているため買い手優位の市場であり，その価格競争はきわめて厳しい。委託側の先進国企業は主要部品の仕入先を指定し，それらの仕入値を把握した上で受託側の台湾企業と製品の価格交渉を行うこともあるため，受託側の利潤は必然的に低くなるの

　スマイルカーブ：エイサーの創業者である施振栄が発案したもので，IT産業における収益構造を示すものとしてよく利用される概念である。事業プロセスの川上に位置する商品コンセプト立案や開発，川下に当たる販売や保守の収益性は高いが，中間の組み立て工程の収益性は低い傾向がある。これを，縦軸に付加価値，横軸に事業プロセスをとってグラフ化すると，図2-1が示すように，両端が高く，中ほどが低い線が描け，ちょうど笑った時の口のラインのようになることから，「スマイルカーブ」と呼ばれている。

59

第Ⅰ部　国・地域別編

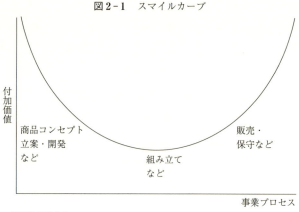

図2-1　スマイルカーブ

(出所) 筆者作成。

である。

　しかし，台湾のパソコンメーカーは，自社ブランド事業が展開できていないことがほとんどである。その要因は，以下のように考えられる。

　第1に，ODM に依存した成長を遂げてきたため，自社ブランド事業に必要なマーケティングや販売などのノウハウを持たないことである。

　第2に，自社ブランド事業とODM事業を同時に行うという方針は，ODM顧客である先進国企業から見れば，ライバル企業にODM委託するという矛盾をはらむものである。そのため，自社ブランド事業とODM事業の両立は必然的に困難になる*。

* また，楊・鄭 (2003) によれば，台湾企業がODMと自社ブランドを両立しようとする場合，ODM事業には能力が高い人材が配置され，自社ブランド事業にはいわゆる二軍が配置されることが一般的であるため，台湾人の面子を重んじる民族性からして，組織内の衝突を招く可能性があるという (楊千・鄭淑文 [2003]「自有品牌與OEM的迷思──以宏碁為例──」『中華管理學報』第4巻第1期)。

　そこで，エイサーなど，ODM事業を子会社として切り離し，親会社は自社ブランドに特化した戦略を採っている企業も出てきた。

　ただし，分社化は一定のリスクもともなう。エイサーがODM事業をウィストロンとして分社化した時，ウィストロン側の社員の中には，無名の新会社の

立ち上げに不安を感じる者も多くおり，新会社に対する社員のコミットメント
やモチベーションの低下が懸念された。この事態に対し，ウィストロンは，給
与や評価基準などの制度はエイサーのものを継続するなどの対応を取った＊。

＊　本節の記述の一部は，佐藤幸人（2007）『台湾ハイテク産業の生成と発展』岩波書
　　店，陳韻如・井村直恵・平野実（2009）「台湾企業の再生プロセスを通じた競争優位
　　の再構築――Acer/Wistron のケース・スタディ――」『九州国際大学経営経済論集』
　　第 15 巻第 2・3 合併号，19-48 頁を参考にした。

3 サーバー事業で自社ブランドに挑戦する企業

　一方で，台湾のパソコン ODM 企業は，パソコンでは ODM に特化しつつも，
サーバー事業にも進出し始めた。サーバーでは ODM としての受注の他にエン
ドユーザーからの直接受注（自社ブランドとしての受注）を行っており，むしろこ
ちらの方に力を入れている。

　サーバー事業は，台湾 ODM 企業にとって，これまでパソコンの受託で培っ
たハードウェア製造技術を持って，エンドユーザーから直接受注し自社ブラン
ドを推進するチャンスとなる。

　ただし，このサーバー事業においても，パソコンと同じく，ODM 顧客を失う
リスクもある。サーバーで自社ブランドを展開する場合，顧客と競合すること
になり，ODM 顧客から警戒され，その顧客からのサーバー受注を失うばかり
か，ノートパソコンなど他の受注も失ってしまうリスクもあるのである。例え
ばクアンタは，サーバー市場で自社ブランドを展開したことによりデルと競合
し，デルは，サーバーはもとより，2014 年分のノートパソコン ODM 委託でも
クアンタを排除した（『工商時報』2013 年 8 月 26 日）。デルはサーバー事業で世界
第 2 位のシェアを持つ大手であるが，中国バイドゥからもサーバーを受注して
いた。そこへクアンタもバイドゥから受注することになり，両社が競合したの
である。

　つまり，サーバー事業においても，自社ブランドを展開しようとする台湾企
業にとって，ODM 顧客との競合という不可避の問題をどう解決するかが，大
きな課題である。

　楊・鄭（2003）は，エイサーの経験から，ODM 事業と自社ブランド事業の兼

第Ⅰ部　国・地域別編

営は困難で，企業は必ずこの二つの事業を分けなければならない，と結論づけた（楊千・鄭淑文［2003］「自有品牌與 OEM 的迷思――以宏碁為例――」『中華管理学報』第4巻第1期）。サーバー事業においてもそれはいえるのかもしれない。しかし，上述のように，分社化はリスクをともなうものであるため，分社化には慎重な検討が必要である。

［4］ 自転車産業に見る ODM と自社ブランドの両立

　このように，ODM と自社ブランドの両立の困難が見られる中で，それを両立している事例が自転車産業に見られる。1972 年創業の自転車のトップメーカー，ジャイアントである。ここで，本章が対象としてきた IT 産業ではない自転車産業の企業を取り上げるのは，この企業に，ODM から自社ブランドへ脱皮するヒント，そして ODM と自社ブランドを両立するヒントが隠されていると見られるからである。

　ジャイアントは，創業後しばらくは OEM が中心だった。1977 年に米国企業シュウィンからの OEM 受注を獲得し，シュウィンからの技術指導を受けることにより，技術力を向上させた。その後，米国の他社からも OEM の受託を受けるようになり，台湾最大，そして日本のブリヂストンに次ぐアジア第2位の自転車企業に成長した。

　そして 1986 年，オランダにヨーロッパ本部を設立して，自社ブランドの推進を始めた。世界最高峰の自転車レース，ツール・ド・フランス参加チームへの提供や，オリンピックの自転車競技の選手への提供などを行うことで，徐々に世界各地に「GIANT」ブランドを浸透させていった。これらの努力により，ジャイアントは，2015 年には台湾のブランド企業調査で第5位を獲得するなど台湾を代表するブランドとなり，現在は ODM の比率は約3割に下がるまでになった。

　しかも ODM で受託する製品も，自転車のフェラーリと呼ばれるイタリアの高級自転車メーカー，コルナゴから，単価 40〜100 万円以上もする最高ランクの競技用自転車を受託するなど，非常に高レベルのものを含んでいる。

　ジャイアントにおいて，ODM と自社ブランドの両立が可能なのは，高い技術力があるからと見られる。ジャイアントは，工業技術研究院から材料技術を

第 2 章　台湾：IT 企業群の黒子への専念，そしてそこからの脱皮

獲得して新素材のフレームを開発し，特許を積極的に申請するなど，技術力の向上に努めてきた。コルナゴからの ODM 受注は，コルナゴでは不可能だった炭素繊維の量産化にジャイアントが 1987 年に世界で初めて成功していたからで，つまりジャイアントの高い技術力によるものである。また，ジャイアントは，海外企業からの ODM 受託によって，市場の流行を察知し，消費者や顧客の意向をつかみ，それを製品の改善に生かしている。

　また，自社ブランドにおいても，自社名を冠した高価格帯の「GIANT」の他に，中価格帯の「Momentum」，女性向けの「Liv」を展開し，消費者の多様なニーズに対応する市場戦略を採っている。「Liv」は，世界初の女性に特化した競技用自転車ブランドであることが評価され，2015 年には，イギリスの著名な団体，BikeBiz の "Brand of the Year" に選ばれている。

　このように，この企業にしか作れないという高い技術力で ODM 顧客を引きつけつつ，ODM 顧客からの情報を製品改善に生かし，さらに多様なニーズに対応する自社ブランド展開で成功している，というジャイアントの事例は，ODM と自社ブランドの両立にもがく IT 産業の企業にとって，一つの参考事例となるであろう[*]。

　　＊　本節の記述の一部は，巨大機械工業股份有限公司 (2015)『巨大機械工業股份有限公司　民國一〇四年　年報』および朝元照雄 (2016)『台湾企業の発展戦略──ケーススタディと勝利の方程式──』勁草書房を参考にした。

⑤ 大規模投資と能力構築で黒子を極める TSMC

　一方で，全ての台湾企業が黒子からの脱皮を図っているわけではない。半導体ファウンドリの TSMC は，黒子という存在のまま，大躍進を続けている。

　TSMC は，高い収益力を背景に，高い設備投資額と研究開発支出を維持し，生産能力と技術開発力での優位性を強化し，特許取得も積極的に進めてきた。その結果，いくつかの TSMC の顧客に，TSMC に製造委託をしやすくするために，TSMC とプロセスを大まかに共通化するという動きが見られるようになった。そうすると，TSMC のオーダーのおこぼれを狙う他のファウンドリも，TSMC とプロセスを共通化するようになった。つまり TSMC のプロセスが業界標準化する流れとなり，同社を中心に半導体設計・製造のシステムが発展し

63

第Ⅰ部 国・地域別編

▶▶ *Column* ◀◀

先進国からの人材がもたらすメリット

途上国から先進国への人材の移動は，かつては「頭脳流出（brain drain）」と呼ばれ，途上国にとっての人的資源の喪失と捉えられてきました。しかし1980年代後半頃より，先進国で高度な技術を学び，それを先進国企業で実践した後，技術のみならず経営ノウハウまで母国に持ち帰る動きが出てきました。これを「頭脳還流（brain circulation）」といいます。まず1980年代に台湾や韓国が，その後約10年遅れで中国やインドが，この局面に入ったといわれています。

台湾では，主に米国に留学し，シリコンバレーで働いていた帰国者により，先端技術がもたらされました。シリコンバレーから技術を持ち帰り工業技術研究院での開発の先頭に立ち，そこで開発した技術を持ってスピンアウトし，新竹科学工業園区で起業，というパターンもしばしば見られました。

帰国者が創業した企業は，台湾の既存産業を革新することも多くありました。一例として，ヒューレットパッカードに勤務していた黄國欣が興した，LED製造の國聯光電があげられます。台湾のそれまでのLED産業は，日本から輸入した半導体ウエハーからチップを切り取りパッケージングするという労働集約的な後工程のみを行っており，斜陽産業に属すると考えられていました。しかし黄は，発光物質を埋め込んだ半導体ウエハー製造という前工程まで手がけ，國聯光電をわずか半年で黒字化したのです（『天下雑誌』1994年9月1日）。

しかし21世紀に入り，この状況は変わりつつあります。台湾から海外に留学する学生数は相対的に減少し，米国へ留学する学生の比率も低下したため，上記のパターンは期待薄になってきました。

そこで台湾政府は，海外在住台湾人の帰国を促す政策から，海外在住台湾人に限らず，日本人・インド人などの広範な海外人材を台湾に招聘する政策にシフトしました。現在は，米国・日本・インドなどで，台湾への就労に興味を示す人材と企業の面接を企画したり，ウェブサイトで両者のマッチングを図るなどの，さまざまな取り組みを行っています。

ているという状況になってきた。その状況下，TSMCは，スマートフォン向けの半導体で一層飛躍し，アップルが減速した後は新興国向けの廉価スマートフォンの半導体でも成功を収め，2015年には世界のファウンドリの半分以上のシェアを獲得している[*]。

　　＊　本節の記述の一部は，岸本千佳司（2016）「半導体ファウンドリ・ビジネスにおける業績格差と成功要因——台湾TSMCとUMCの比較を通して——」『国際ビジネス研究』第8巻第1号を参考にした。

このように，黒子に特化する戦略や後発性の利益を享受する戦略で成長して

きた台湾のIT企業は，さまざまな模索を行っている。ステップアップを目指す時，黒子からの脱皮および自社ブランド推進は重要な選択肢の一つとなるが，自社ブランドはODMとの両立がきわめて難しい戦略である。これをどう克服するかは，台湾IT企業に共通する普遍的な問題であろうが，他産業の成功事例に学ぶ点もあろう。また，黒子を極めることで成功している企業もある。台湾IT企業の今後に注目したい。

推薦図書

川上桃子（2012）『圧縮された産業発展——台湾ノートパソコン企業の成長メカニズム——』名古屋大学出版会。

　1990年代以降，アメリカ企業や日本企業からの受託生産を通じて，短期間のうちに驚異的な成長を遂げ，世界中の生産を一手に引き受けるに至った台湾のノートパソコン産業の，先進国企業が製品のコア技術と販路を握る産業内分業の構図の中での成長のメカニズムを解き明かす試み。

赤羽淳（2014）『東アジア液晶パネル産業の発展——韓国・台湾企業の急速キャッチアップと日本企業の対応——』勁草書房。

　過去10数年間にわたって展開された，液晶パネル産業における韓国・台湾企業のキャッチアップと，それに対する日本企業の対応を，「韓国・台湾企業はなぜキャッチアップできたのか」「韓国・台湾企業間でなぜキャッチアップに差が生じたのか」「日本企業はなぜキャッチアップされてしまったのか」という3つの点から解き明かした労作。

サクセニアン，A.／酒井泰介訳（2008）『最新・経済地理学——グローバル経済と地域の優位性——』日経BP社。

　コラムで紹介した，シリコンバレーからの頭脳還流がアジアのハイテク産業の発展に与えた影響に関する研究成果。

設　問

1．ODMと自社ブランドの両立は，どうしたら可能になるのでしょうか。考えてみましょう。
2．コラムで示した通り，先進国から頭脳還流した人材の産業発展への貢献は，他国でも見られます。他国の事例についても調べてみましょう。

（中原　裕美子）

第3章	中国：新たな重層構造を読み解く

　これまで高速成長のイメージが強かった中国。近年，その勢いが減速し，これからは中高速の「新常態（ニュー・ノーマル）」が目指されるといいます。抜本的改革が求められる企業もあれば，ネット化の進む中で勢いを増している企業もあります。さて，新時代の中国ビジネスモデルをどのように読み解けばよいのでしょうか。グローバル経済における中国の独特な背景を踏まえ，その特徴を立体的に理解する方法を探っていきましょう。

1　中国のビジネスモデル：「新たな重層構造」とは何か

1　中国企業のイメージ

　一口に「中国企業」という時，人々はどのようなイメージを抱くであろうか。40年前に中国を旅した人は，雄大でゆったりした時間の流れとのんびりした国営企業を連想するかもしれない。20年前から中国ビジネスに携わってきた人は，「世界の工場」として各国に低コストの工業製品を供給してきた生産拠点をイメージするかもしれない。スモッグに覆われた空の映像をテレビで見た人は，今後の持続可能な発展に対する不安を抱くかもしれない。訪日観光客が「爆買い」から「コト消費」へと移行する様子を見た人は，中国の人たちの意識変化を感じ取り，新しいビジネスへのイメージを抱くかもしれない。

　このようにさまざまな中国企業のイメージがあり，その変化が目まぐるしいとなると，どのように中国のビジネスモデルを理解したらよいのだろうか。

2　重層構造としてのビジネスモデル

　まず，現在の中国企業を，日本や米国などの企業と同じと捉えるか，独特なものとして捉えるか。筆者の考えは，普遍性を持ちながらも，中国の社会的・歴史的な背景が企業にかなり影響を及ぼしている，というものである。とりわ

け，ポスト高度成長期の現段階を見るならば，以下のような三つの側面が複合した構造を見出すことができるだろう。

一つめは，他国の経験と類似する側面である。これまでさまざまな国や地域が高度成長を経験し，その後の減速期に直面している。また，高度成長とともに拡大した公害問題などへの対応が不可避であった。こうした事柄については，他国のモデルを参考にし，今後の運営に生かされる可能性がある。

二つめは，中国の国情に関わる側面である。歴史が長く，国土も大きい中国では，他国の経験の適用だけでは容易に解決されない諸問題が残されている。中国の大都会と農村の格差を見ると，そこに日本の大都会と農村の違いとは同じように理解しえない諸問題を見出すことがある。また，計画経済から市場経済へと転換が図られたとはいえ，企業内に中国共産党組織があって一定の役割を果たしているなど，中国ならではのやり方に留意する必要がある。

三つめは，世界のトップランナーとしての側面である。今や世界第2の経済規模を誇るに至った中国は，先頭を走るからこそ期待される役割がある。世界経済の連動が緊密な今日では，中国経済の行方が自国の盛衰に大きく関わるという状況が各地で見られ，日本もその例外とはいえないのである。

以上のように，今日の中国の断面をスケッチするならば，「(a)いつか来た道」，「(b)独自の道」，「(c)未開拓の道」という三つの側面がミックスした状態として描けるのではないだろうか。これを「新たな重層構造」と呼ぶことにしたい。ここで「新たな」と表現する含意は，髙久保 (2009) において述べた「重層構造*」を踏まえた上で，さらに習近平国家主席・李克強国務院総理の時代に入ってからの新しい状況をスケッチする意図があるためである。本章は，この「新たな重層構造」の枠組みを念頭に置き，中国のビジネスモデルを探求していくことを狙いとする。それに先立ち，上記の二つめ「(b)独自の道」，すなわち中国の国情に関わる側面について，以下でもう一歩掘り下げておきたい。

＊　髙久保豊 (2009)「中国——重層構造から読み解くビジネスモデル——」『東アジアの企業経営——多様化するビジネスモデル——』ミネルヴァ書房で提示した。

③ 中国の国情に関わる三つの時代区分

中国の「独自の道」を理解するために，① 1949 年以前，② 1949 年から 1978

第Ⅰ部　国・地域別編

年まで，③1978年以降，という三つの時代区分を紹介しておきたい。この区分は，髙久保（2009）の考え方に基づくものである。すなわち，前著における「重層構造」とは，中国の「独自の道」を理解するための枠組みに相当している。

　1949年というのは中華人民共和国が建国された年である。また，1978年というのは**改革・開放政策**が始まった年である。きわめてラフであるが，この二つの年を便宜的な区切りとし，簡単に「①伝統中国」，「②社会主義の中国」，「③改革・開放の中国」という三つの時代に分けて考えてみることにしたい。

　「①伝統中国」は，「中国4000年の歴史＊」として脈々と伝えられる伝統思想を含意している。「天人合一」は，農耕重視との関連で自然を畏れ（自然の天），かつ祖先を敬い家族を大切にする（天命の天）という発想の融合である。あたかも太陽と月，山と川のような「陰陽和合」の関係の中で，あるいは道家思想が，あるいは儒家思想が重んじられてきた。中国思想は単独のものでなく，儒・仏・道が一体化した奥深い思想の複合体と見ることができる＊＊。現代の企業経営との対応でいえば，信賞必罰式の成果主義のルールの制定と実施という側面と，社長が従業員に対して示す人徳という側面の融合などは，ある意味「陰陽和合」のバランス感覚を想起させるものといえるだろう。

＊　紀元前21世紀に夏王朝が始まるという学説に従い，4000年と表記した。

＊＊　中国思想については，以下の本を参照した。蘇東水（2005）『東方管理学』復旦大学出版社。法家思想は，司馬遷『史記』の「老子韓非列伝」の発想にならい，自然法則に従うという意味合いから「自然の天」の流れに位置づけうる。

　長い中国史から見れば，「②社会主義の中国」は最近の出来事である。中国大陸では現在**「社会主義市場経済」**という体制を掲げ，旧ソ連型の「古い社会主義」は実施していないが，社会主義思想が20世紀後半の中国に与えた影響は甚

改革・開放政策：1978年12月の中国共産党第11期中央委員会第3回全体会議（第11期3中全会）以降に展開する政策路線。ここでの改革とは集権的計画経済から市場経済への転換を柱とする経済体制改革などの国内諸制度の改革を指し，開放とは対外開放により海外の事物を国内に取り入れて中国経済などを活性化することをいう。

社会主義市場経済：計画経済期まで中国経済の主役とされてきた国有企業のほか，私営企業・自営業者や外資系企業などのさまざまな所有制形態の企業が，長期的に共存・発展することを認め，市場経済を通じた効率を追求しながらも社会の公平性に配慮した政策を打ち出し，社会全体の利益の調和を図ろうとする経済体制をいう。

第3章　中国：新たな重層構造を読み解く

大であった。今日では，計画経済，生産手段の私的所有の禁止，労働に応じた分配，「社会主義に失業はない」などのスローガンが絶対視されることは無くなったが，現在でも国有企業が無くなったわけではない。中国でマルクス主義が導入されたのはここ100年足らずの事柄であるが，じつは『礼記・礼運篇』などの古典にも共同体を連想する理念が見られ＊，このことから社会主義的な発想の起源は「伝統中国」までさかのぼりうる，という考え方もある。

＊　溝口雄三（1991）『中国の思想』放送大学教育振興会は73-74頁において「孔子曰く，大道の行わるるや，天下を公と為す」の一節をあげている。

「③改革・開放の中国」とは，1978年末から始まる改革・開放政策への転換以降を指している。この転換を契機に，計画経済から市場経済へ，政治中心から経済中心の国家運営へと切り替わっていった。この政策の骨子は，資本主義的な手法の導入を可とし，毛沢東が提唱した「自力更生」，すなわち外からの援助に依存せずに自力で事を進める従来の方針を大きく変えるものであった。文化大革命の終結後，中国企業が市場経済という共通の土俵で世界各国の企業と切磋琢磨する時代を迎えたことは，格別の意義があるといえるわけである。

　ところで，現在の中国の企業経営は「③改革・開放の中国」だけを理解すれば説明がつくのであろうか。筆者の考え方は，②を踏まえた③，さらに①を踏まえた③，という重層構造として観察することが，より深い理解への早道であろう，という意見である。現実の状況は，昔のやり方と新しいやり方がミックスされている。「なぜ企業内に共産党組織があるのか」を理解するには，②から③への移行過程とその背景を知ることが不可欠であろう。中国の国情を理解するというのは，こうした歴史の積み重ねを学ぶ作業にほかならないのである。

④　複眼思考による立体映像

　それでは，中国の国情は，上記①②③の積み重ねだけで理解がつくのだろうか。実際はそう簡単ではない。複眼思考による精度の高い立体映像の装置を求めるには，若干の具体的な視角を加えることをお勧めしたい。①中国的な思考方式，②中国を取り巻く外部環境の変化，③人々の意識変化（富裕層・中間層と貧困層，年配者と若者など），④都市と農村，⑤各地域の特色，⑥漢民族と少数民

69

第Ⅰ部　国・地域別編

族，⑦中央と地方，⑧本音と建て前（ちまたの声と公式見解，人々が SNS で発信する情報と中国メディアの情報などを含む），⑨中国への各国メディアの関心と実態の違い，⑩技術革新をめぐる新たな動向などがこれである＊。

＊　厲以寧（2013）『中国経済双重転型之路』中国人民大学出版社は，中国の歩む道を，計画経済から市場経済への移行（体制移行）と，伝統的農業社会から工業社会への移行（発展移行）の重層的展開として捉えている。

　重要なのは，目の前の中国企業のあり様が，別の中国企業や将来の同一企業のあり様に当てはまるとは限らないことである。どこかで得た断片的情報を全ての中国企業の事象に画一的に当てはめて類推するのは無理がある。一口に中国企業といっても多様であり，それぞれが激しく変化している。観察する中国企業が，外部環境の変化に適応しながら自己のシステムを維持・発展させようと企図するのは当然の行動であり，数年前のイメージが2〜3年後の現実と異なっていても不思議ではない。観察者の力量が問われるところである。

⑤　本章におけるビジネスモデルの提起

　それでは，中国のビジネスモデルをどのように描いたらよいであろうか。本章ではまず，「(a)いつか来た道」と「(c)未開拓の道」をあわせて，他国の企業一般とも共通する側面として，ビジネスモデル・イノベーション（BMI）に留意したい。同時に，「(b)独自の道」に注目し，中国の国情に留意したい。

　各界の先頭を争う領域では BMI が進行し，中国も例外ではなく，しかも世界で注視されている＊。同時に，中国では体制移行と発展移行の同時進行（＝二重移行）が期待される中，今日に至ってその構造転換が求められている。こうした過渡期において，次世代の青写真を描くためには，(a)(c)＋(b)の全体を知ることが肝要である。もとより目の前の企業が，どのようなタイプの企業として捉えられるのか。そしてその企業にはどのような複合状況とダイナミクスが横たわっているのか。これを見極める分析用具として，(b)の仕組みを理解する中で(a)(c)の生成・発展の状況を知る，という枠組みを提示したい。

＊　日本や米国などの諸学説を見ると，論者により力点が異なるが，ビジネスモデルの構成要素として，①顧客への価値提案，②価値提供のプロセス，③収益を得る仕組

み，という 3 点セットが抽出されている。中でも近年，「顧客重視」ないし「結果と
しての儲ける仕組み」への重点移行を指摘する研究が多々見られる。詳しくは，高
久保豊（2016）「中国のビジネスモデル転換に関する一考察——二重移行論との関連
——」『商学集志』日本大学商学部，第 86 巻第 2 号，103-120 頁を参照されたい。

　以下においては，中国企業が背負うところの「独自の道」を念頭に置き，国
有・民営・外資という三つのタイプが辿ってきた歩みを摑んだ上で，人々の伝
統的な行動様式と近年における意識の変化に注目し，中国のビジネスモデルの
展望を描くことにしたい。このようなダイナミズムを理解することは，「社会
主義の中国」に「改革・開放の中国」が覆いかぶさり，通奏低音としての「伝
統中国」が横たわる中国企業の現況を系統的に解釈するのに役立つであろう。

2　「中国のビジネスモデル」を組み立てる構成要素

1　所有制形態への視点：「独自の道」を理解する出発点

　はじめに，「独自の道」を理解する出発点として，中国企業の所有と経営をめ
ぐる担い手に着目してみよう。1949 年に中華人民共和国が建国され，社会主義
建設が目指される過程で，企業は公有化され，1978 年には統計上 100 ％の企業
が公有制企業となった。しかし，改革・開放政策が開始し，先進資本主義国と
の経済格差を解消するべく，公有制企業以外の所有制形態を認める動きが現れ
始める。2015 年になると，**表 3-1**，**表 3-2**，**表 3-3** が示すように，有限責任
会社や私営企業などが大きな役割を果たすまでに至っている。

　ここでいう所有制形態を一覧表にまとめたのが**表 3-4** である。表中におけ
る国有企業，集団所有制企業，株式合作企業は公有制企業に分類され，私営企
業，自営業者，外資系企業は非公有制企業に分類される。また，有限責任会社
と株式会社は株式制企業と総称されるが，非公有制企業であるとは限らない。

　2008 年に採択された「企業国有資産法」の第 5 条によれば，「国家出資企業」
として次の四つが規定される。すなわち，①国家全額出資で非株式制の「国有
独資企業」，②国家全額出資で株式制の「国有独資会社」，③国家が株式の過半
数を保有する「国有持株会社」（中国語で「国有資本控股公司」），④国家出資による

第Ⅰ部　国・地域別編

表3-1　2015年の所有制形態別による企業数

	企業数	
	万　社	%
内資企業	1,236	98.1
国有企業	13	1.1
集団所有制企業	14	1.2
株式合作企業	7	0.5
事業体連合企業	2	0.2
有限責任会社	222	17.6
株式会社	16	1.3
私営企業	866	68.7
香港・マカオ・台湾系企業	12	0.9
外資系企業	12	1.0
合　計	1,259	100.0

（出所）　中華人民共和国国家統計局「按登記注冊類型分法人単位数」（http://data. stats. gov. cn/easyquery. htm?cn = C01　2017年2月27日閲覧）。

表3-2　2015年の所有制形態別の従業員数と年平均賃金

	従業員数	年平均賃金
	万　人	元
都市部全体	40,410	62,029
国有企業	6,208	65,296
集団所有制企業	481	46,607
株式合作企業	92	60,369
事業体連合企業	20	50,733
有限責任会社	6,389	54,481
株式会社	1,798	72,644
私営企業	11,180	n. a.
自営業者	7,800	n. a.
その他の企業	n. a.	46,945
香港・マカオ・台湾系企業	1,344	62,017
外資系企業	1,446	76,302
農村部全体	37,041	n. a.
私営企業	5,215	n. a.
自営業者	3,882	n. a.

（出所）　中華人民共和国国家統計局「按経済類型分城鎮就業人員」同「按経済類型分郷村就業人員」，同「按登記注冊類型分城鎮単位就業人員平均工資」（http://data.stats.gov.cn/easyquery. htm?cn = C01　2017年2月27日閲覧）。

表3-3　2015年の所有制形態別による中国工業企業のデータ

	企業数		資産総額		売上高		利潤総額	
	社	%	億　元	%	億　元	%	億　元	%
内資企業	330,390	86.2	822,095	80.3	858,604	77.8	50,281	76.0
国有企業	3,234	0.8	71,515	7.0	43,594	3.9	2,108	3.2
集団所有制企業	2,637	0.7	5,093	0.5	6,583	0.6	509	0.8
株式合作企業	1,136	0.3	940	0.1	1,471	0.1	109	0.2
事業体連合企業	147	0.0	190	0.0	281	0.0	11	0.0
有限責任会社	94,299	24.6	374,095	36.6	314,906	28.5	16,712	25.3
国有独資会社	3,179	0.8	85,437	8.3	43,058	3.9	1,285	1.9
その他の有限責任会社	91,120	23.8	288,658	28.2	271,848	24.6	15,427	23.3
株式会社	11,061	2.9	139,031	13.6	97,333	8.8	6,448	9.7
私営企業	216,506	56.5	229,006	22.4	391,618	35.5	24,250	36.6
その他の企業	1,370	0.4	2,225	0.2	2,818	0.3	134	0.2
香港・マカオ・台湾系企業	24,488	6.4	83,244	8.1	96,995	8.8	5,948	9.0
外資系企業	28,270	7.4	118,059	11.5	148,428	13.4	9,957	15.0
合弁企業	9,958	2.6	56,275	5.5	68,620	6.2	5,445	8.2
合作企業	630	0.2	2,346	0.2	2,527	0.2	184	0.3
独資企業	17,024	4.4	52,851	5.2	72,162	6.5	3,996	6.0
外資系株式会社	465	0.1	6,070	0.6	4,510	0.4	317	0.5
合　計	383,148	100.0	1,023,398	100.0	1,104,027	100.0	66,187	100.0

（注）　主要業務を通じて得られた年間収入が2000万元以上の工業法人企業のデータを掲載した表である。

（出所）　中華人民共和国国家統計局「按登記注冊類型分規模以上工業企業経済指標」。

第3章　中国：新たな重層構造を読み解く

表3-4　中国企業の所有制形態

日本語の名称		中国語の名称			内　容
国有企業		国有企業（全民所有制企業）			全人民を代表して国家が生産手段を所有する形態。かつて「国営企業」と呼ばれていた。
集団所有制企業[1]		集体企業（集体所有制企業）			労働者や村民などが自ら組織し，集団で生産手段を所有し，経営を行う形態。
株式合作企業		股份合作企業			労働者が1人1票を有する出資者になるケースが代表的な形態。地域などによりさまざまな方式がある。株式制企業とは異なる。
事業体連合企業		聯営企業			所有制形態が同じであるか異なる複数の企業もしくは事業体の共同出資による組織形態。
株式制企業	有限責任会社	股份制企業	有限責任公司		出資者がその出資額をもって会社に対する有限責任を負う形態。有限責任会社は50名以下の出資。株式会社は2〜200名の発起人。国家が全額出資する有限責任会社を国有独資会社と呼ぶ。
	株式会社		股份有限公司		
私営企業		私営企業			私人が生産手段を所有し，雇用労働を基礎とする営利組織の形態。
自営業者		個体戸			労働者個人が生産手段を所有し，労働成果を労働者個人と家族の成員が直接支配する形態。従業員数が8名未満のものをいう。
香港・マカオ・台湾系企業		港澳台商投資企業			香港・マカオ・台湾の投資者が出資する形態。
外資系企業	合弁企業	外商投資企業	中外合資[2]経営企業	三資企業[3]	中国側と外国側が出資比率を定める形態。
	合作企業		中外合作経営企業		中国側と外国側が具体的な出資条件や利益配分・リスク負担を契約する形態。
	独資企業		外資企業		外国の投資者が全額を出資する形態。
	外資系株式会社		外商投資股份有限公司		外国の投資者が出資する株式会社。

（注）　1)　企業グループやその中核会社などを指す「集団公司」は，集団所有制企業とは異なる。
　　　　2)　中国語の「合資」は，日本の合資会社の意味ではなく，合弁を指す。
　　　　3)　外資系企業と香港・マカオ・台湾系企業を総じて俗に「三資企業」ともいう。香港・マカオ・台湾系企業にも合弁・合作・独資・株式会社の区別がある。
（出所）　中華人民共和国国家統計局編（2007）『中国統計年鑑 2007』中国統計出版社，559頁に掲載される「主要統計指標解釈」を主として参照した。

「国有資本参加会社」（中国語で「国有資本参股公司」）がこれである。ここから，有限責任会社に分類される国有独資会社や，国が出資して支配的な地位を占める株式制企業などは，公有制企業として扱われる*。更に，国有企業には，中央政府ないし中央政府が権限を授与した国有資産監督管理委員会（略称「国資委」）など

73

第Ⅰ部 国・地域別編

の機関が出資者の職責を果たす「中央企業」と，地方政府が管理する「地方国有企業」の区別がある。

> ＊ 「国家出資企業」については，金山権 (2013)「中国における国有企業の改革と企業統治——外部監督・監査を踏まえ——」『早稲田商学』第438号が詳しい。

　ところで，自営業者や私営企業に加え，活発な経営メカニズムを有する株式制企業や集団所有制企業などを含めて，民営企業と呼ぶことがある。改革・開放政策が始まってから約40年が経過し，民営企業が中国経済の中に占める割合が増加したことは，「改革・開放の中国」を特徴づける一つの大きな動きである。そこでの企業経営の特徴については，本節［3］の中で考察したい。

［2］ 企業のガバナンス改革：それでもなぜ「社会主義の中国」なのか

　続いて，現在なお「社会主義の中国」であることを理解するため，従来の公有制企業に焦点を当て，その運営方式がどう変遷してきたのか，瞥見したい。

　従来の公有制企業では，行政機関が企業経営に介入し，市場におけるニーズよりも行政命令が重視される感があった。しかし，これでは非効率な経営に陥ることが分かり，1979年からの「放権譲利」（上部機関の持つ権限の一部を企業側に移管する），1984年からの「利改税」（利潤上納制から租税制に切り替える），1987年からの「承包制」（上部機関と企業との間であらかじめ利益分配の仕方などの請負契約を行う）などの企業改革が行われてきた。その後，今日の中国企業のガバナンスを理解する手がかりになる法令が提出されている。

　一つめは，1988年施行の「工業企業法」（中国語で「中華人民共和国全民所有制工業企業法」）である。これに先立ち，1979年7月「国営工業企業経営管理自主権の拡大に関する若干の規定」，1984年5月「国営工業企業の自主権を一層拡大することに関する暫定規定」などが公布・実施されている。

　工業企業法では，国有企業が，法律に基づいて自主的に経営意思決定を行う権限を有し，独立の企業体として損益の自己責任を負う経済組織であることがうたわれ，従業員代表大会，企業内党委員会，工会が支える企業内ガバナンスが**表3-5**のように規定される。これら三つの会は「老三会」と総称される（中国語の「老」は「古い」の意味）。企業内党委員会のトップである「**党委書記**」（企

第3章　中国：新たな重層構造を読み解く

表3-5　工業企業法（1988年）による企業内ガバナンス

日本語の名称	中国語の名称	条文	内容（抜粋）
社　長	廠長／経理	第7条	企業は社長責任制を実施する。
		第45条	企業の法定代表人。生産経営のトップ，企業の中心として責任をもつ。賃金調整案などを提示（意思決定権，指揮権，賞罰権，行政任免権等）。
企業内党委員会	（中国共産党の）基層組織	第8条	党と国家の方針・政策が企業で貫かれることを保証・監督する。
従業員	職　工（職員＋工人）	第9条	国家は従業員の主人公としての地位を保障し，法律がその合法的権益を保護する。
労働組合＊	工　会	第11条	従業員の利益を守る。青年・女性・科学技術要員がその役割を発揮できるように努める。
		第51条	工会委員会が従業員代表大会の日常業務を行う。
従業員代表大会	職工代表大会	第51条	従業員が民主的管理権力を行使する機関。
		第52条	社長の経営方針を聴取し意見を提示。賃金調整案を審査し同意の可否を決める。住宅割当案など従業員の福利に関する切実な問題を審議。
経営委員会等	管理委員会等	第47条	各部署の責任者と従業員代表により構成。社長がその主任。経営方針，賃金調整案など企業の重要問題に関する社長の意思決定を助ける（設置は任意）。

(注)　＊　本章では，中国語の「工会」を「労働組合」と仮翻訳した。ただし，組合費を企業が負担したり，副社長が組合の代表を務めたりすること等から，団体交渉を行うイメージの労働組合とは異なるため，この訳語は適切でないという主張がある。詳細は，本書第7章「人事・労務」を参照されたい。

(出所)　『中華人民共和国全民所有制工業企業法』の条文による。

業内の党委員会書記）は，かつて社長以上の権力を発揮することもあったが，工業企業法では社長が生産経営の長であると明記されている。

　二つめは，1992年施行の「経営メカニズム転換条例」（中国語で「全民所有制工業企業転換経営機制条例」）であり，企業財産に対する占有・使用と法に基づく処分をめぐり，以下の14の自主権が，政府側でなく，企業側の持つ経営権として明示された。すなわち，①生産経営決定権，②価格決定権，③製品販売権，④物資購入権，⑤輸出入権，⑥投資決定権，⑦留保利潤支配権，⑧資産処分権，

───────────
党委書記：各企業で作られる中国共産党の末端組織（中国語では「基層組織」）は，株主総会，取締役会，監査役会，社長の法による職権行使と，従業員たちの声に基づく従業員代表大会の活動を支持し，企業の重要問題の意思決定に参画する，という政治的中核の役割を持つ。本章でいう党委書記とは，こうした党の末端組織の最高責任者を指す。

第Ⅰ部　国・地域別編

表 3-6　改正会社法（2005 年）における株式会社の「新三会」など

日本語の名称[1]	中国語の名称	条　文	内容（抜粋）
株主総会	股東大会	第 98~108 条	会社の権力機構。経営方針・投資計画の決定。従業員代表でない取締役・監査役の選任・交替と報酬の決定。利益分配案などの審議と承認。
取締役会	董事会	第 109~117 条	株主総会の招集。経営計画・投資案の決定。株主総会の決議の執行。社長の選任・交替と報酬の決定。
監査役会	監事会	第 118~120 条	財務の検査。取締役・社長の法令違反などの監督。
社　長	経　理[2]	第 114~115 条	取締役会決議を執行。生産経営管理を取り仕切る。

（注）　1）日本語の名称は，日本の制度との便宜的な対応を示すが，内容は異なる。
　　　　2）実際は中国語で「総経理」などと呼ばれることが多い。機能上は日本の社長より，米国の COO（最高執行
　　　　　責任者）や General Manager に近い。
（出所）『中華人民共和国公司法』2005 年 10 月 27 日修訂版。

⑨連合・合併権，⑩労働雇用権，⑪人事管理権，⑫賃金・ボーナス分配権，⑬内部機構設置権，⑭分担金拒否権，がこれである。

　例をあげて考えよう。社長のあなたが上部機関である政府から「貴工場では○○型の自転車を年間 5000 台生産しなさい。原材料は全て△△工場から調達し，販売価格 300 元で誰々に売りなさい。機械設備は従来通り□□社のラインを用い，従業員は 300 名，役員は◎◎氏ら 4 名です。勝手にデザインを変えないように。付近に歩道橋を建設するので 30 万元の寄付も忘れないように」等々と指令を受けた場合，どれだけ消費者のニーズに応えうるだろうか。がんじがらめの行政命令方式では真の企業経営はありえない——こうした問題意識から，中国企業を活性化するため，工業企業法で社長責任制が明記され，経営メカニズム転換条例で 14 の企業経営権が具体的に示されたわけである。

　三つめの法令は，1993 年公布（1994 年施行）の「会社法」（中国語は「中華人民共和国公司法」）である。株式制企業を法人と位置づけ，国有企業から転換する道筋が示された。ここでうたわれる会社機関（株主総会，取締役会，監査役会）は**表 3-6** の通りであり，「新三会」と総称される。2005 年の改正会社法（2006 年施行）では，会社設立に関する規制緩和，株主代表訴訟の明文化，外資系企業に関する法律との関連の明記などが盛り込まれた。

　それでは，「新三会」の役割に加え，独特な存在としての企業内党組織が，今日いかなる「保証・監督」の役割を果たしているのだろうか。その内実は時代

76

により変化してきた。そして，改正会社法には工会の組織（第18条）と企業内党組織（第19条）の存続に関わる規定があり，旧来からの発想が非公有制企業において準用される可能性もある。例えば，ある日系中国企業での工会の設置について，あなたはどんなイメージを持つだろうか。会社機関が外形上で海外のそれと同じでも，党委書記と社長との間の力関係は依然として見落とせない事柄である。「社会主義の中国」の側面をこうした点で垣間見ることができる。

③ 中国ビジネスに見る元気の由来：農村部への視点と民営企業の活力

さて，ここで改革・開放政策以降に出現した郷鎮企業と呼ばれる農村部の経済組織に焦点を当て，その担い手たちのバイタリティーに注目したい。元気のよい中国企業の原風景を，農村企業家からハイテク企業家へ，さらにグローバル企業家へ，という展開の中に見出すのが，本項での目的である。

2015年の中国農村部の人口は6億346万人に達する（中国国家統計局ホームページ「総人口」2017年2月27日閲覧）。これは日本の人口の約5倍に相当する。それだけに，農村・農業・農民に関する諸問題（＝三農問題）の解決は，建国当初から今日に至るまで，中国社会の発展にとって重要な課題として考えられてきた。

中国では農村で暮らす人々が都市に流入するのを制限するため，農村部に住む「農業人口」と都市部に住む「非農業人口」を戸籍上で分けてきた経緯がある。かつて「非農業人口」の住民は，食糧や油などの生活必需品の計画的な配給制度，統一的な就業制度，医療・教育などの各種福利制度の下における権利と保障を享受できたが，「農業人口」の人々は享受することができず，また「農業人口」から「非農業人口」に戸籍を変更することがきわめて難しかった。

建国当初，農村部では集団で農業を営み，都市部では国営工場で工業生産を行うのが合理的と考えられたため，1950年代末に農村部の地区の行政と経済を

三農問題：農民，農村，農業という三つの「農」に関する問題を指す。①収入と社会保障の水準が低くて困窮した農民，②経済発展の立ち遅れた農村，③産業化が不十分で現金収入が少ない農業という意味合いがある。これらを身分，居住地，産業に関する個別問題として検討するほか，一体化した問題として捉える視点が必要とされる。

第Ⅰ部 国・地域別編

一体化した人民公社が組織され，その下に生産大隊や生産隊が置かれた。人民公社では若干の簡単な手工業品を製造することも許され，こうした場は社隊企業と呼ばれていた。これが前身となり，のちに郷鎮企業が生まれたのである。

郷鎮企業は，1997年施行の郷鎮企業法で「農村の集団所有制経済組織あるいは農民による投資を主として，郷鎮（所轄の村を含む）で活動を行い，農業支援の義務を負う各種企業を指す」と規定されている。この条件を充たせば，社隊企業を前身としない自営業者・私営企業や合弁企業なども郷鎮企業に含まれる。中には大企業に発展した郷鎮企業もあり，読者の皆さんが日常使用する多くの工業製品が，郷鎮企業で作られた可能性があることに留意されたい。

このような経緯で誕生した郷鎮企業の意義は，中国に数多くの企業家を輩出し，農村部の雇用の受け皿となり，中国経済の成長に貢献したことにある。1980年代以降に中国経済の成長に乗ってビジネスチャンスを摑もうとする自営業者の旺盛な意欲が刺激され，彼らが郷鎮企業として成長した意義が大きい。

彼らの起業当初は，資金・設備・物資・技術・人材・知識などの経営資源が国有企業に比べて圧倒的に劣り，地元政府や家族・友人などの人脈を活用して敏速で柔軟な資源調達をし，簡単な製品を作る傾向が強かった。しかし，「作れば売れる」という追い風を背景に規模を拡大し，市場機会志向の「技術無関連的な多角化」を展開する企業も見られた。筆者がかつて調査したある社長は，「3カ月前まで自転車を作り，現在（＝当時）はフランスパンを手がけ，3カ月後には健康器具の製造を手がける」と語っていたほどである。

郷鎮企業が急成長したのは，改革・開放政策初期のモノ不足，国有企業に比べて小回りの利いた利潤動機に基づく企業行動＊，低賃金労働を前提とする国際分業の潮流などがあげられよう。郷鎮企業で働く労働者は，土地の住民だけでなく，低所得の内陸部から出稼ぎに来る**農民工**が担うことが多かった。

＊ 表3-7の江蘇陽光グループのように，農村建設への貢献（郷鎮企業法第17条）を

農民工：都市部で働く農村戸籍の賃金労働者。6カ月以上郷里を離れて働く「外来農民工」（1.7億人）と郷里で非農業に従事する「地元農民工」（1.1億人）がいる。中卒が過半数を占め，専門的な技術訓練を受けず，建設現場で働く男性など長時間のきつい労働に従事することが多い。平均月収は約3275元（1元＝16円換算で約5万2400円［2016年］）。

第3章 中国：新たな重層構造を読み解く

表3-7 1990年代における二つの郷鎮企業グループの経営方式

江蘇陽光グループ	紅豆グループ
・親しい人間関係を築いた役員4名による高度集権的な経営管理システム（準家族経営）。各役員がそれぞれ複数部門を担当し，重要事項は4名で決める。役員報酬と製品価格は社長が決定する。 ・比較的単純な組織構造。 ・現場作業員に対する出来高給の実施。従業員個人のレベルでやる気を喚起し，成果と報酬を連動させる。ただし，従業員は企業の意思決定に参画しない。 ・高度な技術を持つ専門家を国内外から企業に招聘し，高額の報酬と手厚い生活環境を提供する。	・企業の利益と従業員個人の利益を連動させ，従業員の勤労意欲を刺激する。 ・子会社に対して利益請負責任制を実施し，きびしく執行する。役職者には資格に応じて強制的に自社株を購入させ，年末に赤字を出した工場長は免職とし，補塡責任を負わせる。 ・企業内部の経営資源の移動は市場取引に準じた方式で実施し，顧客志向市場志向の考え方を企業内部に連鎖させる。 ・専門家の招聘，人材育成技能訓練，技術導入に相当な資金を投入し，品質とブランドの維持向上を図る。

（出所）劉小玄・韓朝華（1999）「中国的古典企業模式：企業家的企業——江蘇陽光集団案例研究——」『管理世界』第6期，179-189頁，高久保豊（2004）「中国民営企業の発展とその社会経済的要因」赤川元章・唐木圀和編著『東アジア経済研究のフロンティア——社会経済的変化の分析——』慶應義塾大学出版会，149-153頁より筆者作成。

名目として地元政府に「管理費」を支払い，私営企業と同様の経営自主権を獲得して積極的な運営を実現した集団所有制企業もある。

郷鎮企業のモデルとしては，①外資導入と委託加工貿易に依拠した広東省の珠江デルタモデル，②地方政府の主導の下に経済発展を遂げた江蘇省蘇州・無錫などの蘇南モデル，③地方政府の関与なしに自営業者が活発なビジネスを展開して成長を遂げた浙江省温州の温州モデルなどが知られている。

このような郷鎮企業の経営方式を観察すると，その後に注目を集める民営企業に通じる共通点が見出される。表3-7は，90年代初頭にビッグビジネスに成長した二つの郷鎮企業グループの経営方式を描写したものである。これらは，大規模に成長したのち，地方政府主導の経営から脱して，独自の社内ルールの構築と執行を特徴とする経営活動を展開した。表3-7から分かるのは，第1に，従業員に対するインセンティブをめぐって明確なシステムを確立した点である。現場作業員，管理職，外部から招聘する専門家のいずれに対する報酬の提示も，大胆な考え方と手法を導入している。第2に，高度な人材と技術に対する投資を惜しまず，品質とブランド力の向上に努めている点である。第3に，トップ

第Ⅰ部　国・地域別編

に立つ企業家の先見の明と剛腕な手法が際立つ点である。

　郷鎮ビッグビジネスにせよ，技術志向で成長した私営企業にせよ，損益自己責任を前提とし，政府の介入を受けずに自主的な意思決定を行う元気のよい中国企業のマネジメント・スタイルには，「企業トップの強いリーダーシップによる経営システムの構築とその執行」という特徴を見出すことができる。

　一つの事例として，ハイアール・グループ（海爾集団：Haier Group ＝章末コラム参照）に着目したい。グループを率いる張瑞敏（Zhang Ruimin）は，『道徳経』，『論語』，『孫子兵法』を愛読し，松下幸之助，本田宗一郎，ジャック・ウェルチから先進的な管理手法を学び，CEO（最高経営責任者）制を導入したが，それだけではない。品質管理の精神を社内で徹底するため，従業員の眼前で76台の欠陥冷蔵庫をハンマーで叩き壊した。そして，発生した損失に対して管理者が80％の責任を引き受ける（ハイアール独自の）「80：20の法則」，業務プロセスを行政命令でなく水平的取引関係として処理する「市場連鎖」，日々の仕事を当日中に済ませて達成度を点検・公表する「OEC管理法」などを次々に導入した*。

　＊　遅双明編著／多田敏宏訳（2004）『ハイアールの企業文化——中国トップ家電メーカーの経営戦略——』近代文芸社，9-14，97-98頁を参照した。

　張瑞敏は，従業員一人ひとりの能力を発揮できる舞台の創造に努めたというが，そこに業務遂行への関心が強く現れていることが垣間見られる。

3　急速な社会変化に対応しうるビジネスモデルを探る

1 変わる社会環境，変わらない中国的バランス感覚

　ここまでは歴史の話であったが，以下では近未来を展望する応用問題にチャレンジしなければならない。まず，中国社会のダイナミズムとの関連で，胡錦濤政権による「調和のとれた社会」（中国語で「和諧社会」）の構想に着目しよう。これは2004年に中国共産党第16期4中全会で提出された重要思想で，その骨子は，①民主と法治，②公平と正義，③誠信（＝相互扶助・信義）と友愛，④充満した活力（を通じた創造的活動の尊重），⑤（人心の）安定と（健全な社会組織の）秩序，⑥人間と自然の調和ある共生，という6点に要約できる。

80

第3章　中国：新たな重層構造を読み解く

　この構想の背景に，共同富裕論を再提起する意味合いがある。改革・開放政策以降の中国では「先に豊かになれる者から豊かになる」という先富論が台頭したが，その結果として，都市部と農村部，沿海部と内陸部の新たな格差が顕在化した。そこで，最終的に「ともに豊かになる」という理念を再び掲げ，「さまざまな要素が共存できる道」を歩むことで格差の是正を図ったのである。

　それでは，こうした構想と関連して，実際に中国の人々の考え方はどう変化し，企業の経営管理にどんな影響がもたらされてきたのであろうか。

　ある研究チームによれば，これまでの世界の経験から，1人当たり国内総生産（GDP）が 1000～3000 ドルの水準にある時は社会的矛盾が生じやすく，当時の中国において，①土地を失った農民の引き起こす社会矛盾の激化，②収入格差の更なる増大，③資源・エネルギー・環境と持続可能な発展の問題などが生じる，との指摘がなされた＊。企業の中で働く人々の考え方についていえば，業務遂行志向の企業家による強烈なリーダーシップと，企業が利益をもたらす明確な社内ルールの構築とその執行が，中国企業に活力をもたらしてきたとはいえ，今後もこの発想だけでやっていけるのであろうか。ここで，経営管理の「儒法モデル」の枠組みを取り上げ，考えてみよう＊＊。

　＊　中国社会科学院"社会形勢分析与預測"課題組（2005）「構建和諧社会——科学発展観指導下的中国：2004～2005 年中国社会形勢分析与預測——」『管理世界』。

　＊＊　この枠組みは，高久保豊（2006）「経営管理の『儒法モデル』試論——中国ビジネスの再吟味——」『三田商学研究』第 49 巻第 2 号で提起している。

　西暦 2000 年前後の約 10 年間に出版された多くのビジネス書によれば，中国日系企業の現場管理者は「中国の文化・歴史等への考慮」，「現地従業員の待遇システムの再構築」，「管理職の人間性」，「中国人に適した合理的経営」，「マニュアル化した管理」，「『人作り』重視の企業イメージ」，「信賞必罰と成果主義」，「中国人への信頼と積極的な権限委譲」などの重要性がすでにあげられている。これらは二つの柱に集約することができる＊。

　＊　その詳細は，高久保（2006, 19 頁）の注 2) を参照されたい。このモデルにおける「儒」と「法」の用語法は，厳密な意味での儒家思想と法家思想を指すものではなく，むしろ「天人合一」の発想との素朴な対応を意識したものである。

第Ⅰ部　国・地域別編

　すなわち，企業トップが従業員に対して，①尊敬されるリーダーとしての風格と能力と姿勢を有することと，②納得される合理的なルールを構築し執行することである。①は従業員の声に均等に耳を傾け，人々の価値観を理解しようとする側面，②は個々人の責任事項を明確にし，成果と連動した報酬の基準を明示するという側面を指している。筆者は，上記の①を「儒」の側面，②を「法」の側面として整理し，中国企業のリーダーにはこの両者をあわせ持つことが期待されているものと分析した。

　ここから導き出されるヒントとして，中国日系企業のリーダーには，労働集約的な製造モデルから知識集約的なビジネスモデルへの転換に対応すべき新しい人的資源管理のあり方が求められるであろう。これまでの製造現場では，経営側が従業員に対してあらかじめ仕事内容を明確に示したほうが，参加型の管理手法を採用するよりもスムーズに日常業務が遂行できる，という発想が強かった。この発想は，民営企業の力強い経営手法にも共通している。この点では「儒」よりも「法」を重視せよ，という経験則が適合的なように見える。

　しかしながら，ルイスの転換点を超え，「中所得の罠」が議論される今日，時代の変化を敏感に捉え，人々の内面におけるバランス感覚に留意することが求められている＊。仕事内容の明示などの業務遂行志向のリーダーシップを継続するのと同時に，従業員が自分の将来展望を描きうるような配慮を示す人間関係志向のリーダーシップを発揮する――こうした企業経営のあり方がますます求められると予想されるのである。1980年代や1990年代に生まれた「八〇後（バーリンホウ）」，「九〇後（ジウリンホウ）」の世代が活躍する時代を展望するには，20年前の成功体験をいつまでも引き摺っていることができないだろう。

　＊　ルイスの転換点は Lewis, W. A. (1954) "Economic Development with Unlimited Supplies of Labour," *Manchester School of Economic and Social Studies*, Vol. 22, Issue 2, pp. 139-191，「中所得の罠」は Gill, I. & H. Kharas (2007) *An East Asian Renaissance : Ideas for Economic Grows*, World Bank を参照されたい。

　中国社会を取り巻く環境は激しく変化しているが，中国的なバランス感覚はかえって顕在化していく可能性がある。「儒法モデル」はその側面を描写した一つの試みにすぎないが，世の中が大きく変わる中，陰陽和合を大事にする「伝

第3章　中国：新たな重層構造を読み解く

統中国」がますます重みを持つ歴史のロジックに留意が必要であろう。

② 「関係」と「面子」：その背景をどう理解するか

　前項では企業トップの従業員に対する姿勢に焦点を当てたが，近年では企業の社会性に対する視点が問われつつある。インターネットとモバイルの普及でさまざまな情報が得られ，企業不祥事を瞬時に知ることもあれば，O2O（Online to Offline：オンライン・サービスと実店舗との融合）によって決済や購買が便利になることもある。現実の生活基盤が変化していく中，不便な世の中から便利な世の中へ，という将来展望に人々は希望を見出し，新しいビジネスの芽が吹き出し，チャンスを摑もうとする動きが再び現れている。

　慎重に準備を整えてから着手する日本人とは対照的に，ある程度の完成度で着手を即決する中国人にとって，転換期の今日もチャレンジの舞台である。これまで苦境を経験し，逞しく乗り越えてきた思考方式と行動様式が，21世紀の新しい形として「伝統中国」の底力を発揮させる契機となるかもしれない。

　注目しておきたいキーワードとして，「関係（グワンシ：guanxi）」と「面子（ミエンツ：mianzi）」という言葉を挙げておこう。中国ビジネスの経験者が「中国ビジネスは賄賂が全て」と主張する場面に時おり遭遇する。お金やプレゼントを贈ることで必要な資源や便益を入手しようとする行為のことを指しているのであるが，この表現は必ずしも正しくない。中国語の「関係」は，俗に「コネ」という意味で理解されるように，自分と相手が特別な便宜を図りあう間柄にあることを指す。ただし，「関係」と賄賂は必ずしも同じではない。

　仮に50年ほど昔を想定しよう。経済システムが未整備の状況の下，情報を持たざる者は，通常の経済取引において大いに不利となる。こういう中で生存するには，常日頃から有力者と繋がりを持っておきたい。彼にとって，この発想は，ある種の合理性がある人脈形成の処世術である。この関係ネットワーク（「関係網（guanxi wang）」）の構築こそが中国人のビジネスの強みである，と評価する論調がある。他方，こうした一種の「裏口行為」の常軌化が通常の経済取引を混乱させ，規範的な秩序形成を阻害する，という主張もある。

　こうした2人の「関係」は必ずしも対等ではない。「人情（レンチン：renqing）」と表現される中国的美徳に照らせば，強者よりも弱者が相対的に大きな利益を

83

第 I 部　国・地域別編

受けるべきであるとされる。また，お互いの親しさに応じて，2人の距離感覚は「自己人 (zijiren)」，「熟人 (shuren)」，「外人 (wairen)」に位置づけられ，赤の他人である「外人」にはそろばん勘定で対処するが，身内同然の「自己人」には打算を超えた無償の貢献こそが喜びになることがある，と分析される＊。

＊　「関係」，「人情」と「面子」並びに「自己人」，「熟人」と「外人」の解釈は，園田茂人 (2001)『中国人の心理と行動』日本放送出版協会などに詳しい。

　ここで重要なのが「面子」である。「顔を立てる」，「体面を保つ」というニュアンスに加え，重要な場面を仕切ったり，問題を解決すべき状況の下で能力を発揮したりすることにより，人々に利益をもたらし，社会的名声や格付けを獲得・保持・増進するとともに，自己実現の満足を得る，という意味がある。多方面の「関係」を持つことは有力者であることを含意する一方，誰かの「面子」を潰すことは重大な事態を招くおそれがあるとされる。

　では，近年でもこうした価値観が保たれているのだろうか。これには更なる検討が必要であろう。人々が依拠する物的環境は変化しつつある。知り合いで固めるよりも，外部からより優れた資源が得られる可能性がある。かつては「単位（ダンウェイ：danwei）」に依存し＊，その後にお金と市場が力を持ち，今や通信機器が生活基盤の一部になった。それでもなお，損得では推し量れない何かがある。こうした点でも変わるものと変わらないものを見極めることが肝要であろう。

＊　「単位」については，本書第7章「人事・労務」（167-168頁）を参照されたい。

(3)　現在進行形の中国式ビジネスモデル・イノベーション

　本章では，中国のビジネスモデルを探るに当たり，中国の「独自の道」に留意しつつ，「いつか来た道」と「未開拓の道」の生成・発展の状況を捉えることを念頭にスケッチを試みた。中国企業といっても最先端を走るものから立て直しに迫られるものまで多様であり，それぞれが重層構造を持つことが垣間見られた。まとめとして有力企業に絞り，若干の共通点を探っておきたい。

　第1は，企業行動と党・国家の政策との関連である。多くの中国企業で，社長と党委書記との力関係が，その意思決定過程において，現在も無視できない

要因としてあげられる。第2は，企業家の市場機会を捉える眼力とリーダーシップである。郷鎮企業，民営企業，グローバル企業，ハイテク企業と時代が下り，対象とする事業が変化しても，役に立つ知識を広く世界に求め，合理的なルールを制定し実行する決断力などの面で，企業家の思考方式と行動様式に共通する特徴が観察される。第3は，企業を取り巻く環境変化との関連である。人々の所得が向上し，生活基盤の一部に情報通信機器が入り込み，新しい生活スタイルが志向されつつある。こうした状況に対応するべく，企業行動における社会志向が今後各方面で徐々に求められてくるものと思料される。

世界第2の経済規模となった中国では，「グローバルな発想」と「中国的な発想」がダイナミックに衝突し，現在進行形でビジネスモデルのイノベーションが展開している。この状況を描き出すべく，本章では「新たな重層構造」という枠組みを提起した。そして，中国の「独自の道」を掘り下げるべく，「伝統中国」，「社会主義の中国」，「改革・開放の中国」のブレンド状況を析出した。

中国経済は「新常態」を目指して，高速成長から中高速成長へ，量的拡大から質的向上へ，要素駆動・投資駆動型からイノベーション駆動型へ，という変化の過渡期にある。その中で，中国企業では，新市場・新技術に対応するM&Aや既存の中核技術を活かした新産業分野への進出のほか，モバイル・SNS・クラウドコンピューティング・ビッグデータ・AI（人工知能）などを活用した新しいビジネス形態を目指し，「インターネット・プラス」（互聯網+）などの実践が出現し，華為（ファーウェイ），百度（バイドゥ），阿里巴巴（アリババ），騰訊（テンセント）といった急成長企業に注目が集まっている。

他方において，どのような企業においても，製品の安全性，環境問題への配慮，知的財産権に対する意識向上や法令遵守などを含めた社会的責任が問われている。「独自の道」に加え，「いつか来た道」と「未開拓の道」への対応の中で，社会性を念頭に置いたイノベーションが求められているのである。

第Ⅰ部 国・地域別編

▶ ▶ *Column* ◀ ◀

ハイアール・グループの躍進：小さな工場からスマート家電のソリューションへ
＊ハイアール・グループ（海爾集団：Haier Group）の概要
　事業内容：冷蔵庫，フリーザー，空調，洗濯機，パソコン，携帯電話など
　設立年：1984 年
　従業員数：約 5 万人
　売上高（連結）：2007 億元（約 3 兆 8150 億円）2014 年

　前身は中国・青島（チンタオ）市で倒産の危機に瀕していた小規模企業 2 社の合併した従業員 800 人ほどの集団所有制企業でした。当時，工場に送り込まれた張瑞敏氏が冷蔵庫の組み立てから再出発し，今日の規模に至るまでに，ハイアール・グループは五つの戦略段階を経験しています。
　第 1 段階（1984〜1991 年）ブランド戦略期は，品質と企業イメージの向上が至上命題の時代でした。第 2 段階（1992〜1998 年）多角化戦略期には，エアコンなど家電全般に参入しました。この頃までに「坂の上の小球法則」，「ショック状態の魚を食べる併合モデル」などの手法が採用されました。
　「OEC（Overall Everyone Everyday Everything Control and Clear）管理法」は，全従業員が日々の業務目標・成果・出現した問題とその原因を認識することを目指し，ガラス 1 枚の破損でも責任を負わせる管理手法でしたが，これが当時の中国企業が活気づく源泉でもあったのです。「一人ひとりの能力を発揮できる舞台」という張瑞敏氏の言葉の中にその思いが込められています。
　第 3 段階（1999〜2005 年）国際化戦略期には，世界ブランドを目指し，欧米市場の開拓と中東・南米・東南アジアなどへの輸出を行いました。第 4 段階（2006〜2012 年）グローバル戦略期になると，あらゆる国の白物家電市場で現地化したブランドを確立し，顧客・ユーザーとの Win-Win 関係（共益関係）の実現を目指しました。第 5 段階（2012〜2019 年）ネットワーキング戦略期には，共創のエコシステム構築がうたわれ，メイカーズ（創客）との連携に重点が置かれています。

（出所）　海爾集団ホームページ（中国語版）「関於海爾──集団戦略──」（http://www.haier. net/cn/about_haier/strategy/　2017 年 2 月 28 日閲覧）。

推薦図書

丸川知雄（2013）『現代中国経済』有斐閣。
　紙幅の関係上，第 3 章では大型国有企業の構造，外資系企業の状況，産業・技術に関する視点を割愛した。この本では，中国の歩みを 1840 年から 2030 年まで射程に入れて概観し，現在の中国企業を取り巻く環境を念頭に置きつつ，中国経済の現状と展望を体系的に学ぶことができる。

86

金山権（2008）『中国企業統治論——集中的所有との関連を中心に——』学文社。

　国有企業から株式制企業への転換をめぐって，国有資産監督管理委員会の役割や中国上場企業の統治システムの現実がどのように体系的に捉えられ，社会主義市場経済の本質がどのように理解されるのか，という読者の疑問に応える良書である。

唐木圀和（2007）『中国経済近代化と体制改革』慶應義塾大学出版会。

　中国ビジネスを立体的に捉えるには，改革・開放政策の歴史的展開をめぐり，中国の近代化政策との関連でこれを押さえておくことが有益である。この本で学ぶことで，第3章で語り尽くせなかった「独自の道」の背景を深めることができるだろう。

（設　問）

1．中国における1980年代後半から90年代前半までの企業家と現在の企業家を比較すると，どのような共通点と相違点が見出されるでしょうか。また，これからの中国の企業家にはどのような資質が期待されるでしょうか。社会変化に留意しながら考えてみましょう。

2．本章で紹介していない中国企業にどのようなものがあり，どのような展開をしているでしょうか。調べてみましょう。例：聯想集団（レノボ），中国移動（チャイナ・モバイル），小米科技（シャオミ），比亜迪（BYD），美的集団，蘇寧雲商集団，娃哈哈（ワハハ）など。

（髙久保　豊）

第4章	タイ：「足るを知る経済」と日系企業の役割

　タイの経済は，巨大な資本を持つタイ財閥と外資とが両輪となって牽引しています。2006年以降，政治的混乱が続く一方で，経済は順調に成長し続けています。タイは「足るを知る経済」を国家運営の基礎としていますが，その下での経営とはどのようなものでしょうか。外資の中でも特に日系企業の存在は大きなものです。在タイ日系企業がタイ社会に対して果たすべき役割についても考えてみましょう。

1　タイ王国とその発展

1 交易による繁栄

　タイ族は中国南部から漢民族の居住域拡大にともない圧迫され，6～7世紀頃から徐々に南下し，現在の地域に至ったとされている。タイ族最初の統一王朝とされているのがスコータイ王朝(1240年頃～1438年)であり，つづいてスコータイを併合し，勢力を拡大したのが**アユタヤ王朝 (1351～1767年)** である。港市国家アユタヤは，中国，日本，ペルシャ，西欧とも交易を行い大いに繁栄した。アユタヤには，中国人，ポルトガル人，マレー人，マッカサル人，コーシチナ人，日本人の居住区があり，20もの異なる言語を耳にすることができたという。さらに，アユタヤの官僚制度は実力次第で，外来人にも開かれていた。日本人傭兵隊長をつとめ南部ナコーンシータマラート知事となった山田長政や，外務卿となったペルシャ人のシェイク・アフマド・コーミーなどは有名である。

　外国人のうち，最大勢力は華人で，17世紀後半には1万人を超えていた。華

アユタヤ王朝 (1351～1767年)：現在の首都バンコクから北に約80キロ，タイ中部のアユタヤを中心に栄えた。アユタヤは，チャオプラヤー川とその支流に囲まれていて水運に適しており，17世紀はじめ頃からヨーロッパと東アジアを結ぶ国際貿易都市として繁栄した。都市計画や中央集権制度，国際貿易振興といった近代国家の基盤は，その後のトンブリー王朝 (1767～1782年)，チャックリー王朝 (ラタナコーシン朝，1782年～現在) へと受け継がれた。

第4章　タイ：「足るを知る経済」と日系企業の役割

人は，中国との貿易の仲介をつとめ，倉庫業者，運搬業者，船主として力を増していき，交易や外交を行う官僚として活躍する者も現れた。18世紀に入り，中国清朝がタイからの米輸入を奨励すると，中間業者としての華人の重要性は大きくなり，米の買い付け，保管，精米，輸送などを行うほか，農民への資材と資金の貸付なども行うようになっていった。中国からの移民や出稼ぎ労働者の流入はその後も続き，1920年代には人口に占める華人の割合は1割近くなった。中国から身一つで来た華人は，持ち前の商人気質，起業家気質から，同郷や親族から資金を得て小さな商いを始めるか，あるいは，身につけた技術を活かして工場を営んだ。やがて，彼らは，タイ社会における中心的なビジネス主体へと成長し，その中から後述する「タイ財閥」が誕生する。

　その間，タイ族はもっぱら稲作に専念していた。ちょうど士農工商の「士」，「農」（米づくりと仏教への帰依）をタイ族が行い，「商」を華人が担い，やがて「工」を起こしたとイメージすれば理解しやすいだろう。このように，タイは自国内に多様性を抱えつつ，他国に大きく懐を開き，ヒト・モノ・カネを受け入れることで発展してきたのである。

［2］タイの外資政策

　この「他国に大きく懐を開き，王国の富を増大させる」という姿勢は，現代においても変わらない。1954年「産業奨励法」を制定以来，工業化を進める中でも，外資を積極的に受け入れ，その力を国家発展の牽引車として利用してきている。外資政策は経済，産業政策の重要な柱であり，1970年代前半にナショナリズムが高揚した一時期を除けば，基本的にはBOI（Board of Investment：投資委員会）を中心に，外資の積極的な導入を図っている。

　タイは，1993年に世界銀行が「東アジアの奇跡」と評した国の一つである。1960年から1980年前半まで，成長率は平均して7％，工業化の進んだ1980年代後半から1996年までは平均9％の成長を遂げた。1997年のアジア金融危機

BOI（Board of Investment：投資委員会）：「投資奨励法」（1977年）に基づき，首相を議長として設置される。タイ経済の発展に寄与する国内外からの投資を促進し，環境を整備するため，投資案件について，財政的，非財政的の両面から，さまざまな特典や保護を与える権限を持つ。

89

第Ⅰ部　国・地域別編

後，経済危機に瀕し，1998年の成長率はマイナス10.5％となったが，その後回復し2012年には再び7％台となり，2016年は3.2％となっている（NESDB，国家経済社会開発委員会データによる）。

　タイは世界有数の米どころであり，飢えを知らない豊かな国である。タイ最古のタイ語史料とされている，ラーンカムヘン王碑文（1292年）には「水に魚あり，田に稲あり」の言葉が刻まれている。肥沃な大地と豊富な水によって，コメだけではなくさまざまな農水産物を生産することができ，食料を自給，輸出できるということがタイの地力であり，国家安定の基となっている。このことは，「東アジアの奇跡」の舞台となった他のアジアNIEs（韓国，台湾，香港，シンガポール）とタイとの間に成長過程の違いをもたらしている。

　例えば，韓国や台湾では，繊維製品や電子部品など労働集約的な工業製品の輸出を軸とする工業化政策が成長の要因であった。そして，第1次産業の就業人口は減少し，第2次産業（工業，製造業）へシフトしている。だが，タイでは，1960年代の主要な輸出品は，コメ，天然ゴム，トウモロコシ，砂糖キビ，錫などであり，1970年代には，コメ，天然ゴム，タピオカ，ジュート，1970年代後半からは，それらに加えて，パイン缶，ツナ缶，ブロイラー，冷凍エビなど農水産加工品が輸出を伸ばしていく。コメの精米，輸出はもちろんのこと，さまざまな農水産品の生産，加工，輸出は，タイ地元資本によって行われており，やがて，アグロビジネス・グループと呼ばれる資本家層を生みだした。そして，コメを中心とした農業，第1次産業が国際競争力のある輸出産業を生み，そこで得られた外貨が，輸入代替産業に必要な原料，燃料，機械の輸入を可能にし，それら産業の成長と国内市場の拡大をもたらしたのである（井上隆一郎［1991］『タイ　産業立国へのダイナミズム』筑摩書房，末廣昭［1993］『タイ　開発と民主主義』岩波新書）。

　また，タイには，さまざまな投資優遇策がある一方で，外資規制も存在する。外国人事業法で規制された業種（FBA：Foreign Business Act）（**表4-1**）があり，農業，漁業，メディアといった国の根幹に関わる9業種は「特別な理由から外国人の営業を禁止する事業」として外資は参入できない。次に「国家安全保障または文化，伝統，地場工芸，天然資源・環境に影響を及ぼす業種」とされる13業種には，商務大臣の許可が得られれば参入可能としているが，実際には外

第4章　タイ：「足るを知る経済」と日系企業の役割

表4-1　外国人事業法における制限事業一覧

【第1表（9業種）】
農林水産業など外国企業の参入が禁止されている業種
　(1)新聞発行・ラジオ・テレビ放送事業，(2)農業・果樹園，(3)畜産，(4)林業・木材加工（天然），(5)漁業（タイ海域・経済水域内），(6)薬草抽出，(7)骨董品（売買・競売），(8)仏像および僧鉢の製造・鋳造，(9)土地取引

【第2表（13業種）】
国家安全保障または文化，伝統，地場工芸，天然資源・環境に影響を及ぼす業種（ただし，内閣の承認により商業大臣が許可した場合は可能）
　・安全保障：(1)製造・販売・補修（銃・銃弾・火薬・爆発物およびそれらの部品，武器および戦闘用船・飛行機・車両，すべての戦争用備品・部品），(2)国内陸上・海上・航空運輸および国内航空事業
　・文化・工芸の保護：(3)骨董品・民芸品販売，(4)木彫品製造，(5)養蚕・絹糸・絹織布・絹織物捺染，(6)タイ楽器製造，(7)金銀製品・ニエロ細工・黒金象眼・漆器製造，(8)タイ文化・美術に属する食器製造
　・環境・資源の保護：(9)サトウキビからの精糖，(10)塩田・塩土での製塩，(11)岩塩からの製塩，(12)爆破・砕石を含む鉱業，(13)家具および調度品の木材加工

【第3表（21業種）】
外国人に対して競争力が不十分な業種（ただし，外国人事業委員会の承認により局長が許可した場合は可能）
　(1)精米・製粉，(2)漁業（養殖），(3)植林，(4)ベニア板・チップボード・ハードボード製造，(5)石灰製造，(6)会計サービス，(7)法律サービス，(8)建設設計サービス，(9)エンジニアリングサービス，(10)建設業（ただし，外国人投資が5億バーツ以上で特殊な技能を要する建設［インフラ，通信等］，その他の省令で規定された建設を除く），(11)代理・仲介業（ただし，証券・農産物の先物取引，金融商品売買に関するサービス，同一グループ内の生産に必要な財取引，外国人資本1億バーツ以上の国際貿易仲介，その他省令で規定された代理・仲介業を除く），(12)競売（骨董品・美術品以外の国際間競売，その他省令で定める競売），(13)国内農産物の国内取引，(14)資本金1億バーツ未満または1店舗当たり資本金2000万バーツ未満の小売業，(15)1店舗当たり最低資本金1億バーツ未満の卸売業，(16)広告業，(17)ホテル業（ただし，マネージメントを除く），(18)観光業，(19)飲食物販売，(20)植物の繁殖・品種改良，(21)その他サービス業（省令で定めるものを除く）

（出所）　JETRO バンコクセンター（2003）『ビジネスガイド　タイ』132頁を一部筆者修正。

資が許可された例はない。そして，「外国人に対して競争力が不十分な業種」の21業種には，精米・製粉，漁業（養殖），建設業，広告業，ホテル業などが含まれている。これらに該当する事業を行う場合には，タイ企業との合弁が必要であり，出資比率はタイ資本が51％以上，外資側49％以下となる。そして，タイ側のパートナーとして，最も力を持っているのが「タイ財閥」と呼ばれる華人系資本を中心とした企業グループである。タイの成長は，外資や多国籍企業の進出によってのみもたらされたものではなく，外資と国内資本とが両輪となってこれを支えてきたのである。

91

第Ⅰ部　国・地域別編

③ タイ社会の多様な存在

タイの社会を称して「ベニア板」，「ミルフィーユ」と表現されることがある。これは，タイ社会が人，宗教，文化いずれにおいても多様性を内包しており，なおかつ，多様なそれらが個別に存在しているのではなく，境目が分からないほどピッタリと折り重なって重層構造をなしていることを表したものである。一口に「タイ人」といっても，その存在は一様ではない。ここでは，タイ社会を構成する多様な存在について見てみよう。

①華人・華僑

タイの華人の多くは，福建省，広東省出身であり，更にその中で潮州，客家，福建，広東などのグループにわかれている。タイはスコータイ朝の昔から絶え間なく華人を受け入れて，タイ社会に同化させてきた。タイ人と華人との混血は進んでおり，これを区別することは難しい。1930年代のシャムでは，バンコクの人口の半分は中国系で，商業，流通業，サービス業の圧倒的部分を占めていたという。現在でも，しばしば名刺にタイ語と漢字での名前を併記しているビジネスマンに出会うことがある。また，1月のニューイヤー，2月の春節，4月のタイ旧正月と3回の正月を祝うといった話はよく聞かれる。

華人・華僑の同郷意識，協力関係はいまだに強く，同郷会館や工商会，互助間や慈善団体などいくつもの華人組織が存在している。そうした組織が，ビジネス上のネットワーク形成の場になっている。更に，タイ国内の華人組織は，中国，台湾，シンガポール，マレーシア，カナダなど他国・地域の華人組織と繋がり，大きな国際ネットワークを構築している。

②伝統的支配者層

現在のタイは，社会制度としての階層性は存在していない。しかし，タイ社会の中にはいまだに厳然と階層の別は存在している。中でも，最上級にあるのは，旧王族，貴族，官吏などの子孫で，かつての欽賜命（王から下賜された官位と名前）を姓とするような階層である。王族と近い関係にあり，タイ王室を守る外郭層であるといえる。現在の職業は，高級官僚，軍幹部，学者などであり，広大な領地を所有している場合が多い。スーパーエリートとして，海外留学経験を持つなど西洋教育を十分に受けていると同時に，タイ文化の継承者として王室用語などを使いこなせる教養を持っている。タイ国をリードする（政治を

指導する）存在でありながら，自ら議員として立候補したり，政党に関わったりすることはない。たとえ，どれほど大金持ちになったとしても，軍人として出世しても，はじめからこの階層出身でなければ，決して加われない階層である。外資も，許認可や用地買収などビジネスの重要な局面で，時にこれらの人々の影響力を必要とする。

③都市中間層（チョンチャンクラーン）

タイの経済発展とともに生まれた階層である。都市に住み，高学歴，高収入であり，自家用車，携帯電話，パソコン，キャッシュカードなどを持っている。医師，弁護士，コンピュータエンジニアなどの専門職，公務員や教師，いわゆるビジネスマンやホワイトカラーと呼ばれる職業についている。就業人口の3割程度であるが，現在の世論形成の中心であり，社会的プレゼンスは増す一方である。2006年以降のタイ政局の混迷は，広がり続ける格差問題に起因しているが，これは②伝統的支配者層との間のものではなく，経済成長の恩恵を十分に受けたバンコクを中心とする③都市中間層と，貧困層（主に地方農民）との格差である。一般的に，中間層はリベラルで改革的なものであるが，タイでは都市中間層は保守的であり，農村部の問題，貧困問題などにあまり関心を払わない。むしろ，税金もろくに納めていない連中の意見など聞き入れる必要はないと考えており，2014年軍事クーデターによる**赤シャツ派**の一掃を歓迎している。民政復帰や，格差是正のためには，この都市中間層の意識改革が必要なのだが，時間がかかるものと思われる。

④外国人労働者

タイ人が「ケーク」と呼ぶ，インド系，マレー系，アラブ系の人々がいる。これらの人々は，いわゆる西欧人（ガイジン）「ファラン」とは区別されている。古くはアユタヤ時代からタイに存在しているが，華人ほどタイ人との混血は進んでいない。そして，現在でもインド，ネパール，中東各国から流入は続いて

赤シャツ派：2006年軍事クーデターによって失脚したタクシン元首相を支持するグループ。反独裁民主戦線（United Front of Democracy Against Dictatorship：UDD）を中心とする。北部，東北部を地盤としており，農民や低所得者の支持者が多い。シンボルカラーの赤色の服を着てデモや占拠を行う。2014年軍事クーデターによって一掃，弾圧されている。対立する反タクシン派のグループは，黄シャツ派とも呼ばれる。

第Ⅰ部　国・地域別編

おり，主に，輸入業者，食料品関係や繊維・衣料品関係の商売をしている（綾部恒雄・林行夫編［2003］『タイを知るための60章』明石書店）。

　ミャンマー，カンボジア，ラオス，中国など近隣諸国からの出稼ぎ労働者の数も多く，現在200万人とも300万人ともいわれる。その多くは，不法労働者である。タイ政府は不法労働者の摘発および，不法労働者を使用した者への罰則を強化しているが，その一方で，安い賃金で使い捨てにできる，彼ら外国人単純労働者がタイ経済発展の下支えをしていることも事実である。多くは，建設現場，漁業，農業，観光サービス業に従事し，女子の場合は，飲食業や風俗産業などの底辺を担っている。

2　タイ財閥の特徴

① ファミリービジネス

　タイ地元資本の中で大きなプレゼンスを占めているのが，特定の企業家や，その一族によって支配されている，いわゆる「財閥」と呼ばれている企業グループ群である。外資系企業がタイ資本と合弁する際に，そのパートナーとなるのは多くの場合，財閥グループに属する企業である。その最大の特徴は，特定の一族による封鎖的な所有・支配関係を維持していることにある。所有については，オーナー一族が中核となる企業，ないしは，中核持株会社を保有して，多数の傘下企業の株式を持つことでグループを形成する場合が多い。経営に関してもまた，創業者，その兄弟，子供たち，娘婿などが主要ポストにつき，支配力を行使している。すなわち，所有と経営の双方を特定の家族が支配する「ファミリービジネス」なのである。タイ財閥に関する研究においては，末廣昭[*]による研究が有名であり，データ量においても比類無きものになっている。この節では末廣の分析を中心に，タイ財閥の特徴を見てみよう。

[*]　末廣昭・南原真（1991）『タイの財閥——ファミリービジネスと経営改革——』同文舘出版，末廣昭，2006，『ファミリービジネス論——後発工業化の担い手——』名古屋大学出版会。

　1997年の外国企業，多国籍企業を除く，タイの主要な220の企業グループを

所有主別に分類すると，政府系企業グループ5，王室財産管理局を含むタイ系が6，インド系が3，定住欧米系が3，そして，残りの200グループが華人系であったという。

末廣によれば，まず1910〜1930年代にかけて，精米や米輸出の分野を中心に，海運や保険業にも進出し成長していった「コメ財閥」が現れる。続く1940〜50年にかけては，当時の政府が民間資本参入を奨励した銀行，保険分野で成功を収めた「金融グループ」が力を持った。1960〜1970年代にかけては，工業化政策が本格化し，それにともなって，繊維，家電，自動車組み立てなどの輸入代替産業に参入した「製造業グループ」や，冷凍ブロイラー，養殖エビ，タピオカなどの輸出に従事する「アグロビジネス・グループ」が形成された。1980年代になると，バンコクや地方都市で建設ラッシュが起き，住宅投資も盛んになった。不動産，分譲住宅で蓄財したものが「不動産グループ」となっていった。1990年代には，**タクシングループ**が携帯電話・移動通信サービス事業で大躍進し，2人の首相をファミリーから輩出するに至った。

これまでの，ファミリービジネスのイメージは，①閉鎖的で，一族の資産を増やすことに終始する，②リスクを取らず短期的利益を優先する，③権力と癒着している，などであった。また，④投資資金の調達に限界がくるのではないか，⑤限られた人材の中で登用を行えば，人材の劣化や，知識・技能の不足が起こるのではないか，という問題が指摘されていた。しかし，④と⑤について実際は，同族だけではなく，同郷集団などの華人ネットワークを利用することで，幅広く資本を調達しているし，人材に関しても，創業者の子供たちは，エリート教育をうけ，海外留学，同郷企業への武者修行などを盛んに行っており，若くしてグループ傘下企業のトップに立つことで経験を積んでいる。必ずしも，長男が事業を継承すると決まっているわけではなく，次男，三男，娘，娘婿，

タクシングループ：1860年代に中国広東省からタイ北部のチェンマイに移住してきたシナワトラ家は，養蚕や建設事業で財をなした。後に第31代首相となったタクシン・シナワトラ（丘達新）は，コンピュータのリース事業や携帯電話の販売事業を行い，時流にのって大富豪となった（一時は，イングランド・プレミアリーグのマンチェスター・シティFCを所有）。その妹インラック・シナワトラ（丘英楽）は2011年にタイ初の女性首相（第36代）となった。現在も不動産業，放送事業などを行っている。

第Ⅰ部　国・地域別編

姪，甥なども優秀であればグループ企業を継承する可能性がある。また，最近では，家族外からの経営テクノクラート（職業的専門経営者）登用も盛んに行われている。②に関しては，タイ財閥は外資との合弁事業などを通じ，多角化している。通信事業，バイオ関連事業，環境関連事業などの成長分野へは，中核事業と非関連分野であってもリスクを恐れずにチャレンジしている（井上隆一郎［1994］『アジアの財閥と企業〈新判〉』日本経済新聞社）。

　①と③に関しては，グローバル投資活動，多国籍企業化，外資との合弁，株式公開といった流れの中で，情報公開や法令遵守などにも無関心ではいられない。いわゆるグローバル・ルールも浸透してきており，透明性の高い経営へと移行する試みが続けられている。末廣が強調するように，ファミリービジネスは，所有と経営の排他的支配によって，既存事業の中で安住しているのではなく，変化する経営環境へ対応しようと自ら改革を繰り返し，「進化」を続けているのである。であるからこそ，グローバル化の大波の中にあっても，脈々と受け継がれてきた企業グループを沈没させることなく，更に前進させていくことができているのだろう。

［2］タイ財閥：企業例

①華僑系財閥 CP グループ

　CP（チャルーンポーカパン）グループは，アグロビジネスを中核とするタイ最大級の複合企業グループである。1929 年，潮州系華僑である謝易初，謝小飛兄弟によって「正大荘行」が興された。香港から野菜の種子，飼料，殺虫剤などを輸入し，タイからは卵を輸出する商社であった。謝易初には 4 人の息子（正民，大民，中民，国民）がいるのだが，1953 年に長男の正民と，謝小飛の娘婿プラサートが共同で飼料輸入を開始し，社名をチャルーンポーカパンとした。その後，飼料の製造，養鶏，ブロイラー事業に進出し，1970 年代には，種鳥生産→孵化→肥育→解体→冷凍加工→輸出までの垂直統合を行った。同じ方式で，エビ，豚，アヒルなどにも事業を拡大する。1983 年に謝易初が死去すると，4 男謝国民が中心となり，グループの構造改革を行った。事業本部制を導入し，飼料，養鶏，養豚，穀物，解体処理，商事・貿易の 6 事業部に経営テクノクラートを登用，ただし，グループ全体の戦略決定は「グループ役員会」が行うこと

96

とした。このグループ役員会は，謝易初の息子4人全員と，謝小飛の娘婿プラサートが入っている。

　現在，中核となるアグロインダストリーのほかに，種子肥料ビジネス，石油，石油化学，不動産，オートバイ・工業製品，流通，通信などに多角化している。外資との提携も盛んで，日系企業とは，明治乳業（CP明治）やセブン-イレブン（CPオール）と提携している。2014年には伊藤忠と対等提携してASEAN市場に進出している。また，中国への積極的な投資を行っており，正大集団（チアタイ）として知られている（井上隆一郎［1994］，末廣昭［1991］）。

②華僑系財閥セントラルグループ

　タイの小売業で圧倒的プレゼンスを誇るのがセントラルグループであり，多くの日系企業と提携している。バンコクには，ファミリーマート，大戸屋，ミスタードーナツ，シュークリームのビアードパパ，ミスタードーナツなど，日本でおなじみのチェーンが展開されているが，これらはセントラルグループによって展開されている。1927年中国海南島からタイに移住したジラティワット家は，初代ティアン（鄭汝常）が行商から身を起こし，小さな商店を，やがて高級舶来品を扱う販売店「セントラルトレーディング」（中央貿易広司）にまで育てた。息子のサムリット（鄭有華）は，1957年にタイ初の総合デパート「セントラルデパート」（中央洋行）をオープンし大成功した。その後，富裕層向けの「セントラル」，中間層向けの「ロビンソン」，スーパー「TOPS」，ドラッグストア「ワトソンズ」など小売業を拡大した。

　セントラルグループは，多角化したグループを小売り，ホテル，不動産，貿易，食品の5部門にわけている。ティアンには3人の妻との間に26人の子供がいるが，このうち長男サムリットを筆頭とした5人の子供が「5頭の虎」と呼ばれ，ティアンの死後に巨大なセントラルグループを差配している（ネーションパブリッシング編［2005］『タイの華人財閥57家』NNA）。

③政府系財閥サイアム・セメント・グループ

　1913年に当時の国王ラーマ6世の命により設立された。創業100年を超えるタイ最古のメーカーで，王室財産管理局が筆頭株主となっている。企業のシンボルは，王室にゆかりの「象」である。セメント製造業に始まり，建設関連資材の企業へと発展。やがて，製紙・パルプ事業，石油化学事業，機械製造事

業などへと多角化している。現在は，5事業，関連100社を擁し，総従業員数は2万4000人を超える。中核のサイアム・セメントは売上高1兆7649億円，営業利益1384億円の巨大企業である。日系企業とも関連が深く，トヨタのタイ側のパートナーであるトヨタモーター・タイランド，農機製造ではクボタとの合弁によるサイアム・クボタ・コーポレーン，凸版印刷とはサイアム・トッパン・パッケージング，積水化学との合弁企業セキスイ・SCG・インダストリーなどがあり，どれも業界最大手企業となっている。2016年，サイアム・セメント・グループとヤマトグループがタイ国内で宅急便サービスを提供する合弁会社の設立に合意し，東南アジアで3カ国目の小口配送ネットワークの構築へ向けて動きだした。さらに，インドネシアのセメント会社への出資，ベトナムでの石油化学合弁会社の設立，ビルマのダウェイのコンビナート開発などASEAN諸国への投資も積極的に行っている。

3 「足るを知る経済」の下での経営

1 足るを知る経済とは

「足るを知る経済」とは，前国王ラーマ9世が提唱した「セタキットポーピアン」の意訳である。日本語では「充足経済」，「知足経済」と訳されることもあり，英語では，"Sufficiency Economy" と訳されている。1997年12月5日の国王誕生日に当たって，慶祝に集まった国民を前に国王が話された言葉である。この1997年は，バーツ暴落によるアジア金融危機に見舞われた困難な年であった。ラーマ9世（プーミポン・アドゥンヤデート前国王）は，打ちひしがれた国民を励ますとともに，過度な市場経済への依存を戒め，身の丈にあった投資の重要

セタキットポーピアン：セタキット（Setthakit）＝経済，ポーピアン（Phoophiang）＝ほどほどである，これ以上はいらない，Just enough の意味。

ラーマ9世（プーミポン・アドゥンヤデート前国王）：1927年12月5日生まれ，1946年6月9日に即位。近代化と国民生活の向上に尽くし，今日のタイの発展をもたらしたとして，国民から絶大な尊敬を集めているとともに，「慈悲深い国民の父」として敬愛された。戦後，タイが度重なるクーデターに見舞われても，社会的安定を保っていたのは，この王の求心力ゆえである。2016年10月13日崩御，息子であるワチラロンコン皇太子が，ラーマ10世として即位した。

性，自給自足的な生活の再評価などを説かれた。翌年の講話では，「国が何を行うにしても，過不足なく行うことを基本とすれば，つまり，欲心を抑え，必要なことだけを必要なだけ正直に行えば，国民は平安に暮らすことが可能です」と述べられている。そこには，仏教における「中庸」の教えが強く反映されている。すなわち，1990年代につづいた経済発展の下，バブルにおどり，物欲のまま消費し，投機に走ったことへの戒めであり，身の丈にあった生活を重視するものであった。国王はタイの経済復興を願い，この考えにしたがってタイ社会が持続可能な発展と柔軟性のある社会となるように強調されている。「足るを知る経済」の国王講話は，経済だけを問題にしているのではなく，国のあり方，倫理を説いており，哲学的な意味合いが強いものであった（盤谷日本人商工会議所編［2003］『タイ国概況　2002／2003』122-123頁）。

　その後，国王講話をうけて，官庁，政界，実業界，研究者などが「足るを知る経済」について議論し，さまざまな解釈が行われ，現実の運営に取り入れようとした。それらの過程で「足るを知る経済」の形が次第に明らかになっていったのである。つまり，「足るを知る経済」とは，国王講話をきっかけとして，タイ社会が自ら考え，その中から生み出された「目指すべき社会像」であるといってよいだろう。

　タイの国家開発における最も重要な指針が「国家経済社会開発計画」である。計画期間は5年であるが，その内容は10〜15年先を見据えており，経済，社会全般に関わる基本的な考え方や国家発展の方向性が示される。第8次計画（1997〜2001年）は，それまでの経済成長を重視する路線から「人間を中心とした開発」を目指し，国民の幸福感の向上や，生活の質の向上といった目標へと舵をきったターニングポイントであった。第9次計画（2002〜2006年）では「足るを知る経済」の哲学を国家運営の基礎として定め，以後，第11次計画（2012〜2016年）においても基本理念は踏襲されている。

　国家経済社会開発計画：1961年から，首相府に属する国家経済開発局（National Economic and Social Development Board：NESDB）によって発表されている5カ年ごとの国家の中期的な開発計画。国家や経済，産業の方向性を示すものであり，民間部門もこれに従う。

第Ⅰ部　国・地域別編

②「足るを知る経済」に基づくビジネス

　タイ経営者研究所（Thai Institute of Directors）が2006年に，約400社を対象として行った調査では，タイ人経営者の85％が「足るを知る経済」に基づく経営手法を支持しているという。そして，市場志向的なアメリカ資本主義と「足るを知る経済」に基づくビジネスの決定的な違いを，短期的利益を求めないことにあるとしている（Sooksan Kantabutra [2006] "Development of the Sufficiency Economy Philosophy in the Thai Business Sector : Evidence, Future, Research & Policy Implications" タイ政府開設の「足るを知る経済」普及サイト［http://www.sufficiencyeconomy.org　2008年6月1日閲覧］に掲載，恒石隆雄 [2007]「セタキット・ポーピィアン充足経済」日本貿易振興機構アジア経済研究所海外研究員レポートに詳しい）。

　筆者は2010年にタイ国内主要企業（タイ証券取引所上場）50社にアンケートを実施，27社より回答を得たが，それによれば，「足るを知る経済」に基づくビジネスとは，①短期的利益を求めないこと，②関連しない分野への投資をひかえること，③信頼されること，④雇用確保を重視すること，⑤従業員の幸せを作り出すこと，⑥従業員の平安（安定）を生み出すこと，などがあげられている。

　「足るを知る経済」の下での企業経営について考える時，一つの疑問がうまれる。それは，「足るを知る」ということは，発展を阻害するのではないかということである。つまり，「足るを知る」とは，現状への満足を意味するもので，新たな創造を停止させ，成長と発展を旨とする企業経営を否定するものではないのかという疑念である。

　タイ人経営者ももちろん，売上増加やシェア獲得などを企業目標として定め，更なる利益拡大を望んでいる。そして，そのことが，企業に成長をもたらすものであると考えている。だが，タイ人経営者の考える「発展」は，そこに止まらず，もっと多様である。例えば，「発展」には以下のような内容が含まれている（THANSETTAKIT [2010] *30 CEO's Vision*, Thansettakit, Bangkok Thai）。

　①「発展」とは，経営者と社員が人的に成長すること

　仕事を通じて社員が人間的に「成長」することは，企業の発展を意味する。例えば，（仕事を通じて）十分な知識を身につけること，プロフェッショナルになること，満ち足りた人生をおくること，誠実さを学ぶこと，修養し良い人間になること，などが目標にあげられている。

外食チェーン大手S&P社では，全ての社員が1年間に7日間仏法講習と瞑想の研修をうけている。また，タイ生命保険の掲げるライフプランナー育成目標には，①善行，②思いやり，③善行を信じること，④希望を持つこと，⑤積極性，⑥十分な知識，⑦プロフェッショナルがあげられている。はたして，日本では①〜④のような内容が，保険会社の人材育成の中に取り入れられているだろうか。

②「発展」とは富を分け与えることができること

所有は，分配することによって初めて意味をなす。多くを持っていても，それを分け与えないのなら，誰も「多くを持っていること」を認めない。タイでは「喜捨」（タンブン）や「功徳」が社会に浸透している。世の中に正当な存在として認められ，信頼され続けるためには，相応の功徳を積む必要がある。タイの主要企業50社（タイ証券取引所上場）のうち44社が行っている「まごころおすそわけ」活動は，まさに，分け与えることによる社会貢献活動である。より多くを分け与えることができるようになることが，すなわち，企業が発展したことを意味する。以下，二人の経営者の言葉を紹介したい。

「タイ人のために，タイ人の傍にいる企業という認識を持っています。これまでもずっと社会奉仕活動に力を入れてきました。私たちは営利を追求するのではなく，適切な収益をいただくのです。そして，収益は必ず社会にお返しいたします」。──タイ生命保険，チャイ・チャイワン取締役

「私たちが得たものを，みなさんとシェアする時に喜びがあります。もっと多くのものをシェアできるように，もっと大きな喜びがあるようにビジネスを上手くやっていきたいですね」。──Siam Qualty Industries Co.,Ltd，ベンジャマ・ソンブーン社長

③「発展」とは国の発展に貢献できること

「ステイクホルダー」や「社会」ではなく，明確に「国」の発展に寄与することが目標に掲げられている。国とは，「タイ」という国体を意味する。タイ国旗の3色が，青＝国王，白＝仏教，赤＝民族を示すように，国体は王を中心に仏法と国民の結合体として存在している。すなわち，国の発展に貢献することは，王への忠誠，仏への敬い，国民への奉仕，タイ人の名声を国際的に高めるといった多様な内容を含んでいるのだ。

第Ⅰ部　国・地域別編

　タイ石油公社の掲げる6つの社会貢献をあげると，①児童，青少年を良い人間，能力のある人間にすること，②地域を安定させるための発展，③環境保護を行うことでさまざまな生態系を確保する，④健康と生活の充実を念頭に置き環境を保護する，⑤社会のために働くという価値観を社員に持たせること，⑥タイ国の名声を高めるための企業発展，となっている。さらに，二人の経営者は以下のように述べている。

　　「タイ国を新しい世界に導きます。国の発展の一部を担い，国民一人ひとりの生活向上を支援します。私たちは，デパートの発展と同時に，タイ国と国民の発展を常に念頭に置いて活動します」。──セントラルデパート，ユワディー・ジラティワット専務取締役

　　「わが社の将来のビジョンは，タイブランドをグローバルブランドに育て上げることです。世界からタイは認められるようになりたい」。──Thai Preserved Food Factory, プリーチャー・ナパープルックチャート専務取締役

　このように，タイ人経営者の考える「発展」の意味するところは実に広範囲である。「足るを知る」ことと「発展」と，いずれの要諦も「分け与える」ことにある。足るを知ることができれば，多くを分配することができ，つまり，それは企業の発展を意味するである（木村有里［2013］「発展の行方──タイ的経営にみる知足と発展──」『地域文化研究』第14巻）。

③ タイ人の働き方

　タイには終身雇用という概念がなく，雇う側も，雇われる側も，ジョブ・ホッピング（転職）があたりまえと考えている。企業からの退職金や福利厚生も手厚くはない。労働市場の流動性が高いことから，少しでも条件面に不満が生じたり，他社に目移りしたりすれば転職してしまう。「飽きてしまった」とか「通勤が辛くなった」という理由で仕事を辞めてしまうこともある。そのため，日本人からすると，タイ人には愛社精神が無い，仕事へのロイヤリティ（忠誠心）が無いと感じることがあるのだが，そのようなことはない。例えば，2011年の大洪水の際には，多くの日系企業の工場も被害にあったが，なんとか工場を浸水被害から守ろうと夜通し土嚢を積み，水路を掘るタイ人ワーカーたちがいたし，水没した工場の中で何度も何度も泥水に潜り大切な金型を拾う者もいた。

第4章　タイ：「足るを知る経済」と日系企業の役割

操業停止の期間も，自主的に出勤して片付けを行う者もいた。ただ，キャリア形成の仕方が日本人とは異なり，給料アップを求める傾向が強いことは確かである。

　タイ人にとっては，自分と家族が最も大切であり，仕事がそれより優先されることはない。親孝行も文化的，宗教的な理由からとても重要であり，親を病院に連れていくとか，介護をするという理由は，早退・欠勤の十分な理由になる。残業，休日出勤，接待といったことで，家族との大切な時間が侵食されることを何よりも嫌う。

　タイでは女性の社会進出が進んでいる。工場のワーカーにも女性が多く，街中ではバスの運転手や，警察官などにも女性の姿をよく見かける。全管理職中の女性管理職の割合は 36％（日本は 7％），女性管理職のいる企業における女性 CEO の割合は 49％で世界トップである*。

　＊　国際会計事務所・Grant Thornton の 2013 年調査による。

　女性の社会進出が可能なのは，家事や子育て，介護などを夫婦が協力して行っていることも理由だろう。タイでは女性が，結婚・妊娠・出産を理由に仕事を辞めることはほとんどない。婚姻届を出さない事実婚も多い。むしろ夫婦であるかどうか，男か女かという性差も超えて，家族（タイ語ではクロープクルア，食事をともにする者の意味）全員が協力して，家事，育児を行っているのだ。現在，都市部では核家族化が進んでいるが，それでも，親兄弟が近所に住んで，自由に家に出入りするようなことが多い。更に，寛容であることを良しとするタイ社会では，子供を連れて出勤しても誰も文句は言わない。誰か手の空いている者が，ちょっと面倒を見ればすむことであるし，ほんの一時期のことだからである。また，ゲイやレズビアンといった LGBD の人たちも，隠すこともなく普通に働いている。制服も，トイレも，それぞれが好きなように使えばいいし，そのようなことは仕事をする上ではなんら支障にならない。航空会社では名札に男でも女でもない「サード・セックス」（第3の性）と表示する客室乗務員がいる。むしろ，学歴，出身階層，出身地といったことが社員間に垣根を作る要因になりやすい。

103

第Ⅰ部　国・地域別編

4　在タイ日系企業の役割

［1］ 在タイ日系企業のプレゼンス

　タイは日本にとって重要なパートナー国である。1960 年代以降の半世紀に
わたって日系企業にとって最も魅力的な海外生産拠点であり，日本のモノづく
りはタイに支えられてきたといっても過言ではない。いまやタイは，日系多国
籍企業のグローバル・サプライチェーンの中枢を担っている。加えて，タイは
域内人口 19 億人を擁する ASEAN 自由貿易圏の中心国であり，ASEAN・中国
FTA（AC-FTA）も発行されていることから，販売拠点，輸出拠点としての重要
度も増している。2013 年の国際収支ベースでの日本からタイへの直接投資は
1 兆 132 億円と ASEAN 諸国内で最大であり，中国への投資額（8870 億円）を上
回っている。

　前述のように，タイの経済発展において外資が果たした役割は大きい。その
外資の中でも 1985 年以来，投資金額，投資件数ともに日本は常に投資国 1 位と
なっている（1990 年のみ投資件数 7 件差で台湾が 1 位）。2013 年の国別外国投資構
成を見ると，日本 61 ％，アジア NIES（台湾，香港，韓国）10 ％，ASEAN 諸国 9
％，中国 1 ％，欧州 9 ％，北米 3 ％となっており，依然として日本は最大の投資
国である。

　タイ社会における日系企業のプレゼンスは大きなものがある。2014 年時点
でのタイ進出の日系企業数は 3924 社であり，中小の飲食業やサービス業もあ
わせれば約 7000 社と推定されている（2013 年の日本における外資系企業数が 3189
社であることを考えればいかに多いかが分かるだろう）。

　タイの人口約 6500 万人のうち，労働人口は約 3600 万人，そのうち第 1 次，
第 2 次産業従事者が約 1500 万人，非農業従事者が約 2100 万人である。製造業
従事者の数は約 560 万人であるが，そのうち日系企業が約 100 万人を雇用して
いる。パナソニックグループの 1 万 6000 人，タイ矢崎グループの 1 万 5000 人，
タイ国トヨタ自動車グループの 1 万 2000 人など 1 社で 1 万人以上を雇用して
いる企業もある。1 人の労働者の後ろには，ともに生活する家族 2，3 人がい
る。そのように考えれば，1 社で 3 万人から 4 万人のタイ人の生活を左右する

104

第 4 章　タイ：「足るを知る経済」と日系企業の役割

日系企業もあるのだ*。

*　以上のデータは，バンコク日本人商工会議所編（2015 年）『タイ国経済概況 2014
　／ 2015 年版』による。

　日系企業は，このようなプレゼンスに応じて，タイの社会のさまざまな問題
（格差，環境，エネルギー，HIV，人権など）の解決に向けて一定の役割を果たすべ
きではないだろうか。

［2］事業活動を通じた社会革新

　在タイ日系企業は，これまでも，そのプレゼンスに応じて積極的に社会貢献
に取り組んできた。主に，地元の教育団体や寺院への寄付と，環境分野などで
の技術供与である。日系企業の場合，CSR 活動も日本本社の枠組みの中で実行
されることが多く，したがって，例えば地元の NGO 団体と連携を取り，地元の
ニーズ，人権，女性，HIV といった「技術」では解決しようのない問題に柔軟
に対応するようなことは得意ではないといえる。やはり，本業を通じた社会貢
献，マネジメントを通じた社会革新という方向性を追求することが日系企業に
適しているだろう。

　では，日系企業は，どのよう貢献ができるだろうか。

　第 1 には，長引く政治的混乱が格差に由来するものであることを考えれば，
都市と地方，ブルーカラーとホワイトカラーの格差縮小に対して，雇用機会の
提供や賃金によって貢献することができる。特に，都市と地方の格差に関して
は，バンコク一極集中を是正するために，東北部，南部への企業進出，ないし
は，日本主導のプロジェクトによる工場団地設立などが有効だろう。また，雇
用機会に恵まれないイスラーム教徒や少数民族出身者に対してのポジティブア
クションも，外資系ゆえ差別なく取り組むことができるのではないだろうか。

　第 2 には，社内教育による意識改革である。例えば，タイでは労働災害が非
常に多い。2005 年の労働災害発生件数は報告されているだけでも 21 万件を超
え，死亡ないし重度障害をともなう重大事故も 1400 件を超えている。建設現
場や工場で働く低賃金労働者の命が危険にさらされることを，（本人も含めて）
誰も意に介していない。そのためヘルメットや安全帯，安全靴などの個人保護

105

第Ⅰ部　国・地域別編

具の使用が徹底されていないのが現状である。

　日系企業にとって労働災害は重大事案であって，撲滅に向けて日々取り組みが行われている。そこには，ホワイトカラー，ブルーカラーの区別はない。一歩現場に足を踏み入れれば，「安全第一」，「5S」，「声だし確認よし」といった標語であふれている。ヘルメット，ゴーグル，ゴム手袋，安全靴などの防護具も支給されている。どのような末端の作業者であれ，一人ひとりの作業員の安全は等しく確保されなければならない。バンコク郊外にある家電メーカー，ダイキン工業の工場敷地内には，安全教育専用の施設があり，各種防具の正しい身につけ方，荷台の運び方，簡単な電極の原理などが，まるでこども科学館のように，実物を展示して体験学習できるようになっていた。自分自身を守る術を学習することが，自分と仕事を大切にすることに繋がり，品質向上にも役立つのだという。このような指導は，農村出身で十分な知識のない労働者に対しては特に必要なことである。日系企業に特有の，毎朝の朝礼やラジオ体操も，労働者の心身の健康を確認する上で効果がある。

　また，1985年にODA（政府開発援助）プロジェクトによって設立されたタイ労災リハビリテーションセンターは，日系企業の協力の下，現在も稼働している。医療リハビリテーションや職業リハビリテーションが併設された，労働災害者の職業復帰を目的とする総合的なリハビリ施設になっている。医療格差も格差問題の一つであるが，このように，ブルーカラーもケアするという日系企業の姿勢が，タイ人ホワイトカラー（エリートたち）に対して「等しく人間を大切にする」必要性を伝えることになり，意識改革に繋がることを期待したい。

　第3に，人材育成による人材高度化があげられる。タイでは人材が慢性的に不足しているため日系企業各社はいずれも社内教育に工夫を凝らしており，低位の単純作業担当者から，高位のエンジニアに至るまで各層で人材高度化の取り組みがされている。

　日本式の人材育成は，やはり，OFFJT（研修）と，OJT（現場訓練）の組み合わせの妙による。OJTでは，タイ人社員に挑戦の機会を与え，失敗と修正を繰り返すことが必要になってくる。そのためには，日本人社員とタイ人社員のコミュニケーション，更なる異文化経営を推進することが求められる。タイ人から，日系企業の良さとして評価されている点，すなわち，「職場にコネや特権と

第4章 タイ:「足るを知る経済」と日系企業の役割

▶▶ *Column* ◀◀

タイ人の信仰

タイは仏教国として知られていますが，国教として仏教が定められているわけではありません。しかし，国民の90％以上が仏教を信仰し，国内の寺院の数は3万を超えるといわれています。タイの暦には，仏教を由来に持つ祝祭日が多くありますし，年号も仏暦（釈迦の入滅の年である紀元前543年を基点とする）で書かれることが多く，2017年は仏暦2560年に当たります。

男子ならば一生に一度は出家して，徳（ブン）を積み，その徳を両親に捧げるものとされています。輪廻転生を信じるタイの人々にとっては，現世で徳（ブン）を積み，来世にそなえることがとても大切なのです。そのため，大企業や資産家などはこぞってお寺に寄進をします。早朝にはオレンジ色の袈裟を着た托鉢のお坊さんたちの長い列と，道端でそれを待つ人々の列とが見られます。昔はそれぞれの家で炊いたご飯や，おかず，果物などを供物としてお坊さんの鉢に入れていましたが，最近では缶ジュースやカップ麺，日系コンビニのおにぎりなども重宝されているようです。

また，ピーと呼ばれる「精霊」，「お化け」も広く信じられています。大きな木や，池などに精霊が宿ると考えたり，お化けがときどき人間にイタズラをすると考えたりする点などは，日本と同じですね。タイ人には迷信深い人が多く，占星術による吉祥占いなども盛んに行われ，ちょうど中国ビジネスでの「風水」のように，タイビジネスでも占星術の結果が開店や移転に影響を与えることがあります。日本では，土木工事や建築の前には，神主さんを呼んで地鎮祭を行うことが多いですね。タイでは，事務所や工場を開設する際，お坊さんを呼んで開所式を行います。タイで縁起の良いとされる9の数にちなんで，9人のお坊さんを9時9分に呼んで読経してもらい，供物を捧げます。外資系企業であっても，このようなセレモニーを行うことは，タイ人スタッフと協働する上で欠かせないことです。

いった古い因習がなく，公平，平等である」といった強みを生かして，タイ人社員の定着率を高めることも重要であるだろう。

日系企業は，品質マネジメントのISO9000シリーズや環境マネジメントのISO14000シリーズなど，国際規格の取得にも熱心であるが，これらの取得を目指した学習や実践は，ホワイトカラー，ブルーカラーが一丸となって全社的に取り組まなくてはならない。このような活動を通じて，ホワイトカラー（主に都市中間層）とブルーカラー（主に農村出身者）との分断が緩やかにでも解消されることを期待したい。

更に，2007年，泰日経済技術振興協会（TPA）によって，泰日工業大学（TNI：Thai-Nichi Institute of Technology）が開学したことは，大変に意義深い。開設に当たってはバンコク日本人商工会議所加盟の日系企業が出資している。現在，

107

第Ⅰ部　国・地域別編

工学部，情報学部，経営学部および大学院に，約1300名の学生が学んでいる。在タイ日系企業やJETRO，JICA，AOTS，その他の日系業界団体が協力して，セミナーの実施，日本からの専門家の派遣，研修生の受け入れなどを行っている。そうして，ものづくりを担うことのできる産業人材の育成に貢献している。

　2000年代にはいり，BRICsをはじめとする新興経済諸国が台頭する中で，グローバルな文脈の中での日本そして日系企業のプレゼンスは低下しつつある。このような時こそ，長期的信頼に基づく現地に根をはった関係づくりが重要になってくるだろう。日系企業には，より一層事業を通じてタイ社会に貢献することが求められている。

推薦図書

田中忠治（2008）『タイ社会の全体像——地域学の試み——』日中出版。
　保護−被保護関係，慈悲−恩恵という伝統価値観，王制イデオロギーと仏教など，タイ社会のメカニズムを知る上で欠かせない1冊。
ヘンリー・ホームズ，スチャーダー・タントンタウィー著／末廣昭訳（2000）『タイ人と働く——ヒエラルキー的社会と気配りの世界——』めこん社。
　外国人がタイ人と働く際におきる異文化摩擦を事例から解説。末廣による解説「タイ人の気配りと仕事・企業観」は必読。
綾部真雄編著（2014）『タイを知るための72章　第2版』明石書店。
　タイの政治経済，産業，教育，宗教などの基礎知識を一通り学ぶことができる。食文化やスポーツといった楽しい内容もあり，とても読みやすい。タイを訪れる前に読むとよい。

設　問

1．タイ経営者協会（Thai Institute of Directors：IOD）の英語サイト（http://www.thai-iod.com/en/index.asp）を見てみましょう。セミナーやワークショップのタイトルから，現在どのようなことがタイ人経営者の関心事になっているのか調べてみましょう。
2．在タイ日系企業の社会貢献活動について調べてみましょう。各社の活動だけではなく，例えばバンコク日本人商工会議所の活動などにも注目しましょう。

（木村　有里）

|第5章|ミャンマー：衣類輸出を担う国内企業|

　2011年に軍事政権からの民政移管を果たしたミャンマーでは，高い経済成長が続いています。経済の対外開放と貿易自由化の進展によって，停滞していた製造業への外国直接投資が増加し，衣類を中心とした工業製品の輸出は伸長しています。軍政による閉鎖的経済体制の下で成長してきたミャンマー国内企業は，市場環境の激変によってどのようなチャンスと課題に直面しているのでしょうか。縫製業に着目しつつ考察してみましょう。

1　軍事政権下における民間企業の成長

1　国有企業の盛衰

　1962年から1988年までの「ビルマ式社会主義」時代，政府は近代的工業のほとんどを国有化し，国有企業を担い手とする計画経済を推進していた。最大の産業である農業，漁業，畜産などは，民間部門に担われていたが，供出制度や価格統制など厳しい管理下に置かれていた。また，商工業においても，小零細業は国有化の対象から外されたとはいえ，民間企業は国有企業と競合しない範囲で発展を許されたに過ぎなかった。

　国有企業の業績が比較的良好であった1980年代前半には，GDPに占める国有部門のシェアは4割弱に上っていた。表5-1は，1982年度の部門別のGDP構成比を産業別に示したものである。GDPのおよそ5割弱を占めた農業，漁業，畜産業は（厳しい管理下に置かれながらも）民間部門として担われていたため，国有部門が占める比率はきわめて低かった。また，商工業においても，国有化の対象にならなかった小零細生産者やインフォーマルな経済活動の占める比率が

ビルマ式社会主義：1961年にクーデターにより政権を獲得したネウィン将軍によって1962年に「ビルマ式社会主義計画党」が建党された。民族主義的性格の強いビルマ独自の社会主義に基づき，1988年までビルマ（現ミャンマー）で独裁政権を担った。

109

第Ⅰ部　国・地域別編

表5-1　1982年度の産業別GDPに占める各所有部門の比率

(単位：%)

	国有部門	協同組合	民間部門
農　業	0.3	2.2	97.5
畜産・漁業	2.1	1.5	96.4
林　業	38.8	4.0	57.2
鉱　業	87.6	3.0	9.4
製造業	60.8	3.0	36.2
電　力	99.0	0.1	0.9
建　設	88.3	0.6	11.1
運　輸	37.5	6.2	56.3
通　信	100.0	0.0	0.0
金　融	99.0	1.0	0.0
社会・行政サービス	98.9	1.1	0.0
その他サービス	13.5	3.9	82.6
商　業	45.8	9.4	44.8
全産業	38.6	3.9	57.5

(出所)　国家計画財務省『財政・経済・社会状況報告書』1986年度版（ミャンマー語）より筆者作成。

高かった。一方，通信，電力金融でほぼ100％，建設で88％，製造業で60％を国有部門が占めていた。

　ところが，国有企業の業績は1980年代の半ばから明らかに悪化し，経済停滞を招くに至ったのである。長年の政治的自由の抑圧と経済停滞に対して1988年に沸き起こった大規模な反政府民主化運動は，ビルマ式社会主義体制を崩壊させた。しかし，直後に軍部がクーデターにより民主化運動を武力鎮圧し，全権を掌握した。**軍事政権**は民主化運動を弾圧する一方で，「ビルマ式社会主義」を正式に放棄して対外開放と市場経済化を柱に掲げた経済改革に着手した（西澤信義［2000］『ミャンマー経済改革と開放政策』勁草書房，69-74，78-80頁）。1989年

軍事政権：1988年に蜂起した反政府民主化運動を国軍が武力弾圧して国家法秩序回復評議会（SLORC）を組織し政権を掌握した。1990年には総選挙が実施され，アウンサンスーチー率いる国民民主連盟（NLD）が圧勝したが，政府は民政移管のためには新憲法の制定が必要であるとして政権移譲を行わず，アウンサンスーチーに自宅軟禁措置下に置いた。SLORCは1997年に国家平和開発評議会（SPDC）に改組し，2003年8月に発表した民主化に向けた7段階の「ロードマップ」に則って，憲法草案を作成した。選挙を経ない国会議席など国軍の政治関与を規定した新憲法は2008年5月の国民投票によって承認された。軍事政権は，2011年3月の民政移管まで政権を握った。

第5章　ミャンマー：衣類輸出を担う国内企業

3月には「国有企業法」を制定し，国有企業が専管的権利を持つ12業種を明確に定め（第3条），それ以外への業種への民間企業の参入を自由化し（同第6条），また12業種においても合弁による民間企業の参入を認めた（同第4条）。翌1990年には工業化を担う民間企業の育成をはかる「民間工業企業法」を制定し，1994年には国内民間投資の促進を狙った「国民投資法」を定めた。

　このように民間企業の経済環境が整備されるにともない，民間部門の経済活動は活性化し，国有部門がGDPに占める比率は低下してきた。軍政下における民間企業の成長について分析するには，国有企業の経済活動についても注意を払っておく必要があろう。以下，本項では，市場経済化以降の国有企業について概観しておこう。

　GDPに占める国有部門の割合は，1980年代後半以降減少する傾向が続き，2000年代後半までに1割を下回るまでに低下した。1995年に国有企業の「例外なき民営化」方針が示されたが，その進捗は緩慢で，経営改善もほとんど進まないままに存在し続けている。図5-1は，1985年度から2014年度までの国有工場数とその業種別の内訳を示したものである。国有企業数は，市場経済化後もむしろ増加して，1990年度の616から2002年度に過去最多の978に上った。その後，**民政移管**への準備が進められていた2000年代後半には国有企業の払い下げがなされ，食品加工など軽工業や輸送機器などで顕著に減少し2010年度には639となった。一方，建築資材や工業用原料などではあまり減少しておらず，機材や工作所・造船所などでは横ばい，または増加していることが分かる。

　このように国有企業の民営化が進展せず，国有工場数はむしろ増加していた1990年代にあって，国有工場を含む国有企業は，国全体の財政赤字のおよそ半分を占める赤字を出していた（Tin Win [2001] "Economic reforms and business organization : Property right approach," In Kudo, T. [Ed], *Industrial Development*

民政移管：2010年11月にNLDがボイコットする中で実施された総選挙の結果により，2011年1月に総選挙の結果に基づき国会が召集され，3月にテインセイン大統領が選出されて23年に及んだ軍事政権からの民政移管がなされた。2015年11月に民政移管後初の総選挙が実施され，NLDが全議席の6割弱を獲得。3月にティンチョウ大統領が就任し新政権が発足した。憲法の規定により大統領に就けないアウンサンスーチーは，国家最高顧問，外務大臣および大統領府付大臣に就任した。

第Ⅰ部　国・地域別編

図 5-1　国有工場数の変化

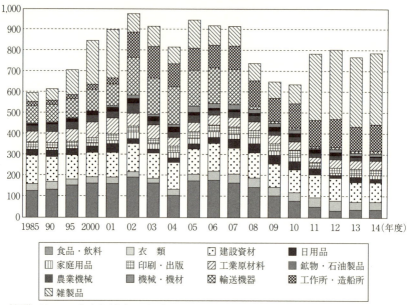

（出所）　Myanmar Statistical Information Service, Central Statistical Organization, Statistical Database (http://mmsis.gov.mm/statHtml/statHtml.do　2017 年 2 月 28 日閲覧）より筆者作成。

Myanmar : Prospects and Challenges，IDE-JETRO, p. 81)。

　民政移管後も国有企業の民営化および業績改善は，依然として重要な課題となっている。例えば国有工場数は，2011 年度以降，雑製品が大幅に増加して 800 弱でほぼ横ばいで推移している（図 5-1）。また，2016 年度の国家予算案においても，国有企業＊の納付金は 5 兆 9500 億チャット（2016 年 10 月現在，1 チャットはおよそ 0.081 円）であるのに対し，財政支出は 9 兆 9150 億チャットに上っており，3 兆 9650 億チャットの赤字となっている。これは，見込まれている国全体の財政赤字 4 兆 6140 億チャットの 86％に相当する。

　＊　ただし，ここで国有企業は，ミャンマー語で「国有経済組織」と表記されており，営利活動を行わない組織も含まれていることには留意が必要である。

（ 2 ）市場経済化と民間企業の成長

　市場経済化によって民間企業の経済活動が自由化された結果，社会主義時代には経済活動が制限されていた（中国系，インド系を含む）実業家のほか，軍関係

第5章　ミャンマー：衣類輸出を担う国内企業

企業その他多くの新興企業が誕生した。民間部門の経済活動は活性化し，欧米諸国から経済制裁を科されながらも，軍政下のミャンマー経済は破綻することなく，比較的安定して推移してきた。軍政時代の産業構造と主要輸出品の変化を辿りながら，民間部門の成長について考察してみよう。

　まず，1990年代GDPの産業構造変化（図5-2）を見れば，1990年代半ばまでは農業の構成比が伸びており，経済成長を農業が牽引していたことが分かる。これは，1989年からの市場経済化によって，社会主義時代と比較して自由に農業経営ができるようになった結果，農業生産が伸びたことによる。また，民間部門による農産物の輸出が可能になったことから，農産物輸出が大幅に伸びた。主な輸出品目（表5-2）を見れば，1995年度では最大の品目は農産物，水産物，林産物でおよそ8割を占めていた。市場経済化と貿易自由化による1次産品の生産と輸出拡大によって，民間部門は，初期の資本蓄積を成したのである。

　2000年代に入るとGDPに占める農業部門の比率が減少に転じ，代わってまず商業，運輸などの第3次産業が成長した。2000年代半ばになってようやく80年代の1割程度からほとんど拡大していなかった製造業の割合が拡大し始めた。しかし，主要輸出品は依然として1次産品が占めており，2000年代半ば以降の工業製品が輸出に占める割合の拡大は緩やかである。すなわち，輸出構成の変化という観点からは，軍政時代には工業化がほとんど進捗しなかったといえよう。

　表5-3は，1986年度と2007年度を比較してこの間の民間部門のGDP構成比の変化を産業別に示したものである。民間部門のGDP比は68.6％から90.7％に22.1ポイント増加しており，この増加には，製造業（8.6ポイント），運輸業（8.6ポイント），商業（7.9ポイント）が大きく寄与したことが分かる。これらの産業のうち，2007年度でGDP構成比が高かったのは商業（21.6％）であるが，1986年度からは1.5ポイント減少している。一方，次いで15.0％を占めた製造業は，1986年度から5.8ポイント上昇している。すなわち，工業化は緩慢であったとはいえ，民間企業の成長によって牽引されてきたのである。

　民間製造企業は，1990年11月に制定された「民間企業法」により工業省（旧第1工業省）への登録が義務づけられた。表5-4は，1991年度，2000年度，2014年度で規模別に民間製造企業数とその構成比の変化を示したものである。

113

第Ⅰ部 国・地域別編

図5-2 産業別GDP構成比の変化

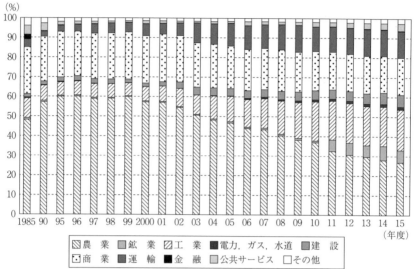

(出所) 図5-1と同じ。

表5-2 主要輸出品の輸出額，構成比の変化

(上段：チャット，下段：％)

年　度	1995	2000	2005	2010	2011	2012	2013	2014
農産物	412 (45.9)	356 (18.2)	435 (12.2)	1,228 (13.9)	1,518 (16.6)	1,245 (13.9)	1,058 (9.4)	1,240 (9.9)
水産物	109 (12.2)	144 (7.3)	197 (5.5)	287 (3.2)	452 (4.9)	373 (4.2)	206 (1.8)	160 (1.3)
林産物	187 (20.8)	124 (6.3)	474 (13.3)	594 (6.7)	605 (6.6)	574 (6.4)	898 (8.0)	42 (0.3)
卑金属	13 (1.4)	50 (2.5)	112 (3.1)	42 (0.5)	71 (0.8)	71 (0.8)	107 (1.0)	426 (3.4)
貴金属	25 (2.8)	56 (2.9)	233 (6.5)	2,028 (22.9)	41 (0.4)	12 (0.1)	604 (5.4)	280 (2.2)
ガス	— (—)	171 (8.7)	1,080 (30.4)	2,523 (28.5)	3,503 (38.3)	3,666 (40.8)	3,299 (29.4)	3,707 (29.6)
縫製品	53 (5.9)	583 (29.7)	272 (7.6)	379 (4.3)	497 (5.4)	695 (7.7)	883 (7.9)	1,022 (8.2)
その他	97 (10.8)	472 (24.1)	751 (21.1)	1,767 (19.9)	2,440 (26.7)	2,321 (25.9)	4,138 (36.9)	5,639 (45.0)
総輸出額	897 (100.0)	1,961 (100.0)	3,558 (100.0)	8,861 (100.0)	9,136 (100.0)	8,977 (100.0)	11,204 (100.0)	12,524 (100.0)

(注) 2014年度は暫定値。
(出所) Central Statistical Organization, *Statistical Yearbook 2015* より筆者作成。

第5章　ミャンマー：衣類輸出を担う国内企業

表5-3　産業別GDP構成比の変化と民間部門比率の変化（1986年度，2007年度）

（単位：％）

	GDP構成比a		民間部門比率		GDP構成比の変化と民間部門の寄与度	
	1986年度	2007年度	1986年度a	2007年度b	GDP	民間部門
農業	40.3	35.6	82.7	97.2	− 4.7	1.3
畜産・漁業	7.3	7.5	96.2	99.2	0.2	0.4
林業	1.3	0.5	57.6	49.7	− 0.8	− 0.5
エネルギー		0.2		14.4	0.2	0.0
鉱業	0.9	0.5	8.0	96.9	− 0.4	0.4
製造業	9.2	15.0	54.2	90.6	5.8	8.6
電力	0.5	0.2	0	39.9	− 0.3	0.0
建設	1.7	4.0	10.8	85.0	2.3	3.2
運輸	3.6	10.9	59.1	98.4	7.3	8.6
通信	0.5	1.3	0.0	0.0	0.8	0.0
金融	2.6	0.1	0.0	27.3	− 2.5	0.0
社会・行政サービス	4.8	0.9	0.0	22.9	− 3.9	0.2
その他サービス	4.1	1.6	87.8	99.1	− 2.5	− 2.0
商業	23.1	21.6	52.6	92.7	− 1.5	7.9
全産業	100.0	100.0	68.6	90.7	—	22.1

（出所）　a. 国家財務省『財政・経済・社会状況報告書』1987年度版（ミャンマー語），Central Statistical Organization, *Statistical Yearbook 2010*, b. 工藤年博（2012）「ミャンマー軍政下の工業発展」尾高煌之助・三重野文晴編著『ミャンマー経済の新しい光』勁草書房，表6-3より筆者作成。

表5-4　規模別民間企業数・構成比

（単位：上段・企業数，下段・％）

年度	大企業	中企業	小企業	計
1991	1,193 (5.0)	3,100 (13.0)	19,555 (82.0)	23,848 (100.0)
2000	1,821 (5.0)	4,170 (11.5)	30,161 (83.4)	36,152 (100.0)
2014	5,740 (12.8)	8,471 (18.9)	30,538 (68.2)	44,749 (100.0)

（注）　企業定義は下表の通り。

	大企業	中企業	小企業
馬力	50馬力以上	25～50馬力	3～25馬力
従業員数	100人以上	50～100人	10～50人
資本金	500万チャット以上	100万～500万チャット	100万チャット以下
年間生産額	500万チャット以上	250万～500万チャット	250万チャット以下

（出所）　Ministry of Industry (1) and Central Department of Small and Medium Enterprises Development（http://www.smedevelopmentcenter.gov.mm/　2016年9月2日閲覧）より筆者作成。

第Ⅰ部　国・地域別編

表5-5　民間製造業企業の業種別内訳（2012年5月末）

	大企業	中企業	小企業	合計	(%)
食品・飲料	2,363	4,107	21,029	27,499	(63.6)
生活用品	370	403	326	1,099	(2.5)
家庭用品	128	79	100	307	(0.7)
印刷・出版	64	117	173	354	(0.8)
衣　類	328	368	1,004	1,700	(3.9)
建築資材	496	639	2,125	3,260	(7.5)
工業用原材料	170	229	296	695	(1.6)
鉱業，石油	317	382	1,203	1,902	(4.4)
電　器	44	15	11	70	(0.2)
機　械	14	49	68	131	(0.3)
農業用機械	8	22	35	65	(0.2)
輸送用機器	197	39	32	268	(0.6)
雑製品	280	849	4,742	5,871	(13.6)
合　計	4,779	7,298	31,144	43,221	(100.0)

（出所）Nang Saw Nandar Hlaing（2014）"The Review and Evaluation of Industrial Policy Especially SMEs Development of CLMV Countries," *ASEAN-Canada Research Partnership Working Paper Series,* No. 6. April, Table3. 原典は Myanmar Industrial Development Committee.

1991年度の登録企業はおよそ2万4000社に上っていたが，その8割強は零細企業であったことが分かる。2000年度には約3万6000社に，2014年度には約5万5000社にまで増加しており，中企業，大企業の割合が徐々に高まっている。

　民間製造業企業の業種別構成（**表5-5**）を見れば，食品・飲料が約64％で圧倒的に高い割合を占めている。一方で，電器，農業用機械など重工業製品の割合が非常に低く，工業化が初期段階にとどまっていることが分かる。食品・飲料製造企業には，精米所，搾油所など国内市場向けに農産物加工品を製造する小規模な企業が多い。割合は低いが，比較的規模の大きな国内企業も食品・飲料，衣類，家庭用品などの軽工業品や，建築資材，工業用原材料などを，主に国内市場向けに製造している。

　このような内需向けの民間製造業が成長しえたのは，一つは，軍政下で製造業への外国直接投資が不振であったこと，二つは，輸入抑制策が採られていたことによる。外国直接投資（認可額）は，米国が新規投資を禁止し，またアジア経済危機が発生した1997年以降，2000年代半ばまでほとんど認可がなされていなかった（**図5-3**）。また，2000年代後半には認可額が増加したが，そのほと

116

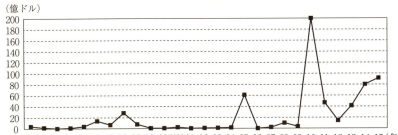

図 5-3 外国直接投資（認可額）の推移

(出所) Central Statistical Organization (CSO), *Statistical Yearbook, 2002, 2005, 2015* および *Selected Monthly Economic Indicators August 2016* より筆者作成。

んどが石油・ガス，電力の資源エネルギー関連であり，製造業への外国資本の参入はごくわずかであった（後出図5-6）。

輸入抑制策については，対外開放以降の輸入の増加が輸出増を上回り輸入超過の状態が続いていたところに，アジア経済危機の余波を受けて外貨準備が減少したことを契機に強化された。政府は，外貨節約と輸入抑制を狙い輸出第一政策を採用し，原則として輸入は全て輸出によって獲得した外貨によるものとした。また，輸入が急増した消費財については，輸入規制を設けるなどの対策も取られた*。

* 例えば，食用パーム油の輸入が拡大したのに対して，政府は外貨の流出を防ぎ，食用油の自給率を高めるために，1999年にパーム油の輸入を UMHHL に独占させ輸入規制を強化した。パーム油の輸入量が減少するたびに，その競争に押されていた民間搾油所が息を吹き返すという状況が見られた（工藤年博[2008]「開放経済化とミャンマー産業発展」『ミャンマー経済の実像——なぜ軍政は生き残れたのか——』アジア経済研究所，42頁）。

以上のように，外国直接投資が停滞し，更に輸入が制限されていたため，国内製造業にとっては外資企業や輸入品との競争が抑制されている状況にあった。これは，多くのアジア諸国が外資導入による輸出志向型の工業化に牽引されて経済成長を続けていたのとは対照的であった。ミャンマーでは，軍政による閉鎖的な経済体制は，国内製造業に活路を残した一方で，輸出工業化を遅らせる結果となり，輸出の対 GDP 比は減少した。

第I部　国・地域別編

　また，ミャンマーでは 2012 年 4 月に為替レートが実勢レートに統一される
まで，多重為替制度によって政府部門に外貨収入が集まりにくくなっていたた
め*，強制両替，課税（例えば，輸出で獲得した外貨には 10％の輸出税が付加されてい
た），貿易業務の国家独占などによって，民間部門から外貨を吸収してきた。こ
のことは，内需型の産業に相対的に有利な一方，輸出製造業に不利な環境を生
み出していた。

　　＊　公定レートや関税レートなど複数の準公定レートは，実勢レート（闇レート）より
　　　も過大評価されていた。公定レートは 1 ドルおよそ 6 チャット程度で固定されてい
　　　たのに対し，2007 年から 2008 年には実勢レートは 1200 チャットにまで下落してい
　　　た。そのため，外貨を（準）公定レートで売却することは，非常に不利な状況であった。

　先に示した表 5-2 で主な輸出品目を見れば，2000 年代半ば以降現在に至る
まで，ガスが最大の輸出品となっている。1990 年代の農産品からエネルギー資
源へと転換しているとはいえ，主な輸出品が 1 次産品であるという点では，輸
出構造に大きな変化はない。一方，工業製品の輸出では，唯一縫製品が 2000 年
度に 30％を占めるまでに急増し，2010 年に 4％程度にまで低下した後に徐々
に回復して 2014 年度で 8％を占めている。現在のところは，それ以外に主な
輸出品となっている工業製品はない。このように，ミャンマーの輸出は，大半
を 1 次産品が占めており，工業製品はほぼ縫製品のみとなっているのである。
次節では，輸出志向型工業の嚆矢となった縫製業とそれを担う企業について検
討する。

2　軍政時代の縫製業の興隆と停滞

［１］輸出縫製業と地場民間企業

　衣類生産における生地の裁断（Cutting），縫製（Making），梱包（Packing）の
CMP 工程を担う縫製業は，典型的な労働集約的産業であり，経済発展の初期
段階にある開発途上国で工業化の嚆矢となってきた。21 世紀に入りアジアの
後発開発途上国（Least Developed Country：LDC），とりわけバングラデシュとカ
ンボジアにおいて，その成長が著しい。同時に，より工業化が進展している東

アジアの衣類輸出国は，CMP 工程のみを担う委託加工から出発し，素材調達
機能等を内部化した製品の取引 OEM 生産（Original Equipment Manufacturing），
設計や企画等の機能を内部化した ODM 生産（Original Design Manufacturing）へ
と成長を遂げている。

　ミャンマーの衣類輸出は，2000 年代初頭に一気に輸出の 3 割を占めるまで急
成長した。当時，**多国間繊維取極め**（Multi Fiber Arrangement：MFA）によるクオー
タ（輸入割り当て）が設定されていない，または余裕のあった後発国は，欧米へ
の衣類輸出に有利な環境にあった。しかし，最大の輸出先であった米国が 2003
年に経済制裁を強化したことから輸出は急減して停滞に陥った（図 5 - 4）。
1990 年代の創生期から 2000 年代半ばの停滞期に至るミャンマー縫製業につい
ては，工藤の研究（工藤年博 [2006]「ミャンマー縫製産業の発展と停滞——市場，担
い手，制度——」天川直子編『後発 ASEAN 諸国の工業化』アジア経済研究所）に詳し
い。以下この項では，工藤の分析を中心に，ミャンマーにおける輸出製造業の
担い手となった縫製企業の成長について見てみよう。

　ミャンマーでは，90 年代初頭に国有企業および軍関連企業と外資（韓国，香
港）との合弁で設立された企業によって，縫製品の輸出が開始された。中でも，
韓国の大宇グループと軍関連企業であるミャンマー連邦経済持株会社（Union of
Myanmar Economic Holdings Limited，以下 UMEHL）との合弁企業 2 社は，2000 年
までにそれぞれ 2000 人，2500 人の労働者を雇用する縫製大企業となった。こ
れらの工場に携わった大宇 OB の中には，ミャンマーで現地企業とパートナー
を組んで縫製業を始める者も少なくなかった。このように外資と軍関連企業の
合弁企業が，衣類輸出の先鞭となるとともに，地場企業の縫製業への参入とそ
の成長へと波及したのである。

　後発開発途上国（Least Developed Country：LDC）：国連の定める基準により，総会決
　　議により認定される特に開発の遅れた国々。現在は 49 カ国。内アジアは，アフガニ
　　スタン，バングラデシュ，ブータン，カンボジア，ラオス，ミャンマー，ネパール，
　　イエメン，東ティモールの 9 カ国。
　多国間繊維取極め（Multi Fiber Arrangement：MFA）：GATT（現 WTO）理事会の承
　　認で 1974 年発効した繊維貿易に関する国際協定。開発途上国などの安い繊維製品
　　が集中的に輸入国に流れ込むことを規制するために，クオータ（輸入割り当て）が設
　　定されていた。2004 年末に失効，撤廃された。

119

第Ⅰ部　国・地域別編

図5-4　ミャンマーの衣類輸出額の推移

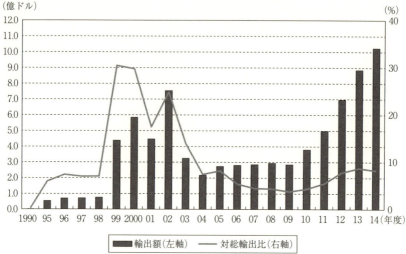

（出所）図5-3と同じ。

　1994年にミャンマー初の100％外資の縫製企業が認可を受けて以降，縫製業は製造業部門に対する外国直接投資の受け皿となっていた。しかし，1997年に米国が新規投資を禁止して以降，ミャンマーへの外国直接投資，とりわけ製造業への投資は低調であった。一方で，1997年のアジア経済危機の余波によって経済が停滞し内需向け産業が不振に陥っていた状況で，新たなビジネスチャンスを求めた企業家たちが，輸出志向型の縫製業に大挙して参入したのである。また，厳しい貿易統制が取られてきたミャンマーにあって，委託加工型のCMPビジネスが輸入規制を免れたことが，縫製産業の発展を制度的に支えていた。結果として，国内民間企業が最大の輸出製造業である縫製業の主な担い手となったのである*。同時期に縫製品の輸出を伸ばしていたカンボジアにおいては95％が外資に担われていることに比較して特徴的である。

　＊　ただし，登録上は地場企業であっても実際には経営に外国人が関わっている企業が含まれている点には留意が必要である。

② 米国による経済制裁と縫製業の停滞

　2003年に米国が経済制裁を強化してミャンマー製品の輸入を禁止したために，ミャンマーの衣類輸出は激減した。米国は，2000年のミャンマーの衣類輸

出の5割以上を占める最大の輸出先であった。また，EU が 1997 年にミャンマーへの一般特恵関税制度（Generalized System of Preferences：GSP）における LDC 対象の特恵措置（LDC-GSP）を停止し，さらに 2005 年には MFA が廃止されたことから＊，欧州向けの輸出も伸び悩んだ。2000 年代半ば以降ミャンマーの衣類輸出は，日本向けの輸出を徐々に伸ばしながら，2000 年代末まで穏やかに増加したに過ぎなかった。この時期，同じく LDC である近隣のバングラデシュやカンボジアの衣類輸出が更に躍進を続けていたのとは対照的である。

＊ インフラの未整備や輸出入手続きの煩雑さからリードタイムが長かったために，当時のミャンマー縫製業の輸出競争力は MFA がなければ高くなかったのである（Moe Kyaw [2001] "Textile and Garment Industry : Emerging Export Industry," in Kudo, T., eds., *Industrial Development in Myanmar : Prospect and Challenges, ASEDP Series*, No. 60. IDE-JETRO）。

2000 年代半ば以降のミャンマー縫製業の不振の結果，2000 年代初頭の最盛期に 20 万人に上った縫製業の雇用者数は，2000 年代半ばの 8 万人程度にまで減少したと推測されている（工藤年博，2006）。また，ミャンマー縫製企業協会加盟の縫製企業数は，ピーク時の 300 社から 150 社まで減少した（後出図 5-5）。更に，加盟登録は継続されていたものの，休眠状態に陥った企業も少なくなかったのである。

　日本向けの生産も伸び悩んだ要因として，欧米市場向けでは縫製工程の比較的単純なニット製品（HS＊61 類）が大半を占めていたのに対し，日本市場向けでは布帛製品（HS62 類）が主に生産されること＊＊が，仕向け変更を困難にした要因となったと考えられる。更に主に欧米市場向け生産によって成長したミャンマーの地場企業にとって，仕様が複雑で多品種少量生産な上に品質管理の厳しい日本向け生産への対応は容易ではなかったことが指摘されている（後藤健太・工藤年博 [2013]「縫製業におけるパフォーマンス格差とその要因」久保公二『ミャンマーとベトナムの移行戦略と経済政策』アジア経済研究所，101-135 頁）。

＊ HS：Harmonized System Code 統計品目番号。世界税関機構（WCO）が管理している国際貿易商品の名称・分類を世界的に統一した 6 桁の品目番号。関税・統計等に関して世界の主要国で使用されている。

第Ⅰ部　国・地域別編

＊＊　主に布帛製品が生産されてきたのは，後述するように輸入関税が免除されるためである。

　一方で，バイヤー主導型産業である縫製業においては，欧米向け衣類生産と比較して，多品種少量，仕様が複雑な日本向け生産を通じて，技術移転，生産工程，製品の高度化が起こりやすい（Goto Kenta [2011] "Competitiveness and Decent Work in Global Value Chains : Substitutionary or Complementary ?," *Development in Practice*, 21 (7): pp. 943-958）。ミャンマーは，インフラの未整備や輸出入の手続きなどのためにリードタイムが長く短納期の生産には適さないことから，仕様変更が頻繁ではない定番製品や納期が長い，または大ロットの生産が多かったとはいえ，この時期に日本向け輸出衣類の生産を続けてきた企業では，技術蓄積がなされてきたのである。そして，このことは，次節で見る民政移管後の縫製業成長の基礎となったと考えられる。

3　民政移管後の縫製業の成長

[1] 2010年代の縫製業の成長とアジア域内における生産拠点の分散化

　2010年以降，それまで横ばいに推移してきたミャンマーの衣類輸出額は急増した（図5-4参照）。当初，この輸出拡大を牽引したのが，4割強を占めた日本と次いで3割強を占めた韓国への衣類輸出である。日本と韓国への衣類輸出が急増した背景には，最大の衣類輸出国である中国において人件費の高騰と人材不足を要因として東アジア域内において生産拠点の分散化が加速化したことがある。中でも，カンボジア，ミャンマー，バングラデシュといったLDC諸国からの日本への衣類輸出の増加は，日本のLDC向け特恵関税（LDC-GSP）が適用される＊こと，また，カンボジアとミャンマーに関しては，**日本・ASEAN包括的経済連携協定（AJ-CEP）**によって衣類の輸入関税が無税となるという制度的

　日本・ASEAN包括的経済連携協定（AJ-CEP）：2007年5月に基本合意した日本と東南アジア諸国連合（ASEAN）との間の経済連携協定（EPA）をいう。物品貿易の自由化・円滑化，知的財産分野での協力，農林水産分野での協力などが合意されており，2008年12月1日から順次発効し，現在インドネシアを除いた加盟国で発効している。

第5章　ミャンマー：衣類輸出を担う国内企業

要因が大きい。当時，日本の LDC-GSP における衣類の原産地規則は，HS61
類（ニット製品）は2工程（生地編立と縫製），HS62 類（布帛製品）は縫製工程の1
工程が条件となっていた。すなわち，布帛製品であれば縫製工程（CMP）のみ
で関税が免除されることとなり，LDC での生産が優位であった。AJ-CEP に
おいては，衣類（HS61 類，62 類）の原産地規則は，域内累積で2工程が条件とさ
れる。したがって，例えば日本あるいは ASEAN 諸国（AJ-CEP 未締結のインド
ネシアを除く）のいずれかで生産（編立，織布）した生地を用いれば，CLM 諸国に
おいて縫製の1工程のみを行うことで原産地規則を満たす。

　＊　衣類（HS61 類，HS62 類）の一般関税率は5〜12.8％程度であるのに対し，
　　　LDC-GSP ではほぼ無税となる。

　日本への衣類輸出を伸ばしているこれら LDC 諸国の中で，総衣類輸出に占
める日本の比率は，ミャンマーが突出して高い。カンボジアとバングラデシュ
の衣類輸出においては欧米の比率が9割を超えており，日本の比率は1割に満
たない（UN Comtrade）。欧米市場へのアクセスが制限されてきた結果として日
本市場への輸出比率が高いミャンマーの縫製業は，東アジア域内における日本
市場向け衣類の生産拠点の分散化の影響をとりわけ強く受けたのである＊。

　＊　2010 年代のミャンマーから日本向け衣類輸出の拡大について，詳しくは水野敦子
　　　(2015)「日本向け輸出拡大を通じたミャンマー縫製業の成長と未熟練労働力」『産業
　　　学会研究年報』第 30 号，159-174 頁を参照されたい。以下，本節では，一部に同論文
　　　からの引用が含まれる。

　ミャンマーにおける日本向けの衣類生産は，単発の「トライアル」発注が増
加し始めた 2009 年頃に成長の兆しが見え始めた。当時，日本向け衣類を生産
した実績を持つ企業は多くはなかったため，以前より日本へ製品を生産，輸出
していた工場では受注が急増した。引き続き日本向けの衣類生産の発注が本格
的に増加し始めると，既存工場の生産ラインの増設，休眠工場の再開が見られ
るようになった。2011 年頃より新規参入企業が増え始めた。縫製企業数は，米
国の経済制裁により激減した後，2000 年代半ばに穏やかに回復して 2010 年ま
で横ばいに推移していたが，2010 年から 2012 年までの2年間で 30 社増加した

第Ⅰ部 国・地域別編

図5-5 縫製企業数の推移

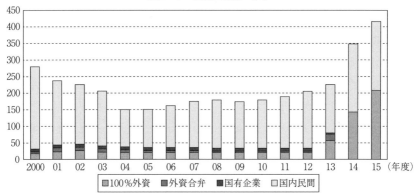

(注) ミャンマー縫製業協会の加盟企業。2014年以降については，下記資料が所有形態別の企業数の内訳詳細を公表していないため，企業数が把握できる外資系企業数（合弁企業を含む）と，国内企業（ほぼ民間企業）を示している。
(出所) MGMA, *Myanmar Textile and Garment Directory* より筆者作成。

（図5-5）。なお，この時期の企業数の増加は，主に現地企業が縫製業に参入してきたことによる*が，後に検討するように2013年以降は，外資系企業が増加している。

* 例えば，2010年に操業を開始した日本への輸出衣類を製造する地場企業のTB社，TW社，WM社は，既存の縫製工場が対応しきれないほどの生産発注を受けている状況を商機と捉えて，他業種（各々順に建設業，鉱業，琺瑯製造業）から参入した（水野敦子，2015）。

縫製企業数の増加にともない雇用需要も拡大し，工場労働者の賃金水準は，上昇している。ミャンマーの一般工場労働者の賃金水準は東アジアにおいて最も低い（日本貿易振興機構［2016］『第26回アジア・オセアニア主要都市・地域の投資関連コスト比較』日本貿易振興機構）とはいえ，賃金上昇傾向の継続が縫製企業により高い加工賃の生産を志向させる要因となっており，東アジア域内での生産拠点の分散化と合致して，製品の高度化を促進してきた。しかしながら，雇用数が急増する中で，地方出身の未経験労働者の比率が高く，熟練工は不足している。そのため，多くの工場では縫製の下手間を行う間接要員を多く配置したり，バンドル・システム*により生産工程を細分化し，簡単な工程を未熟練工

に担わせたりといった生産方式を採用し，生産の高度化を図っている。

> ＊ バンドル・システムは，パーツを適当な単位の束で縫製ラインに流す生産システ
> ムで仕掛品が多くなるが，少品種大量生産に適した生産方式である。技能格差の大
> きい縫製工を同一ライン内に配置することが可能である（中込省三［1975］『日本の
> 衣類生産』東洋経済新報社）。

　なお，欧米市場向け生産と比較して品番切り替えが頻繁でロット数も小さい日本向け生産では，生産システムのみならず，素材の手配，サンプルの管理，納期に合わせた生産計画など管理部門の役割がきわめて重要となる。特に，企業内部に生産管理に関する技術を持たない地場民間企業にあっては，この管理を担える人材の不足が，日本向け輸出拡大の抑制要因となりうる。そのため日本向け生産では，バイヤーと縫製企業のマッチングから生産管理，品質検査までさまざまな関連サービスを提供する企業が関わったり，バイヤー側が日本人やその他外国人技術者を縫製企業に派遣してさまざまな技術支援をしたりすることが多い。

［2］欧米向け輸出の再拡大

　2011年の民政移管以降，欧米諸国との関係が改善し経済制裁が緩和されてきたのにともなって，ミャンマーから欧米向けの衣類輸出が増加してきた。まず，EUは経済制裁緩和の一環として，2013年7月にLDC-GSPをミャンマーに再適用した＊。これにより，2004年から2012年まで減少する傾向が続いていたミャンマーのEUへの衣類輸出は増加に転じ，2014年には対前年比70％増の3.1億ドルとなった（UN Comtrade）。

> ＊ EU の LDC-GSP 原産地規則は，2010 年まで 2 工程（織布／編立，縫製）を受益国
> で行うことを要件としていたが，2011 年 1 月に縫製の 1 工程に緩和されている。し
> たがって，LDC-GSP の再適用により，原則的にミャンマー製の全ての衣類の輸入関
> 税が免除される。

　ニット製品（HS61類）・布帛製品（HS62類）別では，日本向け同様に布帛製品（HS62類）の占める比率が高い。一般にLDCでは仕様が簡単なニット製品が生

第Ⅰ部　国・地域別編

産される傾向があり，2000年代初頭までミャンマーが欧州への輸出を伸ばした際にはニット製品の割合が高かった。ミャンマーの縫製企業は日本向け輸出に牽引されて布帛製品の生産技術を向上させてきたことから，欧州向け布帛製品にも競争力を持っていることが窺える。

　米国は，2012年11月16日にミャンマー産品の輸入禁止措置を解除した。米国向けの衣類輸出は2013年に再開されたが，2015年の輸出額は4272万ドルに留まっていた。これは，その他の制裁が残されていたからであり，とりわけGSPの適用を除外する措置は解除されていなかったために，品目によっては30％以上もの関税が課されたことが大きい。米国がGSPのミャンマーへの適用を再開したのはようやく2016年9月であった。経済制裁の全面解除以降，米国への衣類輸出は増加を続けている（UN Comtrade）。

　なお，2000年代半ば以降主な衣類輸出先となってきた日本については，2015年4月にLDC-GSPの原産地規則が緩和されたことが，輸出増加の追い風となった。これは，ニット製衣類（HS61類）に対するLDC-GSPの原産地規則を，これまでの2工程（編立，縫製）から，布帛衣類（HS62類）と同様に縫製工程のみに緩和するものである。つまり，国外で編立られた生地を輸入し，ミャンマー国内で縫製した製品についてもこれまで賦課されていた輸入関税が免除されることとなった。実際に原産地規則の緩和以降，ニット衣類の日本への輸出は大幅に増加した。財務省貿易統計によると日本のミャンマーからの衣類輸入額は2014年の621億円から，2015年度の728億円に増加したが，ニット衣類はこの間2倍以上に伸びて，その比率は7.7％から13.2％に上昇した。2016年度上半期ではニット衣類比率は更に17.5％にまで拡大している。

　民政移管以降の輸出増加によって，衣類輸出額は2014年度に過去最高の10億ドルに達した（図5-4参照）。しかしながら，ミャンマーの衣類輸出額は，バングラデシュとカンボジアのそれが各々266億ドル，59億ドル（2015年，WTO貿易統計）に上っているのに対して小規模にとどまっており，成長の余地は十分に残されているといえよう*。2016年2月に工業省が公表した工業政策においても，①労働集約的産業，②1次産品，③高度な技術を要しない基礎的製造業が現時点での優先産業とされ，中でも①，②として縫製業があげられている。

　*　なお，ミャンマーの衣類輸出は2015年度には9億ドル弱に落ち込んだが，2016年

126

第5章　ミャンマー：衣類輸出を担う国内企業

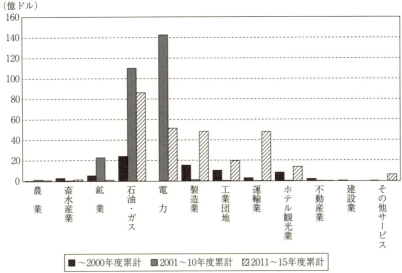

図5-6　産業別外国直接投資認可額の変化

(出所)　図5-3と同じ。

度以降再び増加する傾向にある（CSO, *Selected Monthly Economic Indicators, October 2016*）。これは，次項に見るように，外資企業の進出が増加しているのに対して地場企業の淘汰が進んでいることを反映している可能性もあるが，この分析は別稿に譲る。

3　外資の進出と今後の展望

　民政移管以降，ミャンマーへの外国直接投資は，とりわけ2013年以降大幅に増加して2015年には92億ドルに達した（図5-3参照）。第1節で述べたように，軍政下で外国直接投資の流入は長く停滞した後，2000年代後半から増大したものの，主に資源開発と電力分野に投入されており，製造業への投資は皆無に等しい状況であった。しかし，民政移管以降は，外国直接投資の流入額が増加するとともに，製造業の比率が高まっている（図5-6）。その中で，縫製業は依然として製造業への外国直接投資の最大の受け皿となっている。この投資増加には，欧米諸国の経済制裁の解除が寄与していることは，前項で見た衣類輸出の増加からも明らかである。民政移管以降，経済制裁は緩和されてきたが，2016

第Ⅰ部　国・地域別編

年9月にアウンサンスーチー国家顧問兼外相が訪米した際にオバマ大統領が残る経済制裁の解除を表明，翌10月に対ミャンマーの経済制裁は全面的に解除された。経済制裁の解除は，衣類輸出の増加と外国直接投資の追い風となっており，次第に地場企業から外資企業に輸出縫製業の主な担い手が移りつつあり，またそれによってミャンマー縫製業の成長が維持されることが予想される。

　縫製企業は2011年より増加する傾向にあったが，2013年頃から，地場縫製企業数はほとんど変化していない一方で，外資系企業が大幅に増加している（図5-5参照）。ほぼ全ての外資系企業がCMP生産を行っている点では変化はないが，これまで多かった現地企業との合弁での工場設立の割合は減少しており，100％の外資企業が増えている。ミャンマー縫製業協会によれば，2015年に投資認可を受けた企業はすべてCMPビジネスであるが，そのうち合弁企業は25％に過ぎない（Myanmar Garment Manufacturers Association [2016] *Myanmar Textile and Garment Directory 2016-2017*, pp. iv-vi）。

　国内縫製企業は外資系企業に比較して，小規模の企業が多い。中でも零細縫製企業が，輸出向け衣類の生産を行っていることは稀であり，外資の合弁先として選択される可能性はきわめて低い。本章ではこれまで，主に輸出生産を行う縫製業について検討してきたが，最後に国内市場向けに衣類を生産する零細企業について考察し，ミャンマーの国内縫製企業の今後を展望しておきたい。

　ミャンマーでは，近年既製の洋装が急速に普及しつつあるが，伝統的な衣装が日常的に多く着用されている。家庭や仕立屋で作られた衣類や，小規模な衣類店で製造販売される民族衣装をベースにした伝統的デザインの既製服が多く着用されている。都市部で近年増加している大型商業施設などでは高価な海外ブランドの衣類も販売されているが，その購買層は決して厚くはない。廉価な輸入日用衣類の流通も増加しているが，比較的小柄なミャンマー人にサイズが合わなかったり，デザインが国内の流行とは異なったりするものも多い。したがってこれまでは，国内衣類市場では依然として国内生産品が大半を占めており，また，輸入品との競争はさほど激しくはなかった。こうした衣類は，ミャンマー縫製業協会の加盟企業のみならず，未加盟の零細な製造販売業者やその下請け業者によって製造されている。

　都市近郊農村内の小規模な縫製工場の事例を紹介しよう。ヤンゴン市南東部

に位置するティラワ経済特別区近辺の SP 村の前村長 A 氏が設立した縫製工場である（2015 年 3 月および 2016 年 8 月に訪問調査実施）。A 氏は村長に就いていた 2016 年までおよそ 20 年間の特に 2000 年代以降，タイの国境地域メソットの縫製工場に出稼ぎに行ったり，ヤンゴン市内の縫製工場に就職したりする村民女性が多くなったことから，縫製業が成長産業であることを認識した。また同時期に自身を含め多くの村民が地価の上昇した農地を売却，さらに 2011 年以降は経済特別区建設計画が具体化してきたことから，農業からの脱却と農外雇用機会の必要性を痛感していた。そこで，自ら縫製業の起業を決意し，2014 年に農地の売却益から 700 万チャットを投じて屋敷地内に約 50 平方メートルの小屋を建設し，中古汎用ミシン 10 台などの機材を揃えた。小屋は非常に簡素な木造で，トタン屋根，コンクリート土間，壁は腰の位置まででその上はむき出しの柱に目の粗い格子状の金網張りである。2 カ所に設けられた入り口には木枠金網張りの扉が付けられている。ミシン等の機材は，全て少なくとも十数年は経っていると見られる非常に古びたものであった。

　縫製工場での就労経験を持つ村民女性 10 名を雇用し，ヤンゴン市内の衣料製造卸売業者の下請け生産を開始した。工場では裁断済みの生地，付属品や梱包資材を発注元から受け取り，縫製とパッキングのみを行って納品する。品質管理，従業員への技術指導などは，長年家族の衣服を縫ってきた A 氏の妻が行っている。

　2015 年 3 月の調査時点では，非常に凝ったデザインの若者向けの男性用シャツを縫製し，1 着当たりわずか 450 チャットの加工賃を得ていた。納期が短い上に非常に手間がかかる作業に対して加工賃が低かったために，1 人約 10 万チャットの賃金を支払えばほとんど利益のない状態であった。また，ロット数が小さいにもかかわらずライン生産体制を組んでいたが，縫製工の技能差が大きいためにライン内で仕掛品が滞るなど生産が非効率であった。縫製工にも仕事に対する不満を持つ者が多く，工場の立ち上げ時に雇用した女性は操業開始後およそ 1 年の間に全員が退職してしまった。

　翌 2016 年に，学生用白シャツ専門の製造卸売業者に取引先を変更したことで経営は改善した。前取引先と同様，裁断済みの生地，付属品と梱包資材などの提供を受ける委託生産であるが，定番品の生産であることから納期は柔軟に

第Ⅰ部　国・地域別編

設定されている（1000着分の生産が終われば次の資材が届けられる）。2016年4月の調査時では1着当たり650チャットの加工賃を得ており，以前の取引先より大幅に上昇した。新たに採用した縫製工（全員女性）は，タイへの出稼ぎからの帰国者7名とその妹1名で，ほとんどが子供や老親の世話を負っているなどの事情により長時間の就労が難しい事情を抱えていた。村内の通勤にほとんど時間を要しないこと，勤務時間は各人の希望に沿って設定されていることが，彼女らの就労を可能としていた。また，以前の縫製工に比較して熟練度が高いことからも，ライン生産を止め各縫製工が全縫製工程を担う生産体制とし，賃金を出来高制（調査時，1着当たり450チャット）に変更した。各人の賃金は月額およそ15万チャットに上り，大規模工場の労働者と遜色ない水準であった。つまり，縫製工は日中都合の良い数時間で集中的に作業を行っており，さながら村の共同作業場のような形態となっていた。

　このように，零細縫製工場は国内の日常衣類の需要を満たすとともに未熟練労働力に雇用機会を提供している。しかし，生産設備の近代化は遅れ，製品の品質は決して高くはない。輸出向け衣類を生産する企業との生産力の格差は大きく，二重構造というべき状況になっている。

　民政移管以降のミャンマーでは対外経済開放が進展しており，その上2016年末にはASEAN経済共同体（AEC）が発足して，域内の物品やサービス，投資分野の自由化がすすめられている。今後，ミャンマー国内では，既製洋服がますます普及するとともに，デザインや価格が近似している上に生産性は遥かに高いタイなど周辺諸国からの衣類輸入が拡大することが予想される*。また，これまでのところ外資の進出はCMPビジネスによる輸出志向型の生産に限られているが，長期的には国内市場向けの生産販売に乗り出していくことも考えられる。

　　＊　タイはASEAN域内におけるファッションハブとなることを繊維産業の成長戦略
　　　とし，域内への繊維製品の輸出拡大を目標に掲げている。実際，近年タイから
　　　ASEAN域内への繊維製品の輸出は拡大する傾向が続いている（Thailand Textile
　　　Institute [2015] *Thai Textile Statistics 2014/2015*）。

　民政移管以降の国内外の市場環境の変化は，地場民間企業にとって活躍の場

第5章　ミャンマー：衣類輸出を担う国内企業

▶▶ *Column* ◀◀

軍関連企業の民営化と米国の制裁解除

　軍政時代に力を蓄えた軍関連企業は，今なおミャンマー経済において大きな存在です。財務省が 2016 年に公表した納税企業ランキングでは，上位 5 社中 3 社を UMEHL やミャンマー経済会社（Myanmar Economic Company：MEC）など軍関連企業が占めています。

　2016 年 3 月末に発足した NLD 新政権は，透明性の高い市場経済の構築を掲げ，国軍系企業を含む公営企業の改革を進めようとしています。これに対して国軍は，新政権発足間際に，全国軍系企業を適切な時期に民営化する意向を示し，金融大手ミャワディー銀行やビール最大手ミャンマー・ブルワリーを傘下に持つ UMEHL の公開会社への組織変更を申請しました。公開会社とは，ミャンマーの主要民間企業の企業形態で，外部企業の資本参加や株式上場が認められます。UMEHL の公開会社化は，軍系企業の民主化への先鞭となりました。

　NLD 政権は発足当初，「民主化の後退を防ぐテコ」として，米国が経済制裁を緩和する中で最後まで残していた米国との取引を禁止する特定指定国・国民（SDN）リストの継続を望んでいました。しかし，新政権は国軍との融和を図り，アウンサンスーチー氏は，2016 年 9 月の訪米時にオバマ大統領に制裁解除を要請しました。米国はこれに応じて，200 を超える軍系企業や軍に近い企業・有力財界人全てを SDN リストから解除したのです。

　米国の制裁解除によって，米国をはじめ外資のミャンマー進出の加速化が予想されます。これまで制裁が科されていた軍系企業やその他企業にとっては，外国との取引拡大と外資との連携を通じた資金調達の道が開かれました。しかし，同時に新たに参入してくる外国企業との競争激化は避けられません。軍系企業の今後の存続には，透明性の高い企業体制への改革が要となるでしょう。

を提供しうるが，外資企業や輸入製品との競合も避けられない状況となっている。競争に押され淘汰されてしまうのか，今後も存続し成長を維持することができるのか，ミャンマーの国内縫製企業は明暗の岐路に立っている。

（推薦図書）

工藤年博編（2015）『ポスト軍政のミャンマー──改革の実像──』アジア経済研究所。
　23 年間の軍事政権から，2011 年に民政移管によって発足したテインセイン政権は，民主化と経済開放を進めた。ミャンマーの改革を政治，経済，社会から多面的に捉え，将来課題を検討している。

久保公二編（2013）『ミャンマーとベトナムの移行戦略と経済政策』アジア経済研究所。
　1980 年代末同時期に経済改革・開放を始めたミャンマーとベトナムについて，比較・考察している。本章で扱った縫製業についても検討されている。

第Ⅰ部　国・地域別編

尾高煌之介・三重野文晴編著（2012）『ミャンマー経済の新しい光』勁草書房。
　民政移管により変貌する現代ミャンマー経済について，政治，社会・文化，歴史など
の隣接ジャンルを可能なかぎり包含し，その経済の全体像と望まれる将来像とを描い
ている。

（設問）

1．ミャンマーにおける民間縫製業企業の形成の背景とその特徴について，整理して
　みましょう。また，これら企業の今後の展望と課題について考察してみましょう。
2．民政移管以降のミャンマーには日本企業の進出も増加しています。どのような企
　業が，進出しているでしょうか。その進出理由や現地企業との連携などについて，
　調べてみましょう。

（水野　敦子）

第Ⅱ部

職能・企業形態編

|第6章|コーポレート・ガバナンス：会社機関構造における日韓中の比較|

　企業は常により大量な資金を調達し，大規模化することが要求されています。しかし，その一方で，投資者の増加により維持が困難になる統一的な意思決定，効率的な業務執行も要求されています。株式会社はこの二つの相矛盾する要求を同時に満たす企業形態であるといわれています。株式会社はどのような会社機関をもってこの二つの要求に応えているのでしょうか。そして，日本・韓国・中国において，その共通性と相違点は何でしょうか。ここで実例を交えて，考察してみましょう。

1　コーポレート・ガバナンスとは

1 コーポレート・ガバナンスの内容

　コーポレート・ガバナンスを「企業統治」と訳す場合もあるが，いずれも決まった定義がない。これまで，「コーポレート・ガバナンス」に関する数多くの著書，論文，報告書などが出版されているが，議論する内容は，論者によってさまざまである。

　その内容は，「上場会社またはそれに準ずる大企業に関し，①会社経営は『株主（shareholder）』それとも『利害関係者（stakeholder）』いずれの利益のためになされるべきか，②会社法制が目指すべきは，『適法性の確保（不祥事の防止）』か，『効率性（収益性）の向上』か，③会社法制においては『経営者による会社組織の統制』と，『経営者に対する監督』のいずれが重視されるべきか」にまとめられる（石山卓磨［2014］『会社法改正後のコーポレート・ガバナンス』中央経済社，1頁）。

2 株式所有と会社支配

　上場会社はコーポレート・ガバナンス論の研究対象になる場合が多い。上場会社とは，株式を証券取引所に上場した株式会社を指す。株式会社は必要な資本を社会的規模で調達するために，株式を発行するだけではなく，発行した株

135

第Ⅱ部　職能・企業形態編

式を公開しなければならない。つまり，不特定多数の投資者に株式を公開することこそ，社会から大量に資金調達することが可能となる。その公開の場は証券取引所であり，証券取引所での公開は上場と呼ばれている＊。

＊　所有と支配について，多くの先行研究が存在しているが，その先駆けは Berle. A. A. and G. C. Means, 1932, *The Modern Corporration and Private Property*, The Macmillan Company（北島忠男訳［1958］『近代株式会社と私有財産』文雅堂銀行研究社）といわれている。それ以降の諸学説についてのまとめは，佐久間信夫［2003］『企業支配と企業統治——コーポレートコントロールとコーポレート・ガバナンス——』白桃書房を参照されたい。

　企業は常により大量な資本を集め，大規模化することが要求されている。より多くの資本を集めるために，出資者の数を増やせばよいが，多くの出資者が経営に参加することは統一的な支配の維持を難しくする。より大量な資本を集めること，および支配の統一を維持することという二つの相矛盾する要求を同時に満たす企業形態は株式会社である。

　株式会社は全出資者を**有限責任**とし，資本を均一で小額の株式に分割し，株式を株式市場で自由に取引できるようにしたため，画期的に資本集中の可能性を高めた。

　その結果，株式会社の株式は次第に多数の小額な出資者によって所有され，また出資者の地域的分散も進んでいたため，株式の分散（株主数の増加と株主の地域的分散は株式の分散と呼ばれる）を生じるようになった。

　株式の分散の初期段階において，多額出資者である大株主は自ら経営を担当し，小額出資者である多数の小株主は経営を担当せず，出資から得られる配当のみ受ける立場にあった。

　株式の分散が進むと，企業経営はきわめて複雑になり，経営について専門的な知識や能力を持つ**専門経営者**が大株主に代わって経営を担当する傾向が強く

有限責任：出資者ないし社員がその出資額を限度として会社債務に対して負う責任である。株式会社における株主・社員の有限責任は原則として認められている。
専門経営者：資本の所有を基礎として経営者になったのではなく，経営管理に関する専門的知識及び経営管理能力を基礎として経営者になった人々である。所有と経営の分離に伴って生まれたもので，現代企業経営の担い手となっている。

なる。これは所有と経営の分離である。

　大株主は経営者を雇用し，会社の経営活動のほとんどを経営者に担当させる一方で，自分の意に沿わない行動をとった経営者を解雇する。大株主による経営者の任免は支配と定義され，大株主による支配は所有者支配と呼ばれている。

　発行済株式の50％以上を所有する大株主は完全にその会社を支配できるが，株式の分散が進んだ大規模の株式会社においては，大株主は50％未満の株式所有であっても会社の支配が可能である。

　株式の分散が更に進み，5％以上の大株主が存在しない会社では，経営者は会社機関を介して自らの任免権を行使し，経営者支配が成立するようになる。支配が所有者（株主）の手から離れ，経営者に移行する状況は一般的に所有と支配の分離と呼ばれている。

　株式会社においては，支配の統一を実現させるために，会社機関が設置されている。日本・韓国・中国の株式会社自体は欧米からの舶来品であるため，会社機関の構造も欧米の会社機関の構造に影響され，共通性がある。しかし，その一方で，各国の発展経路により，それぞれに独自な特徴を持ち，相違点もある。本章では，会社機関の構造，株主の構成，監督機能の変化を中心にその特徴と相違点を見よう。

2　日本のコーポレート・ガバナンスの特徴

1　選択可能な会社機関構造

　日本の株式会社は1899年の商法において，株主総会，取締役会，監査役が会社機関として採用された。1950年の商法により，取締役会制度が米国法にならって採用され，業務執行を行う機関として，代表取締役の設置義務が課された。監査役について，1974年以降，強化を図るために，繰り返し改革を行った。1974年の改正では，大会社で会計監査人制度が導入され，1981年の改正では，複数監査役・常勤監査役制度が新設された。1993年の改正では，監査役任期は2年から3年に延長されたほか，大会社について社外監査役を含む監査役を3人以上とする監査役会制度が導入され，2001年の改正では，その地位と権限の強化が図られた（末永敏和［2005］「企業の内部統治機構とコーポレート・ガバナンス」

第Ⅱ部　職能・企業形態編

図6-1　監査役（会）設置会社

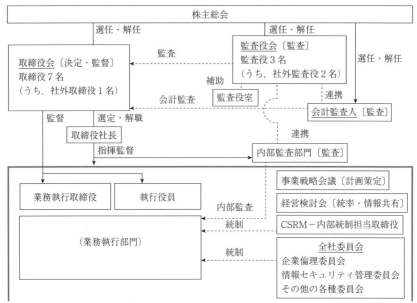

（出所）　パナソニック株式会社『2014年度有価証券報告書』40頁。

図6-2　重要財産委員会設置会社

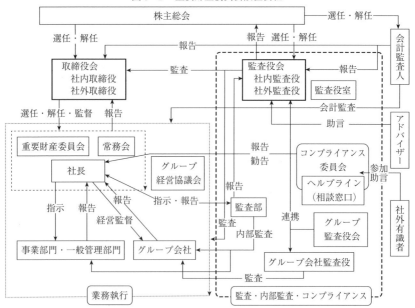

（出所）　京王電鉄株式会社『2004年度有価証券報告書』38頁。

第6章 コーポレート・ガバナンス：会社機関構造における日韓中の比較

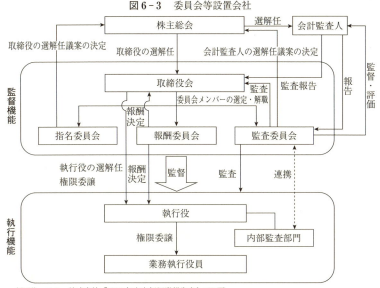

図6-3 委員会等設置会社

(出所) ソニー株式会社『2014年度有価証券報告書』109頁。

森淳二朗編著『東アジアのコーポレート・ガバナンス——中国・韓国・日本における現状と課題——』九州大学出版会, 168頁)。

2002年の商法改正では, 従来の取締役会, 代表取締役, 監査役 (会) を中心とする「監査役 (会) 設置会社」(日本型, 図6-1) とともに, 監査役 (会) 設置会社に重要財産委員会を設置可能とした「重要財産委員会設置会社」(図6-2), 監査役 (会) を廃止した「委員会等設置会社」(米国型, 図6-3) が新たに法制化され, 選択できることになった。しかし,「重要財産委員会設置会社」へ移行した会社が少なく, 京王電鉄は2003年に移行したが, 2005年以降監査役 (会) 設置会社に戻ったという例もあった。

2014年の会社法改正により, 従来の「委員会等設置会社」, つまり, 取締役会の中に「監査委員会」,「指名委員会」,「報酬委員会」を設置した会社が「指名委員会等設置会社」と名称変更され, 新たに「監査等委員会設置会社」が新設されている。「監査等委員会設置会社」は「監査役 (会) 設置会社」と「委員会等設置会社」との中間であり, 監査役 (会) が存在しない点においては, 従来の「委員会等設置会社」と同様であるが, 取締役会の中に「指名委員会」,「報酬委員会」を設置しない点は異なっている (石山卓磨, 2014, 4頁)。2015年10月に

139

第Ⅱ部　職能・企業形態編

上場会社の6％，約240社が「監査等委員会設置会社」に移行した（平澤優［2015］
「監査等委員会設置会社の概要と導入状況」Seiwa New Oct., Vol. 4 http://www.seiwa-
audit.or.jp/newsletter/1510_SeiwaNewsletter.pdf　2016年11月30日閲覧）。

［2］ 株式相互持合いの減少

　巨大株式会社への発展は会社支配の構造変化の中で，個人・同族による過半
数持株支配ないし少数持株支配から，非個人持株支配へと展開していく特徴が
ある。日本の巨大株式会社は，戦前，「財閥」と呼ばれた資本的にも人的にも堅
く結合された同族により支配されていたが，第2次世界大戦後には，**財閥解体**
により株式の相互持合い，**メインバンク**による系列融資，および社長会をはじ
めとする人的結合を通じて6大企業集団（三菱グループ，三井グループ，住友グルー
プ，芙蓉グループ，第一勧銀グループ，三和グループ）が形成された（仲田正機編著［2005］
『比較コーポレート・ガバナンス研究――日本・英国・中国の分析――』中央経済社，
13-15頁）。

　株式の相互持合いにより，会社同士は互いの「安定株主」として，外部から
の乗っ取りを防止し，経営を安定化させていた。その結果，日本では資本市場
の発展が遅れ，資金調達はメインバンクに依存し，メインバンクは会社の主要
株主であり，借入先としての債権者でもあるため，会社に対してモニタリング
機能を果たしていた（桑原和典［2001］「メインバンクの経営モニタリング機能」植竹
晃久・仲田正機編著『現代企業の所有・支配・管理――コーポレート・ガバナンスと企業
管理システム――』ミネルヴァ書房，63-79頁）。

　1990年代に入り，金融機関の不良債権処理や収益率の低下により，金融機関
は取引先の株式を保有する余裕がなくなると同時に，企業も金融機関の株式を

財閥解体：第2次世界大戦後，GHQの指令で経済民主化の一環として実施された日本
　の財閥に対する解体措置である。三井，三菱，住友，安田など主要財閥の持株会社解
　体，所有株式の売却処分，指定財閥家族や企業役員の経済界追放が行われた。

メインバンク：主力銀行ともいう。ある企業の取引先金融機関が複数ある時，主たる
　取引先金融機関を指す。特徴として，①融資シェアが通常第1位である，②当該企
　業の大株主である，③当該企業に役員を派遣するなど人的関係を結んでいる，④当
　座預金取引，外為の扱い，社債の受託等，総合的な取引関係にある，などが挙げられ
　る。

第6章　コーポレート・ガバナンス：会社機関構造における日韓中の比較

保有する意味が薄くなり，系列解消が進み，株式相互持合いの減少が生じた。

③ 機関投資家の台頭による株主総会の機能強化

　会社の最高機関である株主総会は一般株主が直接経営者と議論できる唯一の場であるから，本来，多数の株主が出席し，活発かつ十分な議論が行われ，経営者が株主に対して十分な説明責任を果たすべき場である。しかし，日本の株主総会には，総会開催日の集中，開催時間の短さ，非民主的運営という問題点が指摘されている。

　1999年を境に，総会開催日の集中度が若干低下し，総会の所要時間の長期化，個人株主の発言機会の増加など株主運営の民主化にやや改善のきざしが現れた。その背景には，株式相互持合いの解消，外国人持株比率の上昇，国内機関投資家の活動の積極化による経営者に対する監視の強化があるといわれている。

　機関投資家には，通常，私的年金基金，公的年金基金，ミューチュアル・ファンド，商業銀行の信託部門，保険会社などが含まれる。米国では，1970年代において，機関投資家は一般的に，経営に不満があれば，会社の経営に対して積極的に発言するのではなく，その所有する株式を売却するという暗黙のルール（ウォール・ストリート・ルール）にしたがって行動すると考えられていた。しかし，1990年代以降，年金基金の積極的行動主義（会社経営に積極的に参加する投資）により，巨大株式会社の著名な経営者が何人も解任され，数多くの株主提案がなされた。これは所有と支配の分離が事実上終焉したといわれている（今西宏次［2006］「株式会社の発展」佐久間信夫編著『現代企業論の基礎』学文社，25-27頁）。日本でも，1980年代後半から，銀行の株式保有率の減少に対して機関投資家の保有率の増加傾向が見られる（張英春［2005］「日本のコーポレート・ガバナンス構造の変容」仲田正機編著『比較コーポレート・ガバナンス研究——日本・英国・中国の分析——』中央経済社，63-66頁）。

ミューチュアル・ファンド：米国でオープンエンド型投資信託のことをいう。オープンエンド型投資信託とは，請求により随時解約のできるファンドのことを指し，米国の投資信託の主流を占める。

第Ⅱ部　職能・企業形態編

［4］　会社法の施行による社外取締役の導入

　1950 年の商法までは，株主総会中心主義が採用されていたが，1950 年の商法により，経営の機動性を図るため，業務執行機関たる取締役会・代表取締役に大幅な権限移譲が行われ，逆に株式総会は法令および定款に決定する事項のみを決議事項にできるとされ，最高機関性を維持しつつも，もはや万能機関性を失った。一方，代表取締役の監督は取締役会も行われるので，監査役の権限は会計監査権限に限定された。それ以降の商法改正においては，監査役の機能強化を中心に改正された。

　2006 年に，会社法は従来の商法の中の会社法規を大幅に修正され，単独法となった。1993 年の商法改正に取り入れた社外監査役を要件として厳格化し，それに加えて，社外取締役も取り入れ，外部人材の登用により，その独立性が強調され，取締役会における意思決定に対して幅広い視野による客観的意見の提供や，第三者の目からの監視という点で監督機能強化が図られた。

　社外取締役は「株式会社の取締役であって，（中略）当該株式会社又はその子会社の業務執行取締役（株式会社の第三百六十三条第一項各号に掲げる取締役及び当該株式会社の業務を執行したその他の取締役をいう。以下同じ。）若しくは執行役又は支配人その他の使用人（中略）でなく，かつ，その就任の前十年間当該株式会社又はその子会社の業務執行取締役等であったことがないこと。（中略）若しくは執行役若しくは支配人その他の使用人となったことがないものをいう。」（会社法第 2 条第 15 号）と規定されている。

　社外監査役に関しても要件厳格化が行われ，「株式会社の監査役であって，過去に当該株式会社又はその子会社の取締役，会計参与（会計参与が法人であるときは，その職務を行うべき社員）若しくは執行役又は支配人その他の使用人となったことがないものをいう。」（会社法第 2 条第 16 号）と規定されている（新川本 [2014]「日本の企業統治と取締役会」菊池敏夫・金山権・新川本編著『企業統治論——東アジアを中心に——』税務経理協会，35-37 頁）。

［5］　会社法改正によるコーポレートガバナンス・コードの導入

　2014 年 6 月に改正され，2015 年 5 月に施行された改正後の会社法にコーポレートガバナンス・コードが導入された。コーポレートガバナンス・コードに

おいて，コーポレート・ガバナンスは「会社が，株主をはじめ顧客，従業員，地域社会等の立場を踏まえた上で，透明・公正かつ迅速・果断な意思決定を行うための仕組み」とされている。また，「コーポレートガバナンス・コード原案」の序文では，「本コード（原案）では，会社におけるリスクの回避・抑制や不祥事の防止といった側面を過度に強調するのではなく，むしろ健全な企業家精神の発揮を促し，会社の持続的な成長と中長期的な企業価値の向上を図ることに主眼を置いている。」と明記されている（北地達明・北爪雅彦・松下欣親編［2016］『最新コーポレート・ガバナンスのすべて』日本実業出版社，16-17頁）。

3　韓国のコーポレート・ガバナンスの特徴

⬚1 日本型を原型とした会社機関構造

　韓国の会社機関構造は韓国の商法および会社法に基づいている。1962年まで植民地時代の日本の商法のまま適用し，1963年に，日本の1950年の商法を参考して新商法を設定した。1999年に商法が改正される以前の制度的構造は日本とほぼ同様であった。

　韓国の会社機関として，株主総会，取締役会（韓国では「理事会」と呼ばれる），監査役，代表取締役がある。株主総会は株主で構成され，会社の基本的事項に関して会社の意思決定をする必要常設機関としての最高意思決定機関である。取締役会は会社の業務執行に関する意思決定および取締役の職務執行を監督する権限を有し，取締役全員で構成される株式会社の必要常設機関である。監査役は取締役の業務執行を監査し，また，会計を監査する権限を有する株式会社の必要常設機関である。これらの会社機関はガバナンスの役割を果たすこととなる。代表取締役は対内的には会社の業務執行を行い，対外的には会社を代表する二つの権限を持つ株式会社の必要常設の独立機関である（金在淑［2014］「韓国の企業統治と取締役会」菊池敏夫・金山権・新川本編著『企業統治論——東アジアを中心に——』税務経理協会，77-78頁）。

⬚2 財閥支配

　1999年の商法改正まで，韓国経済の支配的地位にある巨大企業グループのほ

第Ⅱ部　職能・企業形態編

表6-1　韓国5大財閥の内部者による株式所有状況

(単位：%)

	一族	財団	系列企業	自己所有	計	経営者	従業員
三　星	3.6（4.8）	0.6	23.4	2.3	29.9	1.3	3.8
現　代	13.8（19.9）	0.6	28.5	2.2	45.1	0.1	3.4
大　宇	2.6（3.5）	2.5	25.2	1.4	31.7	0.3	0.6
L G	4.1（6.0）	0.3	31.1	0.3	35.7	0.0	1.6
S K	4.6（6.1）	0.2	23.3	1.6	29.7	0.3	2.8

(注)　一族の欄の数字は直接所有分である。ただし，括弧内は間接所有を含めた所有分である。
(出所)　花崎正晴（2008）『企業金融とコーポレート・ガバナンス――情報と制度からのアプローチ――』東京大学出版会，144頁。

図6-4　三星グループの主な系列企業の出資関係図（1997年）

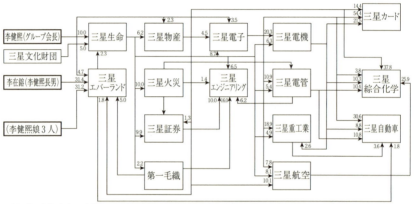

(出所)　安倍誠（2005）「韓国の企業統治と企業法制改革」今泉慎也・安倍誠『東アジアの企業統治と企業法制改革』アジア経済研究所，36頁。

とんどが財閥（チェボル）形態をなしていた。その骨子は家族・同族による閉鎖的所有・支配である。所有と経営の分離が十分に進んでおらず，オーナーが安定した所有により統帥としてグループ全体に対する強固な支配を可能にしていた（柳町功［2003］「韓国の企業統治構造」佐久間信夫編著『企業統治構造の国際比較』ミネルヴァ書房，138-139頁）。その代表的なものは，サムスン（三星），現代，大宇，LG，SKという5大財閥である（表6-1）。5大財閥のオーナー一族はすべて三星のように持株により，グループ全体を直接的・間接的に支配していた（図6-4）。

③ 機関投資家と「10％ルール」

近年，韓国の国民年金基金は機関投資家として財閥系列会社に多く出資し，

144

その経営状況をモニタリングする立場にある。例えば，三星の場合（2012年末），三星電子7.0％，三星物産9.68％，ホテル新羅9.48％，第一毛織9.80％であった。基本的に10％を超えない持株比率にした理由は，「10％ルール」の存在といわれている。「10％ルール」とは，上場会社の株式を10％以上保有する場合，その個人や機関はたとえ1株による持株比率の変動であっても，その内容を5取引日以内に公示しなければならない規定である。この公示作業の煩雑さゆえに，国民年金基金は主要上場会社の持株比率を10％以下に制限する傾向がある。機関投資家による財閥系列会社へのモニタリングが期待されているが，支配構造の頂点にオーナー一族が君臨する韓国の財閥系列会社において，公的機関である国民年金基金がどこまで影響力を行使できるかと疑問視されている（柳町功［2014］「会社機関とコーポレート・ガバナンス」佐久間信夫・出見世信之編著『アジアのコーポレート・ガバナンス改革』白桃書房，45-46頁）。

④ 社外取締役制度の導入による経営透明性の追求

1997年のアジア通貨危機により，韓国では多数の財閥系列会社が倒産し，金融・証券市場の大混乱を救済するために，年末にIMFによる救済金融を受けることに至った。IMFの管理体制の下で，企業構造改革の一環として行われたのが，コーポレート・ガバナンス改革であった。

1999年の商法改正により，その改革の一つとして社外取締役制度が導入された。改正後の商法によると，上場会社は社外取締役を取締役総数の4分の1以上にしなければならず，資産規模2兆ウォン以上の上場会社には社外取締役を3名以上，取締役総数の過半数を社外から選任しなければならない。この場合，社外取締役を選任するには，過半数以上が社外取締役で構成される「社外取締役候補推薦委員会」を設置し，この委員会から推薦を受けた者から選任しなければならない（金在淑，2014，82頁）。2016年3月の三星電子の取締役会の構成を見ると，社内取締役は4名，社外取締役は5名であった（**表6-2**）。

IMF：国際通貨基金と呼ばれている。第2次世界大戦後の国際通貨・金融制度の安定を図るため1944年のIMF協定に基づいて翌年12月発足した国際機関である。国際収支が不調となった加盟国は，各加盟国が出資した共同の為替資金からこれを是正するための借入ができる。最高機関は総会で，年1回開かれる。

第Ⅱ部　職能・企業形態編

表6-2　三星電子の取締役会における社外取締役（理事会）の選任状況（2016年3月）

区　分	職　位	氏　名	担当分野・備考
社内代表理事	代表副会長	権五鉉	理事会議長，DS：Device Solutions
社内代表理事	代表社長	申宗均	IM：IT & Mobile Communications
社内代表理事	代表社長	尹富根	CE：Consumer Electronics
社内（新）	副会長	李在鎔	経営全般総括，三星生命公益財団理事長 前三星電子（株）COO（Chief Operating Officer）社長
社外（新）	—	朴宰完	成均館大学国情専門大学院院長，韓半島先進化財団理事長 前企画財政部長官
社　外	—	金漢中	CHA病院グループ未来戦略委員会委員長，延世大学名誉教授
社　外	—	宋光洙	金&張法律事務所顧問，前検察総長
社　外	—	李秉基	ソウル大学電気工学部教授
社　外	—	李仁鎬	前新韓銀行長

（出所）三星電子ホームページ―会社紹介―人員陣―理事会（http://www.samsung.com/sec/aboutsamsung/samsungelectronics/executives/executives_02/　2016年12月11日閲覧），三星電子ホームページ―investor relations（http://www.samsung.com/sec/aboutsamsung/ir/governance/directors/directors_01.html　2016年12月11日閲覧）から筆者作成。

⑤　監査委員会制度の導入による米国型会社機関構造への移行

　1999年の商法改正によるもう一つの改革は，資産規模2兆ウォン以上の上場会社に，監査役を廃止し，取締役会の中に監査委員会を設置することが義務化された改革であった。監査委員会を設置する場合は，3分の2以上を社外取締役で構成しなければならなかった。これは会社機関構造の日本型から米国型への移行といわれている（末永敏和，2005，173頁）。2013年に，660社の上場会社のうち，231社（35％）が監査委員会を設置し，設置が義務付けられた114社（49.4％）に加えて，自発的に設置した会社は117社（50.6％）であった（金在淑，2014，87頁）。

4　中国のコーポレート・ガバナンスの特徴

⑴　融合型の会社機関構造

　1993年12月に，中国初の会社法（「中華人民共和国公司法」）が施行され，この会社法により，株式会社（中国では「股份有限公司」と呼ばれる）という企業形態が中国に現れた。

中国の株式会社は，発起設立と募集設立によって設立される。発起設立とは，発起人が発行株式の全てを引き受け，したがって自ら資本金の全額を賄うという会社設立方法である（小松章 [2007]『企業形態論　第3版』新世社, 68頁）。中国では，発起設立の場合，発起人は5人以上，しかも半数以上は中国国内の居住者でなければならない。募集設立とは，発起人が発行株式の一部だけを引き受け，残りを第三者に売り出して，したがって資本金の一部を第三者にも仰ぐ設立方法である（小松章, 2007, 68頁）。国有企業への株式会社制度導入によって設立された株式会社の出資者数は5人以下でもよいが，募集設立をしなければならない。株式会社の最低資本金額は1000万元であるが，上場公司の場合は5000万元と定められた（楊秋麗 [2013]『中国大型国有企業の経営システム改革――中国石油天然ガス集団公司を中心として――』晃洋書房, 19頁）。

中国の株式会社の会社機関は株主総会（中国では「股東大会」と呼ばれる），取締役会（中国では「董事会」と呼ばれる），監査役会（中国では「監事会」と呼ばれる）で構成され，日本型の監査役（会）設置会社の会社機関構造がベースになるといわれている。同時に，米国型のように取締役会に監査委員会，指名委員会，報酬委員会が設置され，社外取締役と社内取締役によって構成される。その上，監査役会に従業員監査役が存在する点でドイツ型に類似している。つまり，中国の株式会社の会社機関構造は日本型，米国型，ドイツ型の融合型である（図6-5）。

② 「国務院国有資産監督管理委員会」を頂点とする多重構造

2003年3月に，国務院（中国政府の最高行政機関）の機構改革により，国有資産を専門的に監督・管理する機関である「国務院国有資産監督管理委員会」が設立された。設置当初，196社の大型国有企業の国有資産を監督・管理したが，その後，企業再編を通じて，2016年8月に，監督・管理企業数は102社まで減少した（国務院国有資産監督管理委員会「央企名録」2016-08-03 [http://www.sasac.gov.cn/n86114/n86137/index.html　2016年11月30日閲覧]）。

国有資産監督管理委員会は行政レベルによって，国務院国有資産監督管理委員会，省（日本の県に相当）国有資産監督管理委員会，市（日本の市に相当）国有資産監督管理委員会に分かれている。国務院国有資産監督管理委員会は国家を

第Ⅱ部　職能・企業形態編

図6-5　日本・米国・ドイツ・中国の会社機関構造の比較

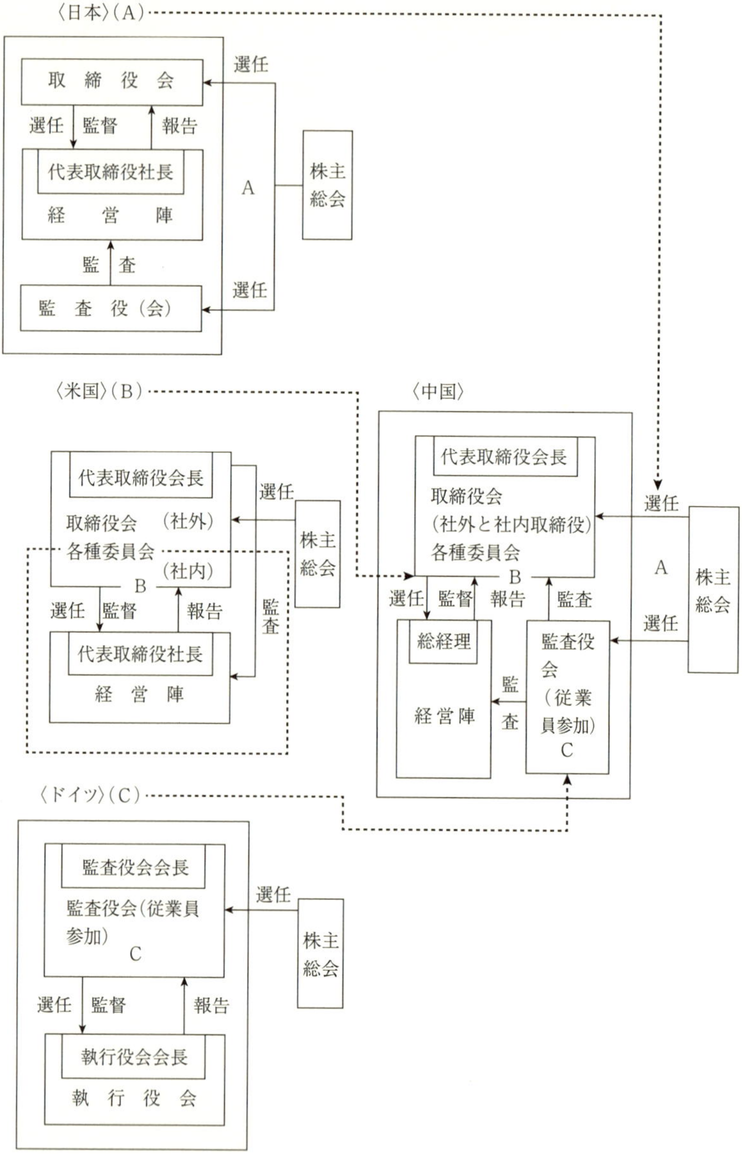

〈日本〉（A）

取　締　役　会

選任　監督　報告

代表取締役社長

経　営　陣

監　査

監　査　役（会）

選任

選任

A

株主
総会

〈米国〉（B）

代表取締役会長

取締役会　　（社外）

各種委員会　（社内）

B

選任　監督　報告

代表取締役社長

経　営　陣

選任

監査

株主
総会

〈中国〉

代表取締役会長

取締役会
（社外と社内取締役）

各種委員会
B

選任　監督　報告

監査

総経理

経営陣

監査

監査役
会
（従業
員参加）
C

選任

A

選任

株主
総会

〈ドイツ〉（C）

監査役会会長

監査役会（従業員
参加）
C

選任　監督　報告

選任

執行役会会長

執　行　役　会

株主
総会

（出所）　李維安（1998）『中国のコーポレート・ガバナンス』税務経理協会，190頁。

代表し，国民経済基盤，国家安全，重要な公益事業，重要な自然資源に関わる大型国有企業，大型国有資本支配会社，大型国有資本参加会社に対し，出資者としての権限を行使する。それ以外の国有企業の国有資産に対する出資者権限を，省国有資産監督管理委員会と市国有資産監督管理委員会が地方政府を代表し，行使することになる。国務院国有資産監督管理委員会に監督・管理されている企業は「中央企業」と呼ばれ，省国有資産監督管理委員会と市国有資産監督管理委員会に監督・管理されている企業は「地方企業」と呼ばれている。中国では，上場大会社のほとんどは「中央企業」である（楊秋麗，2013，16頁）。中国石油天然ガス集団公司の事例を見ると，「国務院国有資産監督管理委員会」を頂点とする国務院国有資産監督管理委員会—親会社・中国石油天然ガス集団公司—子会社・中国石油天然ガス株式有限公司—孫会社・石油精製と化工分公司等の分公司という多重構造が見られる（図6-6）。そのうち，子会社・中国石油天然ガス株式有限公司のみが上場会社である。

③ 「国家授権投資機構」としての大型国有企業集団による過半数持株支配

「国家授権投資機構」とは国家単独出資によって形成され，国務院および省レベルの地方政府の認可を受け，新設，あるいは再編された特殊企業法人である。「国家授権投資機構」は国家を代表し，授権された範囲内の国有資産に出資者としての権限を行使し，国有資産の保全と増殖に責任を負う。大型企業集団の親会社（つまり，集団公司）は「国家授権投資機構」として，認定されることができる（楊秋麗，2013，26-27頁）。

中国石油天然ガス集団公司の事例を見ると，1998年に，親会社・中国石油天然ガス集団公司が設立され，同時に，「国家授権投資機構」に認定された。子会社・中国石油天然ガス株式有限公司は1999年11月の設立当初において，国有単独出資会社であり，親会社・中国石油天然ガス集団公司によって株式の100％が所有された。その後，子会社・中国石油天然ガス株式有限公司の株式は香港，ニューヨークおよび上海証券取引所での上場により，株式構造の変化が見られたが，2015年まで親会社・中国石油天然ガス集団公司による過半数持株支配に変化は見られない（表6-3）。

第Ⅱ部 職能・企業形態編

図6-6 中国石油天然ガス集団公司の組織図（2012年10月）

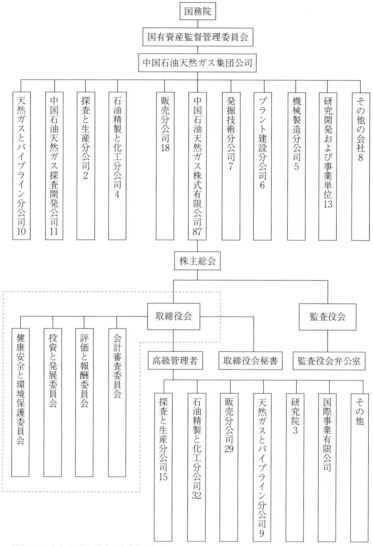

（注） 1：分公司の欄の数字は企業数である。
　　　 2：点線の範囲内は取締役会である。
（出所） 楊秋麗（2013）『中国大型国有企業の経営システム改革——中国石油天然ガス集団公司を中心として——』晃洋書房，40，61頁より筆者作成。

第6章　コーポレート・ガバナンス：会社機関構造における日韓中の比較

表6-3　中国石油天然ガス集団公司による中国石油天然ガス株式有限公司の持株比率

年　度		2000～2004	2005～2006	2007	2008	2009	2010～2015
種類別持株比率（％）	国家株	90.00	88.21	86.29	86.29	86.07	
	Ａ　株				0.13	0.13	86.35
	Ｈ　株				0.29	0.09	0.16
持株比率合計（％）		90.00	88.21	86.29	86.71	86.29	86.51

（注）　1：すべてのデータは12月31日のデータである。
　　　　2：筆頭株主は2000～2011年において，全て中国石油天然ガス集団公司である。ただし，2009年までに，中国石油天然ガス集団公司の持株数は国家株として計上された。
（出所）　『中国石油天然気股份有限公司年報』1999～2015年度版より筆者作成。

［4］　親・子会社役員の兼任による国有資産監督管理委員会の実質支配

　国有資産監督管理委員会に管理・監督された国有企業から転換した株式会社には，国有企業集団である親会社と株式会社である子会社との間の取締役の兼任が多く，この兼任を通じて，子会社は実質的に国有資産監督管理委員会に支配されている。

　親会社・中国石油天然ガス集団公司と子会社・中国石油天然ガス株式有限公司との兼任状況を見ると（**表6-4**），子会社・中国石油天然ガス株式有限公司の7人の執行取締役と非執行取締役は全て親会社・中国石油天然ガス集団公司の経営者を兼任している。中国石油天然ガス集団公司の経営者の選任は国有資産監督管理委員会によって行われるために，この兼任により，中国石油天然ガス株式有限公司の経営者は実質的には国有資産監督管理委員会に選任されることに等しい（楊秋麗，2013，52-55頁）。

［5］　取締役・監査役の党職兼任による党組織の経営介入

　国有企業から転換した株式会社には「新三会」といわれる株主総会，取締役会，監査役会が存在しており，その一方で設立当初から「老三会」といわれる党委員会，従業員代表大会，工会（労働組合）が並存していることも多い。「老三会」は会社法の規定する会社機関ではないが，経営の意思決定と監督において重要な役割を果たしている。しかし，この並存については，「新三会」と「老三会」との機能の調整，労働者主権と株主主権との調和の必要性，およびインサイダー・コントロールを発生させる等の問題点が指摘される（芳澤輝泰［2000］「中国における国有企業改革とコーポレート・ガバナンス──労働者の経営参加・経営監

151

第Ⅱ部　職能・企業形態編

表6-4　中国石油天然ガス株式有限公司取締役会と監査役会の構成（2015年12月31日）

		職　務	中国石油天然ガス集団公司での職・社外取締役の兼職	党　職
取締役会	執行取締役	取締役会長	取締役会長	中国石油天然ガス集団公司党委員会書記
		取締役副会長・総裁	総経理	中国石油天然ガス集団公司党委員会委員
		副総裁	副総経理	中国石油天然ガス集団公司党委員会委員
		副総裁	副総経理	中国石油天然ガス集団公司党委員会委員
	非執行取締役	取締役	副総経理	中国石油天然ガス集団公司党委員会委員
		取締役	総経理・元安全総監	中国石油天然ガス集団公司党委員会委員
		取締役	副総会計師	中国石油天然ガス集団公司党委員会委員
	社外取締役	取締役	エール大学終身教授	―
		取締役	Russias Luke International Oil Co. 取締役	―
		取締役	アモイ大学教授	―
		取締役	中国船舶重工集団公司総経理	―
監査役会		主　席	総経理助理	―
		監査役	安全環境監督センター主任	―
		監査役	会計審査部総経理	―
		監査役	資本運営部総経理	―
		監査役	改革と企業管理部総経理	―
	従業員監査役	監査役	長慶油田分公司総経理	長慶油田分公司党委員会副書記
		監査役	パイプライン分公司総経理	パイプライン分公司党委員会副書記
		監査役	蘭州石化公司総経理	蘭州石化公司党委員会副書記
		監査役	燃料油公司主要責任者	

（出所）　『中国石油天然ガス股份有限公司年報』2015年度版，68-72頁，および中国石油天然ガス集団公司HP（http://www.cnpc.com.cn/cnpc/gltd/gltd_index.shtml　2016年11月30日閲覧）より筆者作成。

視機能を中心に――」『龍谷大学経営学論集』第40巻第1号，および芳澤輝泰［2002］「現在中国国有企業のコーポレート・ガバナンス――株式会社へ改組した国有企業のガバナンス構造を中心に――」『龍谷大学経営学論集』第42巻第1号）。中国石油天然ガス株式有限公司の取締役・監査役の党職の兼任状況を見ると（表6-4），「新三会」に対する党委員会の影響が大きいことが推測できる。

⑥　社外取締役の独立性強化

　2001年に，中国証券監督管理委員会が「上場会社における独立取締役制度構築の指導意見」を公表し，2002年までの上場企業には最低2名，2003年以降の上場企業には3分の1以上の取締役を社外取締役にしなければならないと決定した。また，社外取締役の独立性を保つために，以下の者は社外取締役になってはならないという決定もあった。つまり，①会社および関連会社の従業員とその直系親族・血縁関係者，②会社の株式を1%以上保有するか上位10位の大株主である個人株主とその直系親族，③会社の株式を5%以上保有するか上位

第6章　コーポレート・ガバナンス：会社機関構造における日韓中の比較

5位の大株主である法人株主の会社の従業員とその直系親族，④直前1年以内に①，②，③であった者，⑤会社および関連会社に財務・法律・コンサルティングサービスを提供する者，⑥定款で決められたその他の者，⑦中国証券監督管理委員会によって決められたその他の者，である（楊秋麗，2013，52-55頁）。中国石油天然ガス株式有限公司の社外取締役の兼任状況を見ると（表6-4），一定の独立性が見られる。

７　機関投資家の市場参入

　中国における機関投資家には主として，金融機関，保険会社，投資信託会社，信用合作社，国または民間団体により設立された年金基金，中国に進出している外国の機関投資家などが含まれている。投資源泉，投資目的，投資方向などの面で機関投資家と個人投資家は大きく異なっているが，現状は投資家全体に占める機関投資家の比率は依然として個人投資家よりははるかに低い。中国における機関投資家によるコーポレート・ガバナンスへの参加は始まったばかりで，比率は低いが，企業の意思決定に与えている影響力は否定できないと指摘されている（金山権［2014］「中国の企業統治と取締役会」菊池敏夫・金山権・新川本編著『企業統治論——東アジアを中心に——』税務経理協会，54-55頁）。

5　日韓中のコーポレート・ガバナンスの共通性と相違点

　日本・韓国・中国の会社機関構造を通じて，その現状と歴史的発展経路を見ると，発展方向の共通性とその中での相違点が見られる。

１　会社機関構造の共通性と相違点：米国型会社機関構造への移行

　日本の株式会社は1899年の商法において，株主総会，取締役会，監査役を会社機関として採用し，のちには日本型といわれる「監査役（会）設置会社」の会社機関の原型になっている。韓国の株式会社は1999年までに，中国の株式会社は1993年の出現当初から，この日本型を採用していた。ただし，取締役への監視機能を強化するために，日本では，2002年の商法改正において，韓国では，1999年の商法改正において，中国では，日本型をベースにしながら，米国型の

153

第Ⅱ部　職能・企業形態編

会社機関構造を取り入れるようになった。ただし，日本では，日本型と米国型の択一という方法で，韓国では，会社規模による大規模会社への強制導入という方法で，中国では，日本型と米国型との融合という方法で，それぞれ異なる方法で米国型の会社機関構造を取り入れた。

2 株主構成の共通性と相違点：大株主による持株支配

　日本，韓国，中国の大型株式会社においては，共通的に大株主による持株支配の経験がある。日本では，戦後財閥解体により株式の相互持合い，メインバンクによる系列融資，および社長会をはじめとする人的結合を通じて6大企業集団が結成され，メインバンクは会社の主要株主であり，借入先としての債権者でもあるため，会社に対してモニタリング機能を果たしていた。韓国では，財閥系列会社において，オーナー一族は持株によりグループ全体を直接的・間接的に支配していた。中国では，中央企業においては，国務院国有資産監督管理委員会は，国有企業集団である親会社の取締役の選任，および親会社と子会社との取締役の兼任を通じて，株式会社である子会社に対して実質支配をしている。ただし，日本では，1990年代に入ってからの系列解消，株式相互持合いの減少，およびその後の機関投資家の台頭により，株式の分散が進んでいる。これに対して，韓国と中国では，機関投資家の市場参加に一定の効果が見られたが，財閥支配，政府支配が依然として顕著に見られる。

3 監督機能の共通性と相違点：社外取締役制度の導入

　取締役に対する監督機能を強化するために，日本，韓国，中国の大型株式会社において，社外取締役制度が導入されている。また，社外取締役の役割を確実に発揮できるように，その独立性の確保が必要となる。韓国では，1999年の商法改正において，中国では，2001年の中国証券監督管理委員会による「上場会社における独立取締役制度構築の指導意見」において，日本では，2012年9月の「会社法制の見直しに関する要綱案」において，社外取締役の独立性に関して明文化された。しかし，日本では，2015年5月に施行された改正後の会社法にコーポレートガバナンス・コードが導入され，今後のコーポレート・ガバナンスは監督の側面を過度に強調するのではなく，むしろ企業価値を促進する

第6章 コーポレート・ガバナンス：会社機関構造における日韓中の比較

> **中央企業の再編**
>
> 　2003年3月に，国務院国有資産監督管理委員会が設立され，当初，管理・監督される中央企業は197社でした。当時，産業独占を避けるために，各産業において，複数の中央企業を設立することになっていました。例えば，石油化学産業には，中国石油天然ガス集団公司，中国石油化工集団公司と中国海洋石油総公司があります。
> 　2015年に入り，国務院国有資産監督管理委員会に管理・監督されている中央企業の再編が加速化しています。これは習近平指導部が過剰設備の削減など「供給側改革」で低迷する経済のてこ入れを図る姿勢の全面的打ち出しといわれています。目標としては，現在100社を超える中央企業を2020年までに50社以下に集約させることです。再編の先行モデルは，2015年6月1日に旧・中国南車株式有限公司と旧・北車株式有限公司の合併により発足した中国中車株式有限公司でした。再編後，中国国内の鉄道車両シェアをほぼ独占し，世界の地下鉄車両の50％のシェアを占める世界最大手となりました。このような再編は単純に規模の拡大を狙うのではなく，「走出去（海外に打って出る）」戦略の一環であり，中国会社同士による消耗戦を避け，「オール中国」として経営資源を海外事業に集中して受注競争で優位に立つ狙いもあります（『日経産業新聞』2016年1月6日）。
> 　この再編を皮切りに，2015年には，合計6組12社が再編し，2016年も続いています。その中で最も注目されているのは2016年12月1日に発足した中国宝武鉄鋼集団有限公司です。中国の鉄鋼大手宝山鉄鋼集団有限公司と武漢鉄鋼集団有限公司の2社の再編により，粗鋼生産能力で欧州アルセロール・ミタルに次ぐ世界第2位の鉄鋼メーカーが現れました（『日本経済新聞』2016年9月23日）。
> 　このような政府主導の企業再編は大株主への資本集中がますます進み，政府による支配は強くなることが予想されます。同時に，再編後の会社のコーポレート・ガバナンスの変化も注意深く見る必要があります。

ことに主眼を置く方向に転換した。この点において今後，監督機能に主眼を置いている韓国と中国のコーポレート・ガバナンスの変化は注目されている。

（推薦図書）

佐久間信夫（2003）『企業支配と企業統治――コーポレートコントロールとコーポレート・ガバナンス――』白桃書房。
　コーポレート・ガバナンス学習の基礎となる企業支配論を体系的にまとめた上，米国・ドイツにおけるコーポレート・ガバナンス論への継承を解説している。
佐久間信夫・出見世信之編著（2014）『アジアのコーポレート・ガバナンス改革』白桃書房。
　日本・韓国・中国だけではなく，他の諸国のコーポレート・ガバナンス改革も概観している。
楊秋麗（2013）『中国大型国有企業の経営システム改革――中国石油天然ガス集団公司

第Ⅱ部　職能・企業形態編

を中心として──』晃洋書房。

　中国において典型的な大型国有企業である中国石油天然ガス集団公司を事例として，中国大型上場会社のコーポレート・ガバナンスの特徴を解説している。

（設　問）

1．企業の資金調達とコーポレート・ガバナンスとはどのような関係性があるでしょうか。考えてみましょう。

2．日本・韓国・中国において，経営者の経営活動に対する監督機能を強化するために，どのようなシステムが導入されましたか。日本では新たな会社法改正があり，今後どのような動きが予想されますか。考えてみましょう。

（楊　秋麗）

| 第7章 | 人事・労務：共通の土台と相違点 |

多くの人たちが働いている会社の中で，従業員にいきいきと積極的に働いてもらうためには，どのような仕組みや工夫があるのでしょうか。日本とアジアの国々には，どのような共通点と違いがあるのでしょうか。似ている仕組みでも，その「中身」は，かなり違っていることもあります。大事なのは，その広がりを知って，皆さん自身の働き方を考えていくことです。

1　人事・労務とは

1　基本的な考え方

　企業活動は，何人かの従業員に働いてもらうことによって，収益・利益をあげることを組織としての最大の目的としている。近年，経済のグローバル化は確実に競争を激化させている。市場リスクに対応しながら，収益・利益をあげるためには，さまざまな経営資源を「必要な時に必要なだけ」外部から購入することが最も効率的である。ただ，モノ，カネなど他の資源と違って，ヒトだけはそういう訳にはいかない。高度な専門性や技術力を備えるなど，どの企業でも欲しがる人材ほど，「必要な時に必要なだけ」確保するのは，ほぼ不可能に近いからである。そうした人材は，あらかじめ確保し，育てていく他にない。現在の人事管理はおしなべて，「拡大する『市場リスク』と，より大きな付加価値を作り出す人材の確保と活用という，トレードオフの関係になる短期と長期の課題を同時に解決することが求められ」ている（今野浩一郎・佐藤博樹［2002］『人事管理入門』日本経済新聞社，2頁）。

　人事・労務管理，人的資源管理とは一般的に，採用に始まって退職に至る一連の過程全てを指す。採用後に仕事に配置して，能力開発を行いながら実際に仕事をしてもらうことが中心となる。その間に労働条件を整え，ある期間における仕事の成果を評価し，それに適した処遇を行うことで更に効率的に，そし

157

第Ⅱ部　職能・企業形態編

て可能な限りいきいきと働いてもらうためには，どうすればいいのかを考える，それら全体にわたる実に煩雑な過程を指す。加えて，本来，使用者と従業員とは利害が異なるということを前提に，それを互いに調整しようとする労使関係のあり方を管理することも，広義には含まれている。

②　唯一の正解はない

　収益・利益をあげるために，効率化は必須である。ただ，効率性だけではなく，可能であれば，いきいきと働いてもらうほうがいい。嫌々働かされるよりは，そのヒトが周囲も含めて楽しいと思える気持ちや働き方で仕事に取り組むほうが，長期的には効率性もアップするであろう。では，国・社会，そして時代を問わず，皆がこうであればいいと思い，なおかつ，効率性を高められる働き方とは，いったいどのような働き方なのだろうか。答えは簡単である。そのようなものは，存在しない。

　実際の人事管理の仕組みは，企業を取り巻く環境や条件により，実にさまざまな形態がある。その一方で，各企業が考えていることは，皆ほぼ同じである。すなわち，その企業にとっての「いい人材を多数採用し，収益をあげられるよう働いてもらいたい」のである。土台は共通しているが，一つの企業内を見るだけでも，職務により必要となる資質は異なっていることが分かる。仕事内容によって最も大切なのは，緻密さであったり，協調性であったり，あるいは，体力であったりする。いずれにせよ，人事管理の様相を決定するのは，その業務を遂行するためには，どういった資質の人材が必要となるのか，そして，十分に力や能力を発揮してもらうには，どのような仕組みを用意すればいいのかという，企業側の基本的な姿勢である。そして，従業員側が，それをどのように受け入れるかによって，現実の人事管理の仕組みは形作られていく。

　本章の目的である，「アジアにおける人事・労務」について，「これこそが現代アジアの人事管理である」といった，すっきりとした回答を期待しているのなら，その期待には添えない。「その国，社会のある一時点で，比較的多数見られる人事管理の仕組み」ならば，ある程度は描くことができよう。規模や業種，そして，従業員構成といった，企業の基本的な属性によって，人事管理の様相は変わりうる。それを踏まえた上で，アジア全体に視野を広げ，その中の共通

第7章　人事・労務：共通の土台と相違点

性と相違点を丹念に描き出すことは，何十人もの研究者が何十年もかかって，初めて回答が得られるかもしれないというほどの巨大な課題である。本章の紙幅にはとても収まりきらない。ここでは，その糸口だけを示すことに専念したい。はたしてそこには，どのような共通性と多様性が見られるのだろうか。

2　共通性と多様性

1　共通の土台

　上で述べたように，人事管理の最も基本的な土台となるのはムダを省いて効率化を図ることであり，グローバル大競争時代の中で収益をあげ勝ち抜くためには必須である。同時に必要となるのは，効率を高めながら，いかに継続性を担保するかという点であろう。事業はその一瞬だけうまくいけばいいというものではない。未来永劫とまでいうことにはムリがあるが，一定期間継続することを前提としている。では，なんとか続けていくためには，何が必要なのだろうか。

　人事管理は，その社会・国の状況，そして，企業の属性により，きわめて多くのヴァリエーションがある。我が国の大企業と中小・中堅企業との間の差異に言及するまでもなく，一国内での状況でさえ，丹念に調べていけば，その中には，その時に支配的なパターンとそうではない部分が必ず混在している。我が国企業の人事管理を見ても，常に変化を続けてきた。未曾有の好景気に沸き上がった我が国経済も 1980 年代後半になるとバブル崩壊に向かってゆく。それを契機として，人事管理の仕組みも変更を余儀なくされ，「大変革の時期」と呼ばれた。長期雇用や職能に基づく評価や処遇が高コスト体質の原因の一つとされ，それをカイゼンすべく導入されたのが，**成果主義的人事管理**であった。

　人事管理の原則を考えれば，その仕組みの中には，効率をあげるという意味

成果主義的人事管理：年功的システムに対比されることが多い人事管理の仕組みの総称。ただ，その内容は多岐にわたる。企業への貢献を，成果・業績というアウトプットで計るのが基本的な姿勢であるが，具体的に，何が成果であって，それをどのようなスケールで，誰が評価し，どの程度の差異があれば，公平・公正であるのかについては，さまざまな議論がある。

159

第Ⅱ部　職能・企業形態編

で成果主義的な要素は必ず含まれている。我々が目を向けなければならないのは，そうした共通原則が，具体的にどういった形で現れているのかという点である。

② 韓国における改革の例

　東アジア地域には，本書第Ⅰ部でも見たように，成長著しい中国の他にも，韓国や台湾など，いくつかの分野で世界経済に影響力を持つ国々が集まっている。例えば，韓国は，いわゆるアジア金融危機（アジア通貨危機ともいう。1997年から始まった，アジア各国の急激な通貨下落現象，その影響としての金融・経済危機）から大混乱となり，人事管理も劇的な変化を余儀なくされた。

　雇用・労働の仕組み全体という意味では，財閥系企業で典型的に見られたように，男子正規労働者を中核にして，学歴格差を前提とした年功制という長期安定雇用の仕組みから，非正規従業員を多用する仕組みへの大転換が図られた。その経緯は，中村良二（2009）にまとめられている（中村良二［2009］「人事・労務」中川涼司・髙久保豊編『東アジアの企業経営──多様化するビジネスモデル──』ミネルヴァ書房）。加えて，ますますグローバル競争が激化することに対応するため，企業戦略としても人事戦略としても，「選択と集中」が加速化している（安熙卓［2015］「韓国企業の人材育成の新たな展開」『経営学論集』第25巻第4号）。競争に打ち勝つためには，他社に対して明確に優位となる中核事業を創り出すこと，そうした体制が可能となるコア人材・グローバル人材を育成することが重要となる。そのために，韓国先進大企業では，きわめて早い段階からそうした候補者を選抜し，特別な訓練体系による育成を始めている。ただ，こうした戦略の変換もそれが意図どおりに奏功するか否かは未知数である部分も大きい。仕組みや制度が変わり，それが実質的に内在化されるまでには一定のタイム・ラグをともなう。

　大規模な経済の停滞から，仕組みと基本的な考え方としての成果主義は定着しつつあると考えてよかろう。その取り組みも一定程度効果を出しつつある一方で，一般従業員のモラールや「公平性」の感覚については，更なる改善の余地があるというレポートも公刊されている（禹宋杬［2010］『韓国の経営と労働』日本経済評論社）。その意味で，現在でもなお，大きな変革や移行は継続している

と捉えたほうが実態に近いと思われる。

このように，日韓2カ国だけを取り上げても，経済危機を契機として効率化を目指し，成果主義的人事管理を導入したことは，ほぼ共通しているように見える。ただ，それでも両国ともに，ほぼ全ての企業で成果主義を導入している訳ではないし，成果主義の内容自体も相当程度異なることが少しずつ明らかにされてきた。

世界中の企業がグローバル規模での熾烈な競争に突入し，それに打ち勝つためにさまざまな戦略を採っている。人事管理の側面から考えれば，効率化を前提とした成果主義的人事管理を取り入れている企業が多いことは確かであろう。少なくとも現時点では競争に対する基本的で重要な対処方法である。しかしながら，今，上でも見たように，その内実を詳しく見ていくと，小さくない・少なくない相違点も同時に見えてくるのである。

③ 実態を見て比較する

韓国の例を見れば，たしかに企業の制度・仕組みが，ある日を境に一変することはありえよう。しかしながら，そこで働いているのは，昨日まで，これまでの韓国社会と韓国企業において最もよいとされてきた仕組み，すなわち，学歴主義に基づいた確固たる年功主義の下で働いてきた従業員である。働き方はさておき，従業員一人ひとりの考え方が一変するか否かは，また別問題である。年齢によってもその受容が異なることは，容易に想像できよう。はっきりしているのは，その企業の中枢となる人材を中心に大多数の従業員が，モラールを低下させてしまうような改革は，あまり意味がないということである。成果主義の検討には，競争をするからこそ，その敗者となった人々への気配り・処遇・対応はきわめて重要なのである（中村圭介［2006］『成果主義の真実』東洋経済新報社，特に第5章）。役職昇進は果たせなかったものの，企業業績に対して貢献をしている，ごくふつうの従業員が，尊厳を保ちモラールを維持して働き続けていくために何が必要なのかを，真剣に考える必要がある。

現時点で流行が過ぎ去ったと思われるような仕組みであっても，旧システムとして一蹴するのではなく，「残存」と見られる要素があるのなら，その理由を考えることはきわめて重要である。我々が検討すべきなのは，どういった新し

第Ⅱ部 職能・企業形態編

い「看板」が掲げられているかではなく，実態としてどのような人事管理が，どの国・社会の，いかなる種類・属性の企業で行われているのか，それ以前の体制・仕組みと，どの部分がどの程度，明確に変わっているのかということをさまざまな観点から「比較」することである。共通性と相違点・多様性を同時に，継続的に検討していく必要がある。

　最終的な目標を考えれば，本章で取り上げられるのは，その中のごくごくわずかな範囲に留まっている。ここでは，中国における人事管理の問題を中心に検討する。いうまでもなく中国は，今やグローバル経済の一つの柱となりつつある。改革・開放から約40年が過ぎ，中国が今や世界第2位の経済大国となったことは周知の事実である。独自のシステムに戸惑いを感じることがあっても，我が国のみならず世界中から，きわめて多くの有力企業が今なお，中国市場を目指している。

　こうした世界情勢の中でのプレゼンスの大きさもさることながら，我が国・我が国企業との関わりの深さ，そして，社会主義における計画経済から市場経済への移行など，何重もの意味で，中国はきわめて興味深い存在である。更には，後ほど述べるが，中国においては，市場システムに共産党が介入するという特有のシステムが機能している。そうしたさまざまな観点から，中国における人事管理のあり方を検討することは，人事管理の比較研究という点でも，重要な意味を持つものとなろう。

3　中国市場システムの構図

　中国での人事管理を理解するためには，改革・開放の直前から現在に至るまで，社会全体がどのような変遷を辿ってきたのか，多少なりともその歴史を理解する必要がある。ただここでは紙幅の関係から，その骨子だけを述べるにとどめたい。内容は基本的に中村良二（2009，前掲書，第3節）と同様である。

［1］改革・開放の流れ

　周知の通り，中国は1978年に改革・開放政策を開始する。それまでの文革を中心とする過度の政治闘争と膨大な軍事費負担により，経済のみならず社会全

第7章　人事・労務：共通の土台と相違点

体が疲弊していたからである。経済の再建という至上命題のために，外資の積極的な導入を図った。

　深圳など4地区の対外経済開放特区を設置することに始まり，「対外開放は点から線へ，さらに面へと拡大する」ことになる（加々美光行［1993］『市場経済化する中国』日本放送協会，22頁）。1992年の鄧小平による，いわゆる「南方講話」を経て，改革・開放政策が経済発展を促したことは紛れもない事実であるが，これは同時に，沿海部と内陸部などをはじめとする経済格差を拡大する過程でもあった。その問題は，現在なお根本的な解決を見ないまま，継続している。

② 中国的市場システム

　改革・開放政策の開始以来，中国では，「人治から法治へ」と，すべてを政府・共産党が主導する社会から，市場主導の社会へと変わらなければならないと繰り返し述べられてきた。いまだにそれが続いていることは，実は今日でも「人治」の要素が根強く残っていることの傍証であろう。政府は企業活動のいわば外枠を整備し，実際の経営には原則として介入しないというのが，我々の一般的理解である。しかしながら今日でも，中国ではどうも「そうではないらしい」。また，政府政策一つをとっても，中央政府の政策と省ごとの政策，更には，その下の市・区など各級政府の政策も，決して一様ではない。

　こうした状況は基本的には，それぞれの地方における企業と政府との関係性に起因する。すなわち，経済活動の主体たる企業に対して，各地方政府がそのエリア内外で採用する政策が，明確に区別されてきたのである。王（2001）が明らかにしたこの「市場分断」の問題は，一言でいえば，中央から経済的な自立を促された各地方政府が，その財源確保のために，エリア内企業の倒産を極力回避しようとしたことに起因する（王保林［2001］『中国における市場分断』日本経済評論社，特に第1〜2章）。競争を半ば無視したエリア内企業の「保護」は，一面では過剰生産，過剰な在庫，更には，市場からは撤退すべき企業を保護し，倒産企業をすぐに再建させることに結びついている（『日本経済新聞』2005年8月29日付朝刊）。地方においては，行政，企業，そして，おそらくは共産党，その下部機関としての工会，それらのトップ層が緻密なネットワークを構築し，エリアの権益を保護しようとしてきたと考えて，大きなズレはないであろう。い

163

第Ⅱ部 職能・企業形態編

わゆる「関係（グワンシ）」の構図が背後には見えてくる。それが現在の中国のおける地方権力の一つの姿である。やや誇張していうなら，市場における競争が，地方権力のあり方によって，左右される可能性が少なくない。

近年，新聞報道で目にすることが多くなったいわゆる「ゾンビ企業」に関しても，こうした脈絡で捉える必要があろう。つい最近，遼寧省の大手国有企業が倒産したという報道がなされた（『日本経済新聞』2016年10月10日付朝刊）。この企業がこれまでに9回の債務不履行を起こしていたという事実に驚愕する。その負債合計が約40億元（約600億円）であり，それも含めた債務超過の合計は500億元を超える見込みと報道されている。遼寧省政府が約7割の株式を保有する国有企業の現状が，こうした形で露呈している。こうした企業が仮に氷山の一角とするならば，中国経済の行方が危ぶまれる。

他の資本主義経済にはない「特徴」的市場慣行が続けば，それは中国全体にとって，大きなマイナスとなる。WTO加盟で，原則的には13億人の市場が全世界の企業に開放されたというためには，共通のルールに基づく競争が可能になるという前提が保証されなければならないからである。中国において，今までになかった「市場」という仕組みが，たしかに立ち上がってきた。社会主義における独自の市場システムから，資本主義的市場システムに徐々に向かいつつある過程を成熟化といいうるか否かは別として，そうした現状の下で，企業は事業を展開している。

③ 中国的「市場」における企業のあり方：国有企業，民間企業，外資系企業

中国における企業と一口にいっても，現代の中国においては，国有企業の他に，「株式合作企業」，「共同所有企業」などまで含めると，さまざまなタイプの

工会：中国における労働組合に似た組織。基本的には，共産党の下部組織として捉えられる。従業員の権利保護など，組合的要素も散見されるが，工会メンバーの範囲が基本的には，総経理（社長に相当）を除く全員であるため，我が国の組合とは明確に一線を画する。

関係（グワンシ）：中国語の原語による表記。ある個人や組織が人的ネットワークを広げたり維持したりする際の，一種のコネクションを指す。相互扶助の意味合いもあり，地域における人的ネットワークにも繋がってゆく。あるエリアの行政，共産党，企業の幹部・指導者は，それぞれ立場は異なるものの，地域経済発展という利害は一致しており，緊密な連絡の下で，それぞれの職務を遂行する。

第7章　人事・労務：共通の土台と相違点

企業が存在する。社会主義中国では，企業を精緻・正確に分類することはきわめて困難である。詳しくは本書の第3章を参照されたい。

　その中でも我々の理解が難しいのは国有企業である。現時点での位置づけに関しては，丸川知雄（2013）における分析がきわめて示唆に富む（丸川知雄［2013］「中国の国有企業――『問題』から『パワー』に転換したのか――」『JRIレビュー』Vol.13, No.4）。改革・開放政策開始以降の国有企業は，赤字や債務，過剰人員を抱えて，中国経済にとってのガンであると思われていたが，経営自主権の拡大を中心とした建て直しや民営化の推進，それに続く株式会社化を通じて，最近では，「中国社会経済に対して強い力をもたらす源泉となる」との位置づけがなされているという。

　ただ問題なのは，その構造である。国有企業がいわば企業グループを形成して，その中に利潤を生み出すことが可能な優良資産を集中した株式会社と，その他の不採算部門を集約した国有企業が優良株式会社の株式を所有するという構造になっている。株式会社は利潤を上げ続け，それを親会社としての不採算部門が株式という形で吸い上げているのである。その結果，国有企業そのものは余剰人員を抱えたままでも存続が可能となる。

　こうした点を考えれば，中国における企業の分類は，あくまでも人事管理を考える上での便宜的な手段でしかない。その上であえて3種類に分類すれば，その一つは，国有企業を代表とする公有セクターであり，計画経済の時代には，大型国有企業に勤めることはまさにステータスであった。そして，個人で起業するきわめて零細規模から，まさにグローバル化している巨大企業を含む民間企業が二つ目である。最後は，「**三資企業**」と言われる外資系企業が，中国に多数進出している。

　後に見るように，就業者比率を見ても，国有・公有セクターの凋落傾向は明らかであるが，依然として，中国社会における重要な位置づけとなっている。

三資企業：中国における3種類の外資系企業と「香港・マカオ・台湾系企業」を総称して，三資企業と呼ぶ。外資系企業に関しては，①独資企業：100％外資の企業。②合弁企業：日本側と中国側とが資本を互いに出資して，設立した企業。これまで，日系企業の大多数はこのタイプであったが，昨今は①も増加している。③合作企業：資本関係以外の面で提携する企業を指す。

165

第Ⅱ部　職能・企業形態編

1999年の中国共産党中央委員会の決議で示されたように，国有企業が存続すべき分野と役割は「国家の安全に関わる産業，重要な公共財，自然独占産業，支柱産業とハイテク産業の基幹企業」にある。経済のみならず社会全体にわたるインフラの中枢部分にある産業では，圧倒的な優位を保ち続けるべきという方針を政府は持ち続けている。

金山権（2013）が「整理されながら肥大化」と指摘するように，「国有企業は継続的に政府の恩恵を受けながらも実際の経済活動の効率は低下しつつある」と同時に，「その多くが資源・エネルギー，インフラ，通信などの分野に集中しており，ほぼ独占状況にある」（金山権［2013］「中国における国有企業の改革と企業統治」『早稲田商学』第438号，667-669頁）ことで，私的セクターと棲み分けながら，社会システム全体の中枢部分でそのプレゼンスを維持しているといえよう。

そして，まさしく私的セクターである民間企業には，聯想集団（レノボ）や海爾（ハイアール）といった，グローバル展開を始めている巨大企業から，全くの零細規模企業までが含まれている。就業者数比率から見ても，この民間企業セクターが，製造業やサービス業などで，中国経済を牽引していく原動力となりつつあることは疑いない。

そして最後に，同じく私的，民間セクターの一員として，日系をはじめとする外資系企業の存在をあげておくべきであろう。全世界から，中国市場を目指して進出してくる外資系企業は，当然のことながら，確固たるグローバル戦略の下で，中国に上陸している。その従業員，中でも幹部層は，単に収益をあげるだけではなく，本社のグローバル戦略を理解し，その一翼を担うことができるだけの資質が求められることになる。

④　労働市場概要

中国に特有の「市場」の仕組みがいかなる特徴を持ち，労働力構成の下で成立しているのかを見ておこう。まず指摘すべきは，急速な高齢化，新しい若年層の出現である。

急速な高齢化に関しては，「一人っ子」政策の影響から，人口構成が急速に変化しつつある。60歳以上人口が10％を超えたのは，2000年のことである。今後の急速な高齢化は，2050年には，高齢者が比率の上でも総人口の3分の1を

166

第7章　人事・労務：共通の土台と相違点

超え，80歳以上人口だけでも1億人を超えるとの予測がなされている（内閣府経済社会総合研究所［2012］『中国の人口高齢化──新興の趨勢，経済への影響及び対策──』48頁）。

また，それと同時に，近年クローズアップされているのは，徐々に豊かになってきた，「八〇後（バーリンホウ），九〇後（ジウリンホウ）」と呼ばれている中国社会の新たな若年層である。この世代に関して，その姿を明らかにした学術的な調査データはいまだ見当たらないものの，『人民日報』でも，他の世代との違いに注目している（「中国『70後』『80後』『90後』，仕事観に天地の開き」『人民日報』2013年9月3日付　http://j.people.com.cn/94475/8387104.html　2016年9月23日閲覧）。

そこに描かれる若者像とは以下の通りである。1970年代生まれはがむしゃらに働こうとしたが，80年代生まれになると「残業してまでは働こうとしない」，90年代になると，何か気に入らないことがあれば「出社そのものを拒否する」という。こうした世代像をそのまま鵜呑みにすることは危険であろうが，その行動様式の一端がこうした報道にも現れている。また，マーケティングという観点からいかに若者層を攻略するかという点に関して，こうしたある意味ではゆとりを持った世代は「一人っ子政策」，「経済発展」，「インターネット」によって出現したと指摘している（坂口昌章［2009］「中国『80后』攻略のすすめ」『繊維トレンド』7・8月号，23頁）。豊かになり，自らのセンスに自信を持って，快適な生活を求める彼らにはその要求に応えてこそ，ビジネスが成立するという提言である。

いずれにせよ，大学進学率の増加とともに，一世代前とははっきりと異なる価値観と感覚を持つ新しい層が雇用者の中での比率を増していけば，それにフィットする人事管理の仕組みも少しずつ変わっていく必要があろう。

次に，就業者構成から労働市場の現状を確認しておこう。

中国における就業者総数の中で，都市就業者数は，約4割弱の水準にある。残りは全て農村における就業者である。**図7-1**は，この半世紀におよぶ都市就業者数の内訳と推移を見たものである。広義には公有セクターと捉えられる**国有企業・集団所有制企業**が明確に減少傾向にある一方で，私営・個人企業な

国有企業・集団所有制企業：ここでの「企業」の中国語の言語はともに「単位」である。

167

第Ⅱ部　職能・企業形態編

図7-1　都市就業者比率の推移

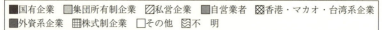

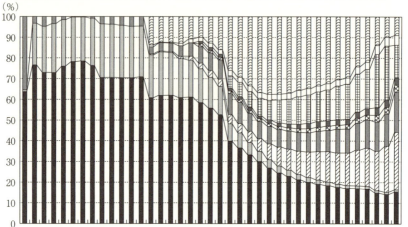

（出所）　中国国家統計局『中国統計年鑑』中国統計出版社，各年版より筆者作成。

ど新しい経済単位が台頭してくる傾向を見ることができる。90年代以降に現れる「不明」の部分は，農村から都市に流入している出稼ぎ労働者と考えて，まず間違いなかろう。

　その点に関連する統計データも公表されている。『中国統計年鑑』で2013年版から初めて「流動人口」という項目が追加された。そこでいう流動人口とは，「本来の戸籍地から離れている人口の中で，相対的に近距離の移動を除いた」人口を指す。その推移を表したのが図7-2である。直近では，約3億人が故郷を離れて働いており，さらに2億5000万人にも及ぶ人々が相対的に長い距離を移動している。やはり，農村から都市に流入した出稼ぎ労働者（「農民工」）を指すものであろう。以前と比べれば，少しずつではあれ，労働市場の変化をデー

「単位」とは，中国における所属組織を指す。企業や行政組織は，全て「単位」である。かつて「単位」は，企業であると同時に，生活・社会保障のユニットでもあった。また，集団所有制企業（中国語の言語は「集体」）とは，集団所有単位の略であるが，準国有組織である。公有セクターであるため，その単位は行政機関の管轄下に置かれるが，集体の場合，その行政機関の格が国有組織よりは低くなっている。

図7-2 流動人口の推移

(出所) 中国国家統計局『中国労働統計年鑑』中国統計出版社, 各年版より筆者作成。

タで素描することもできるようになっている。こうした流動人口が, これまでの中国の急速な経済発展を下支えしてきた人々である。

　そうした激しい変動の一つの帰結が, 格差の拡大である。ジニ係数のデータも公表されるようになったのは, ごく最近のことである (「緊急レポート『減速』中国経済の実態を探る (第19回)」[http://gentosha-go.com/articles/-/2342　2016年10月14日閲覧])。急速な経済発展と競争激化の一つの必然的な結果である。その信憑性には留保が必要となろうが, 国家統計局がこうしたデータを積極的に公表すること自体が重要であろう。ジニ係数は, 2003年の0.479から徐々に上昇し, 2008年に0.491ポイントとなった後, 2014年データでは, 0.469と低下傾向にある。ピーク時よりは緩和傾向にあるといえようが, いまだに一般的に「警戒レベル」といわれる0.4の水準を超えているとともに, そうした状況を政府が公式に認めていることがきわめて重要である。

　そして, 現在の学歴構成を見たのが, 図7-3である。そこから一目瞭然に, 中国における高学歴化の動向を見てとることができる。全般的に, 中学校卒業者の比率が若年になるにしたがって増えてくることが分かる。さらに20歳代であれば, 高校卒業レベル以上がほぼ半数となるのに対して, 60歳代では, 小学校卒業, そして教育を受けていないという人々が7割前後を占めている。こうした人々が, さまざまな中国における企業で実際に働いているのである。

第Ⅱ部　職能・企業形態編

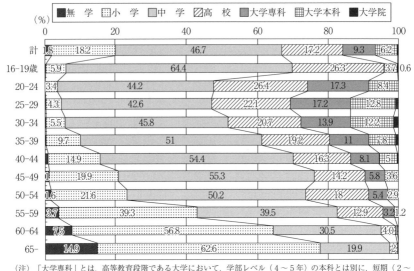

図7-3　就業者の学歴別構成

(注)　「大学専科」とは，高等教育段階である大学において，学部レベル（4～5年）の本科とは別に，短期（2～3年）年限の専科がある。専科のみの学校を専科学校と呼ぶ。
(出所)　中国国家統計局『中国労働統計年鑑』中国統計出版社，2015年版。

4　中国における人事管理

1　人事管理の基本的な方向性

　中国における企業内の人的資源管理に関しては，基本的には，以前の極端な平等主義から，我が国以上に成果主義的人事管理が当たり前の存在になりつつある。その歴史的な経緯に関しては，別の機会にまとめているので，そちらを参照されたい（中村良二，2009，前掲書，第4節）。

　全てを国が決定する計画経済時代の徹底した終身雇用制から，1986年に導入され始めた労働契約制を契機として，原則，全員が企業と終身雇用を前提としない，期間を限った契約を結ぶ方式に大転換が図られた。対象は一般従業員を含め，全ての層にわたっている。そして，基本的には，働けば働いただけ報酬が増えるという意味で，成果主義は受容されつつある。ただ，ホワイトカラーの中で，上級職位に対する評価と処遇に関しては，評価自体が困難であることは，日本の場合と同じである。そして，中国における「関係」などの要素も含めて，いかに納得を得るのかは，容易いことではない。いずれにせよ，こうし

第7章　人事・労務：共通の土台と相違点

た傾向は，更に進むことはあれ逆戻りする可能性はほとんどないと思われる。

　中国においてよりよい処遇，とりわけ高収入を目指す傾向が強い一因は，1980年代半ばから実施された雇用制度改革によって，「単位（ダンウェイ）」を中心とした生活全般にわたる保障制度が事実上崩壊し，生活の安定化のためには，高い所得だけが唯一の頼みの綱となったことにあると考えて，ほぼ間違いない（徐向東［1997］「中国の日系企業における技術移転と人材育成」『立教大学大学院社会学研究科論集』第4号，93頁）。「単位」内でのみ充足されていた社会保障機能を，対象を農民層まで含めた全国民に対する公的な制度として整備することは，現在でも未完のきわめて重要な課題である。その「隙間」を「社区」（英語のコミュニティの翻訳語）やNPOなど，さまざまな社会集団が埋めている（田中重好［2017］「マクロな観点から現代中国の労使関係を考える」労働政策研究・研修機構『中国進出日系企業の研究』）。では，次に，先の3区分により，それぞれの人事管理について見ていくことにしよう。

② 国有企業

　改革・開放政策開始以来，国有企業における経営の変化を，一言でいうなら，経営自主権の拡大であるといえよう。国家による指令・計画通りに経営を遂行する体制から，徐々に現場の判断が許容され，経営自主権を獲得してゆく，経営請負制，工場長責任制，株式会社化の一連の流れは，まさに市場メカニズムが浸透してゆく過程として捉えることができる。こうした点については，史的考察も含め，経営と人事管理，労使関係との関わりの問題を検討した研究がいくつも発表されている（例えば，李捷生［2000］『中国「国有企業」の経営と労使関係——鉄鋼産業の事例〈1950年代〜1990年代〉——』御茶の水書房，唐燕霞［2004］『中国の企業統治システム』御茶の水書房，石井知章［2007］『中国社会主義国家と労働組合——中国型協商体制の形成過程——』御茶の水書房など）。

　そこでは，人事管理そのものもさることながら，それにさまざまな影響を及ぼすガバナンス・統治制度の問題に，中国的特徴を見い出しながら検討が進められてきた。労働関係法規の整備は1990年代半ばから急速に整備が進むが，それは競争が激化する中で雇用・労働環境を改善する必要に迫られたことが大きい。加えて，国家や共産党がいかにどの程度，企業経営に関わるのかという

171

第Ⅱ部　職能・企業形態編

ガバナンスの問題を法制度の枠組みの中で検討する必要に迫られたからであろう。中国経済システムは，改革・開放開始以来，急速で激烈な変動が続いているが，その一方で実は「変わらない」部分もある。我々はその点にも目配りをする必要がある。李，唐らが共通して指摘してきたのは，国有企業経営と管理機構において，共産党組織が「一貫して中枢的な存在であり続け」，更にそれが「改革以降も，この点は変わらなかった」（李捷生，2000，6頁）という事実である。ここに，いまだ社会主義国家としての「最後」の看板を外さない中国において，企業経営の問題を検討する難しさがある。また，この点に関連して，企業内党委員会が「水面下」で人事権などを行使する状況も報告されている（日本労働研究機構［2001］『中国国有企業改革のゆくえ——労働・社会保障システムの変容と企業組織——』，特に第9章）。

　人事管理の中でも，特に，人事考課という点については，唐伶（2008）によるレポートがある（唐伶［2008］「現代中国国有企業における人事考課の動向——二大産業の国有企業の先進事例から——」『桃山学院大学経済経営論集』第49巻第4号）。そこでは，業績主義的な観点からの仕組みは整備されつつあるものの，考課基準の曖昧さや考課対象期間の短さ，そして，被考課者である従業員に対して，結果をフィードバックしない，考課が従業員の長期的人材育成に繋がっていないなど，その問題が山積していることを明らかにしている。ただ，こうした点は，我が国の成果主義的人事管理においても，おしなべて共通の問題が指摘されている（労働政策研究・研修機構［2007］『日本の企業と雇用——長期雇用と成果主義のゆくえ——』）。

　国有企業においては，単に他企業との競争に勝つために効率性を最重要視した人事管理を行えばそれでいい訳ではなく，「市場分断」の問題でも見たように，そのエリア全体での雇用保障という機能も，同時に果たすことが期待されている。国有企業の人事管理が効率性のみで判断できない理由の一つがここにある。

３　民間企業

　民間企業に関してはまず，最も有名な企業の一つである海爾（ハイアール）に関するケーススタディを見ておくことにしたい。そこではまさに文字通りの成果・業績主義といえる，相当厳しい人事管理の様相が報告されている。効率の

アップが常に至上命令としてあるため，それにそぐわないような，成果・業績査定で下位にランクされた従業員は，即座に淘汰されるという仕組みである。それは「海爾で『下位淘汰制度』（中国語では，末位要淘汰）と呼ばれる。これは，査定評価下位者は淘汰される制度である。生産現場や事務室には，いつも『従業員動態管理表』や『淘汰通知書』が壁に貼られている。一人ひとりの勤務評定が掲載され，淘汰される者のリストが淘汰の理由をつけて掲載されている。2000 年 1 月から 6 月までの淘汰総数は 1437 人（6 月 30 日時点の海爾グループの総社員数は 24 万 777 人）であった。1 年をとると淘汰される従業員（管理者や技術者をふくむ）の数は全従業員の 1 割をこえる」のが，現実の中国版成果主義の一面である（蘇慧文・吉原英樹［2004］「中国企業の市場主義管理」『経済経営研究年報』第 53 号，神戸大学経済経営研究所，32 頁）。

　また，徐向東（2005）は，聯想集団（レノボ），海爾（ハイアール）などの事例研究を踏まえた上で，人事管理の問題を整理している。徹底した成果主義的人事管理により，短期間で急速な成長を遂げたと述べている（徐向東［2005］「中国の成果主義型人的資源管理モデル」白木三秀編『チャイナ・シフトの国際人的資源管理』白桃書房）。

　中国においては，1995 年の労働法施行以降，「すべての従業員が会社との間で期限を定めた雇用契約を結び，成果に応じて給与を支払われることが一般的となっている。コアとなる経営陣や研究開発職にはストックオプション（新株予約権のこと。引用者注），一般管理職や販売スタッフの場合は，基本給と業績に応じる成果給，さらにワーカー層であれば出来高払いなどが一般的になっている」。そして，こうした人事管理が，「仕事分担，職務責任及び評価基準の明確化」や，敗者復活の機会を用意すること，社内での教育訓練の充実（徐向東, 2005, 119-120 頁）と相まって，好業績に結びついているというのが，徐の主張である。その一方で慎重に，トップダウン方式・ワンマン経営体制の危うさ，人材流動の激しさからベテランの中間管理職の人材が不足することなどを課題として整理している。

　上で検討した国有企業との関係性も踏まえて考えれば，こうしたひとまず「私営」と分類される企業，中でもグローバル競争を勝ち抜こうとする企業においては，何がなんでも収益を上げ続けることが必要となる。そのためには，徹底

第Ⅱ部　職能・企業形態編

的に「全従業員のやる気を喚起」し続けることが必要であり，それは「『瞬間賞罰』」という形で現れている。作業員であれば，一日単位，月単位で表彰することでインセンティブ効果を継続させる。幹部・管理者に対しても，毎月評価結果を公表している（小菅正伸［2011］「中国企業におけるビジネス・プロセスの革新──ハイアールの事例を中心として──」『商学研究』第58巻第2号，29-30頁）。それが年単位の成績となった際，適用されるのが先ほど述べた「淘汰制度」である。

　ただ，事例として取り上げた企業名でも明らかな通り，検討の対象は，中国のみならずグローバル規模でも有数の超巨大企業における人事管理の状況である。むろん，こうした巨大企業は中国においても数えるほどであり，それらを除けば，ほぼ全体が中小・零細規模企業である。中小企業に関しては，駒形哲哉（2009）（「中小企業」中川涼司・髙久保豊編［2009］『東アジアの企業経営──多様化するビジネスモデル──』ミネルヴァ書房）に加え，本書第11章に詳しい。これまでの驚異的な経済発展を牽引する大きな力となったことは確実である一方，資金調達や信用保証などの点で問題を内包する姿が描かれている。

　成果主義的人事管理が全般的に広がる中で，国有企業については，人事管理はむろん重要であるが，背後に控える共産党との関係性から，効率性と雇用保障の二つに同時に目配りせざるをえない状況が明らかになりつつある。また，民間企業の中でも，グローバル展開をすでに開始している巨大企業では，徹底した成果主義的人事管理が実施されていると同時に，そうした仕組みが実施されているが故の影響，すなわち，現場の核となる中間管理職の不足などの問題が起こっている状況が明らかとなってきた。いずれにせよ，人事管理を考える際には，国有企業と民間企業という異なる種類の企業が「実は密接な関係を持つ」グループを構成している可能性にも目配りする必要がある。

④ 外資系・日系企業

　最後に，外資系企業，中でも日系企業が抱える人事管理の問題を検討していく。中国に対してきわめて多くの日系企業が進出しているばかりではなく，中国における問題性を考えると同時に，他地域との共通性と多様性を検討するためには，重要な項目である。

　製造業を中心とした我が国企業が，海外進出を始めてすでに久しいが，草創

期から最近までの最大の進出理由は，こと中国に関しては，他地域にも共通する「国際的な生産・流通網構築」と「現地市場の開拓」という理由のみならず，現地の「労働力の確保・利用」と「日本への逆輸入」であった（中村良二 [2007]「海外進出日系企業の現状と課題」労働政策研究・研修機構『日本の企業と雇用』）。ただ，周知の通り，人件費の高騰などから，今では縮小や撤退も珍しくはない（労働政策研究・研修機構 [2015a]『中国進出日系企業の基礎的研究Ⅱ』）。

　人事管理の面で，繰り返し指摘され続けてきたのは，優秀人材の採用と確保が困難なことである（例えば，日本経済団体連合会 [2006]『日本企業の中国におけるホワイトカラー人材戦略』）。こうした点に関して，中村（2009）では，特に管理職に優秀人材の応募が少ないことや，優秀な若手を採用しても流出傾向が見られること，そして，ローカル人材の育成が十分とはいい難いこと，更には，こうした状況が日系企業を，外資系企業として「悪くはないが，決してベストではない」企業というイメージに導きがちであることなどを指摘した（中村良二，2009）。

　こうした状況は，基本的には今でも大きく変わった訳ではないが，ただ，現在では以前のような「中国企業の処遇より，欧米系企業や日系企業のほうがはるかに好待遇」という状況にはない。欧米系企業のみならず，今ではグローバル企業となった中国企業で提示される魅力的な処遇や労働条件には，先にも見たように激烈な競争を勝ち抜くことが必要となることも明らかになりつつある。その激烈な競争に立ち向かおうとするのか，あるいは，それほどまでには執着しないのか，その選択は実際に働く従業員側に委ねられている。上述の「八〇後，九〇後」層の行動様式を考え合わせれば，従業員側は処遇と働き方，それらの複合的な観点から，選ぶという傾向が強まることが考えられよう。その上で，優秀人材に対して，日系企業がいかに魅力的な存在となるか否かがあらためて問われている。魅力的なキャリア・パスを提供できるのかという点は，今後も重要なポイントとなろう。

　日系企業の派遣スタッフから見た場合，近年，正社員に限った場合，どちらかといえば定着傾向が見られるという（労働政策研究・研修機構，2015a，20-21 頁）。中国経済全体の景気低迷傾向が影響している可能性もある。優秀な社員の引き留め策として「日本で研修する機会を増やす」施策が奏功している可能性も少

第Ⅱ部 職能・企業形態編

なくない。ある意味では，経済が一定程度成熟してきた故の状況であると思われるが，現地採用の従業員たちは，労働密度・強度と処遇とを冷静に見つめながら企業と働き方を選び始めていると考えてよかろう。

一つの特徴的な例として，一度は退職した従業員を再び雇用した日系企業があった（労働政策研究・研修機構，2015a，50頁）。金融業のその企業では，従業員が一旦は中国企業，欧米系企業へと転職したが，そこでの厳しさから再び「戻ってきた」事例が掲載されている。この企業がこうした採用をした最大の理由は，「出戻り」従業員が他の従業員に対して「他社の状況をアナウンスしてもらうことを期待した」ためであった。昨今は，給与水準をはじめとする処遇の優劣のみで，優秀な従業員の確保はできない面もある。

いずれにせよ，今後，更に優秀な人材をいかに採用し定着させられるのかという基本戦略に関しては，ほぼ全てが日系企業本社のグローバル戦略次第である。それが確定してこそ，最もふさわしい人材像が決定されることとなる。しばしば取り上げられる「現地化」とは，「企業のグローバル戦略のもとで，海外子会社の事業の採算性と現地適合を実現するための経営手段」であり，それは「目的そのものでは」ない。いかに「親会社から持ち込むものをへらしていく」ことができるのかが，今なおお喫緊の課題である（田中孝明 [2013]『グローバルプロフェッショナルの基礎知識』日経BP社，227頁）。日本企業の特徴として，濃密なコミュニケーションと部門間調整をあげた石田光男は，「他の国に行ったときにどういうマネジメントをするのかというテーマは今，真正面から明らかにしなくてはならない」と強調している（労働政策研究・研修機構 [2015b]「労働調査で大切なこと」[座談会]『日本労働研究雑誌』No. 665，20頁）。企業外の環境激変が続く中で，ほぼ同じ問題が取り上げられているのなら，その理由を真摯に問う必要があろう。

[5] 労使関係

最後に，中国における労使関係について，触れておこう。この点についても，詳しくは中村良二（2009，第4節）を参照されたい。社会主義中国では，国民の間に「利益の相違」はない前提に立つために，我々が想起するような労使関係の「前提」が存在していない。公式には「労働関係」が用いられるが，「利害の

調整」が必要となってきたのは，人々の働く意識が変わり，労働の結果として明らかに格差が拡大しているからである。

　中国においても，「工会」という，労働組合にきわめて似た組織が存在する。しかしながら，工会とは，あくまでも共産党の下部組織であり，経営の側にたって，さまざまな「調整」をする存在である＊。幹部の多くは経営幹部が兼任している場合も少なくなく，経営に徹底的に介入する場合さえある（中村良二 [2009，「企業事例」，165 頁，「コラム」，173 頁] を参照されたい）。

　　＊　Bill Taylor et al.（2003）も同様に，工会という「労働組合は，労働関係に関わり，巻き込まれる必要はなかった。なぜならば，労働者たちは，一つの利益集団とは思われていなかったからである。そして，労働組合も，従業員の代表とは思われていなかった。労働組合は，まさしく，企業経営をサポートするアシスタント，もしくは，政府機関の支部以外の何者でもなかった」（Bill Taylor, Chang Kai, Li Qi [2003] *Industrial Relations in China*, Edward E.; gar Publishing Limited, U. K., p. 106）と，述べている。また，安室も，「『工会』は労働組合ではない。これだけははっきりしている。工会を『労働組合』と翻訳したのは間違いだった」（安室憲一 [2003]『中国企業の競争力──「世界の工場」のビジネスモデル──』日本経済新聞社，191 頁）と述べ，共産党関連のネットワーク上にある工会の存在に着目している。

　元々工会には，従業員の側に立って，経営側と交渉をする必要が，ほぼ全くなかったといってよい。しかしながら，改革・開放の過程は，労使間でその利害が相当異なることを如実に示し，競争の「敗者」を多数生み出してきた。工会は変わらずに経営側に基本的なスタンスを置くものの，同時に，従業員代表としてその利益を守る必要性が強まっていることも確かである。その意味で，ようやく本来の労使関係的枠組みの素地が固まりつつあるのが現状であると考えられる。工会を軸とした「中国的労使関係」がいかなる展開を見せるのかは，今後の重要な検討課題である。

5　人事管理と中国の行く末

　これまで，人事管理の問題について，その基盤たる社会システムをはじめ，企業構造も含めやや広い視野から，検討してきた。人事管理そのものについて

第Ⅱ部　職能・企業形態編

は，全体的に成果主義を取り入れ，契約に基づく労働という仕組みが定着しつつあり，中国の人々がより高い報酬を望むことで，一面では確実に企業業績を押し上げたことは事実であろう。それが，国家全体の経済成長に確実に繋がっている。しかしながら，成果主義の仕組みそのものに内在する問題をはじめ，課題は少なくない。

　競争の「敗者」を支援する組織と社会的なシステムをいかに構築していけるのかが問われている。企業という場においては，工会が徐々に，そうした立場に立ちつつあるが，「農民層を含めた，全国民を対象とした社会保障制度」など，社会的な弱者を救う制度を整備しつつ，グローバル競争を勝ち抜くだけの仕組みが絶対に必要である。

　陸ら（2002）が，これまでいわばタブー視されてきた，中国社会における階層分化の様相を明らかにしたことはまさに画期的な業績である（陸学芸 [2002]『当代中国社会階層研究報告』社会科学文献出版社）。これもまた，競争の必然的な結果である。重要なのは，格差を「補正」する仕組みである。この点で，孫立平が，1990 年代以降の社会構造の変化を「行政主導型二重構造」から「市場主導型二重構造」と捉えている視点は，重要である。戸籍制度のような改革・開放以前から存在した「制度的障壁も存在する上に，それに加えて市場の影響で，さらに格差が拡大している」（日本労働研究機構 [2003]『中国進出日系企業の研究——党・工会機能と労使関係——』165 頁）からである。

　改革・開放政策により経済が驚異的な発展を遂げたことは事実である。しかしながら，働き方と人事管理の変化が誰にとって，どれくらいよかったといえるのか，逆に，どの程度の人々は恩恵に与かることができなかったのかを，冷静に考えていく必要があろう。それは中国だけの問題ではなく，競争を基本とするシステムの我が国や韓国でも，全く同じである。

　誰もが効率的に，そして，心地よくハッピーに働くことができるようになる，それがある意味で理想的な人事管理像であろう。それを検討するためにも，今後，更なる比較研究を重ねてゆかねばならない。

第7章　人事・労務：共通の土台と相違点

▶▶ *Column* ◀◀

一律の同額賃金アップの謎

　フシギの国・中国に関しては，我々「外国人」ではなかなか理解できないような，本当にフシギな話が実にたくさんあります。「賃金アップを！」という要求についても，少なからずフシギな話があります。

　日本企業の中国における総責任者として赴任された方々の話を伺っていると，賃上げ要求の様相も何やら少し我が国のそれとは違っているようです。以前は毎年必ず「春闘・賃上げ率」が，発表当日にはトップ報道されていました。雇用されている人々の給与はそれぞれ異なりますので，今支払われている給与の何％ずつが上昇するのかということは，理解しやすい仕組みだと思われます。しかし，中国ではどうもその様相が違うようです。

　それぞれの給与が何元であっても，「賃上げは皆共通で100元」というふうに，率ではなく具体的な金額で要求され妥結するというのです。我々が理解しやすいのは，今支給されている額に応じて同じ比率だけアップするという方式ですが，中国の雇用者には「皆同じ額のアップ」という点が，最も重要な点となるようです。

　皆同額のアップならば，相対的に低い給与の労働者には手厚く，高給の労働者にはわずかな賃上げとなります。そうした方式がなぜ推奨されるのかが分かりにくいのですが，おそらく重要なのは，我々が考えるような比率という点での「公平性」であるというよりも，「皆が同額のアップとなった」ことが「公平である」と，中国で働く人々が思い，かつ「納得している」という点です。それも「公平であること」の一つの姿かもしれません。

　こうした方式が，例えば，あまり給与格差がない企業や階層の従業員に対して実施されている可能性はあります。元々あまり大きな差がない幅の給与で働く従業員だからこそ，定額のアップとなっても結局は大きな差とはならないのかもしれません。単に，賃上げの方式に留まらず，中国で働く人々の公平観という面からも，この点はいずれきちんと検討すべき課題の一つだと思われます。

（推薦図書）

唐燕霞（2004）『中国の企業統治システム』御茶の水書房。
　国有企業の企業統治・経営システムを，社会システム全般に関連付けて，検討している。

安室憲一（2003）『中国企業の競争力』日本経済新聞社。
　10年にわたる実態調査を踏まえて，人事・労務を中心とする中国企業の強みを描き出そうとしている。

田中孝明（2013）『グローバルプロフェッショナルの基礎知識』日経BP社。
　長年にわたる海外勤務の経験から，グローバル戦略として必要となる要素を整理し全体像を描いている。ヒトの問題を含めて，今まさにグローバル化の転換期に入りつつある現状と課題を整理している。

第Ⅱ部　職能・企業形態編

（設　問）

1．人事管理の仕組みの中で，ずっと変わらない部分と相当変わっている部分を分けて，なぜそうなるのか考えてみましょう。

2．ヒトは，どういった仕組みや「ご褒美」があれば，気持ちよく積極的に働くことができるのだろうかを考えてみましょう。

（中村　良二）

|第8章|生産システム：東アジア自動車企業における展開|

　今日，世界で毎年何台の自動車がどの地域・国で生産・販売されているでしょうか。東アジアの自動車産業はどのような特色を持っているでしょうか。企業の生産システムの最適形成とネットワーク化はどのように行われているのでしょうか。これらの点について，本章では生産システムとは何かを明らかにした上で，中国とASEAN諸国の自動車産業，企業，生産システムの特色に触れながら考察します。

1　生産システムと今日の研究課題

1　生産活動の連鎖

　生産システムは，特定の生産目的（例えば，市場変化に対応した柔軟な生産など）に対して関連づけられた，生産活動の連鎖（製品開発，生産準備，購買，製造），生産活動の管理（計画，実施，統制）および生産要素（労働対象，労働力，労働手段，生産方法）の有機的に連結した集合体である（図8-1）。

　生産システムにおける生産活動の連鎖は，製品開発（製品企画と設計），生産準備，購買（材料，部品の調達），製造から形成される。

　製品開発は，製品企画と設計プロセスに二分される。製品企画では，市場のニーズ，競合製品，自社の技術シーズ，予想利益などを勘案して，製品コンセプト創造，製品仕様決定，製品計画がなされる。製品企画で決定した商品としての要求を，**研究開発**の成果を経て技術的な要求仕様に変換し，これを実現する方策を決定するのが設計の段階である。設計は概念設計，基本設計，詳細設計，意匠設計，そして実際に製造するために必要な情報を決定する生産設計の各段階に大まかに分かれる。

研究開発：研究開発は，研究と開発に分けられ，研究は基礎研究と応用研究の二つに分けられる。開発とは，基礎研究，応用研究および市場や経験から得た知識を利用し，新しい素材，製品，設備装置，工程等の導入，改良を行うことである。

181

第Ⅱ部　職能・企業形態編

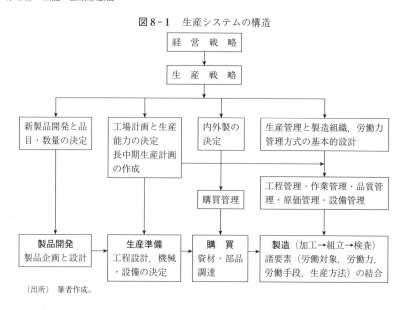

図8-1　生産システムの構造

(出所)　筆者作成。

　生産準備は，企業では生産技術部門が担う活動で，機械・設備の決定，工程設計，作業形態の決定などを行う。生産準備では，設備投資計画を前提とし，新製品開発や製品設計および販売計画などで決められた，指示書，部品表および設計図面などに基づき，品質，コスト，生産規模，生産開始時期について，定められた目標通りに工場で量産が可能なように準備がなされる。

　製造は，大きく分けて，加工，組立，検査という工程に分かれ，原材料のインプット，生産諸要素の結合，製品のアウトプットがなされる。製造を狭い解釈としての生産システムとして論じられる場合も多いが，本書では生産システムの最も基本的な一要素と考えている。この一連の過程を全般的に計画し，詳細な日程計画にまで展開し，実施，統制する管理活動も生産システムの重要な要素である。

(2)　全般的な生産システム設計と戦略・管理

　今日，経済のグローバル化と国際競争の激化の中で，経済価値生産の中核である企業の生産領域の基本的重要性が見直され，また短期間に急速に変化する環境変化に対応するために，経営戦略と生産システムの結びつきが強化されて

182

いる。システム的に生産過程を把握するということは，①集合性，②関連性，③有目的性ないし目的追求性，④合環境性といった属性によって規定されるということであり，それゆえに企業目的・戦略，事業環境への適応，柔軟性，生産システムを構成する諸要素の規定と関連が重要視される。具体的には，①経営戦略に対して生産システムの構造を合わせるための生産戦略の策定，その戦略に基づく全体的な生産システムの設計（戦略的生産計画），②それを遂行する管理の展開である。①は，工場計画と生産能力の決定（工場立地，工場数，工場の規模，工場レイアウト［配置］・機械レイアウト，設備や工程技術の基本的選択），長中期生産計画の作成，新製品開発と生産品目・数量の決定，資材・部品調達（内外製）の基本方針，そしてこれらを支える基盤としての生産管理と製造組織および労働力管理方式の基本的設計である。②は，生産システム自体（主に製造）に組み込まれた生産管理の活動である。具体的には，工程管理（スケジューリング，生産統制），作業管理，品質管理，原価管理，設備管理，そして購買（調達）管理である。

③ 生産システムと製品・製造技術

企業レベルにおける生産システムを考察する際には，**技術を生産活動の連鎖**（製品開発，生産準備，購買，製造）のどの段階で，どのような位置関係において捉えるか（領域・過程の限定）が問題となる。より詳細に企業経営の視点から見れば，「どのようなものを，いかにして生産するか」，つまり製品技術と狭義の生産技術，すなわち製造技術に大別して考察すること，しかもその際，それぞれの機能と構造を把握して両者をその区別と相互連関の上で，統一的に把握する視点が要請される。

製品技術は，どのようなものをつくるのかという，目的物の内容をきめる技術のことであり，製品技術の特性は，社会的な利用目的に対する機能（基本機能）の内容，信頼性，操作性，安全性，保全性，環境適合性などの補助機能，そし

技術：技術は，広くは社会・経済目的達成のための手段として，狭くは生産過程における手段，特に「労働手段」，「労働手段の体系」として，人間労働との直接的関係において分析され，最も抽象的には，生産目的に規定されたかぎりでの労働力と労働対象，労働手段の結合様式と規定することができる。

第Ⅱ部　職能・企業形態編

て必要な機能を果たすための構造（製品構造，製品構成）から把握される。機能に対応した構造部分が明らかにされ，生産コスト，購買コストから評価がなされる。

製造技術は，製品の生産過程において，どのような方法で目的物を作るかという技術であり，製造技術の特性は，労働手段（生産設備機器，その規模，構造と性能），労働対象（材料，補助材料），労働力（技能），これらの結合において適用される諸方法（生産方法など）から把握される。製造技術には，生産管理，品質保証方法なども含まれている。

製品技術は，市場の需要の態様と，そこで適用されている製造技術（および，それに対応する一般的生産コスト水準）を与件とし，それによって基本的に規定ないし限界づけられる。本来，製造技術は，単に製品を作るだけの技術ではなく，製品の構造・機能・コストをトータルに保証するものであり，その意味で製造技術は，製品構造そのものを決定づけている。逆に，製品の機能と構造の決定（製品コンセプト，製品仕様，製品計画，製品設計）は，生産の質，量，コストなどの点から製造技術を規定する。

④ 今日の生産システム研究の課題

生産システムは，創造された技術を製品化し，製造する生産活動を担う。生産システムのマネジメントは，生産活動の連鎖（製品開発，生産準備，購買，製造），生産活動の管理（計画，実施，統制）および生産諸要素（労働対象，労働力，労働手段，生産方法）を有機的な統一性を持つシステムとして捉え，その最適編成を行い，企業の目的に貢献するためになされる。狭義の生産システムにおける技術対象は，製品技術と製造技術，その相互連関によるイノベーションである。その考察の核となっているのは，技術，特に製品技術と製造技術の関係，その多様な選択可能性，そこに内在する，また技術要因とそれと関連する生産上の社会的・経済的・管理的制度上の要因との多様な関係の明確化，体系的把握である。

今日，世界の主要な企業は，国境を越えた競争の中で，世界的なコスト低減，更に開発・生産体制の確立のために，グローバルな市場密着型生産・供給体制（需要のあるところでの生産），集中生産と地域相互融通をミックスした，国際分

業体制の一層の展開を図っている。生産システムの面から見ると，異なった社会的・経済的・文化的基盤を持った地域でのグローバルな視点での経営理念・戦略・組織に基づいた，生産システムの最適形成とネットワーク化が，重要な課題となってきている。したがって，生産システム（特に自動車企業の）を論じる場合，グローバルな競争，経営戦略との関連で，また工場現場だけでなく，マーケティング，研究開発，生産準備，製造，販売，物流との関連という点から，また IT（情報技術）など技術的基礎との関連で考察する必要がある。明らかにする課題として，次のような点があげられ，第 2 節以降で東アジアの自動車企業を対象に具体的に考察していきたい。

　第 1 は，生産システム構造の全体転換に深く影響する，国際競争における環境条件の変化（グローバル化，企業提携など），第 2 は，環境条件から規定される生産システムの課題（生産システムの戦略的位置づけ），第 3 は，グローバルレベルでの生産システムの展開と地域的特殊性（開発，製造，物流のグローバルな展開とネットワーク化），第 4 は，各企業の生産システムを統合する各企業の「生産理念・方式」（Toyota Production System：TPS，Nissan Production Way：NPW など）とそのグローバル展開，第 5 に，企業の生産部門（開発・設計，生産準備，製造部門）における技術，管理，労働（この第 5 の点が生産システム論の主要課題である），第 6 に，部品企業との分業関係である。

2　世界自動車市場と東アジア

［1］世界自動車販売・生産の動向

　世界の自動車販売は，現在約 9000 万台の規模に達しており，2000 年から 2015 年の 15 年間では，約 5700 万台から 9000 万台へと成長してきている。この間，世界自動車市場の構造は大きく変化し，長い間，自動車需要の中心を担っていた日本，北米，西欧の先進国市場から，中国，インド，ASEAN といった新興国市場に自動車需要の中心が移っている。日本，米国，欧州（旧東欧圏を除く）の主要先進国市場は，保有率の高まりもあって，各々，販売台数では比較的に安定しており，量的拡大は多くを期待できないが，市場ニーズが高度に個人化し，多様化する成熟市場となっている。それに対し，日米欧以外の地域，特に，

第Ⅱ部　職能・企業形態編

いわゆる BRICs（ブラジル，ロシア，インド，中国）など新興諸国は，国ごとに不均等な発展（中国の飛躍的な伸び，ブラジル，ロシア，インドの停滞など）を見せながらも成長を続けている。2000 年には 20％強だった新興国市場の比率は，年々増大し，金融危機後の 2010 年には 50％を超え，2015 年には 51.7％という大きな比率を占めるようになっている。この間の自動車市場の成長は，新興国市場が牽引してきたといえる。新興国市場においては，中国の伸びが著しく，2005年の 577 万台から 2015 年には 2460 万台と 4 倍に飛躍し，すでに 2009 年から米国に代わり世界最大の市場となり，2015 年のシェアは世界の 27.5％に達した。また中国を除くアジアも大きく成長してきており，両者で 2015 年には約3210 万台，35.9％を占めるに至っている（表8-1）。

　生産の面から見ると，BRICs などでの生産も伸びている。特にアジアの比率が大きくなり，アジア地域が世界生産の大きな極を形成するようになってきている。中国は 2006 年の 728 万台から 2015 年には 2450 万台へと 3 倍に拡大，2015 年のシェアは世界の 27.0％に達している（表8-2）。

［2］東アジア諸国の自動車産業

　主要東アジア諸国の自動車販売・生産の状況は表8-3，表8-4の通りである。販売では世界販売の 40％近く，生産では 50％近い比率を占めるようになっており，いずれも中国，ASEAN 諸国の伸びが著しい。

　東アジアの自動車産業は大別すると日本，韓国，中国，ASEAN 諸国という四つに分けることができる。日本はグローバル企業を複数有し，量質ともにグローバルな展開をしている。韓国は，国内市場は頭打ちだが寡占体制となり，現代グループが欧米，日本企業と伍してグローバル競争を行っている。中国は今や世界販売・生産において数的には世界一の規模に達している。市場はほとんど中国国内であり，またこれまで外資系との合弁企業が大きな比重を占めていたが，外資と提携しない民族系企業も成長している状況である。ASEAN 諸国では，一国の市場の狭さを克服するために ASEAN の枠組みを利用して，部品の相互補完体制の構築，集積化を図り，各国の市場に適した車の生産とともに，グローバルに輸出もできる世界戦略車の共同生産体制を主に日系企業との連携で築こうとしている。

第8章　生産システム：東アジア自動車企業における展開

表8-1　世界・地域別自動車販売台数と新興国の比重

(単位：千台)

市　　場	2000 年	2005 年	2010 年	2013 年	2014 年	2015 年
北　米	19,398	19,074	13,356	17,664	18,731	19,775
西　欧	17,048	16,885	14,695	13,191	13,993	15,160
アジア・太平洋	8,349	8,249	7,689	8,213	8,524	8,250
先進国市場・計	44,795	44,208	35,740	39,068	41,248	43,185
中南米	3,190	4,134	6,204	7,187	6,605	5,696
中東欧	3,196	4,177	4,136	5,173	4,725	4,094
アジア	2,310	4,117	6,082	7,699	7,339	7,514
中　国	2,089	5,767	18,062	21,984	23,499	24,598
アフリカ	556	979	1,137	1,457	1,475	1,359
中近東	908	1,991	2,881	2,581	3,123	3,024
新興国市場・計	12,249	21,165	38,502	46,081	46,766	46,285
世界合計	57,044	65,373	74,242	85,149	88,014	89,470
新興国比率	21.5 %	32.4 %	51.9 %	54.1 %	53.1 %	51.7 %

(注)　先進国の北米は米国とカナダ，アジア・太平洋は日本，韓国，シンガポール，ブルネイ，オーストラリア，ニュージーランド。
(出所)　FOURIN (2016)『世界自動車統計年刊　2016』日本自動車工業会資料より筆者作成。

表8-2　世界地域と BRICs などの4輪車生産台数

(単位：千台)

地域・国		2006 年	2010 年	2013 年	2015 年
欧州（ロシアなども含む）		21,396	19,798	19,825	21,217
北　米		13,863	9,831	13,446	14,384
中南米		5,236	6,537	7,635	6,581
アジア・太平洋州（日本除く）		16,784	31,302	36,148	38,508
日本		11,484	9,626	9,630	9,278
その他		569	515	626	836
計		69,332	77,609	87,310	90,804
BRICs	ブラジル	2,611	3,382	3,712	2,429
	ロシア	1,503	1,403	2,192	1,384
	インド	2,016	3,557	3,898	4,126
	中　国	7,278	18,265	22,117	24,503

(出所)　日本自動車工業会資料より筆者作成。

187

第Ⅱ部　職能・企業形態編

表8-3　主要東アジア諸国の自動車販売台数

（単位：千台）

国	2010年	2011年	2012年	2013年	2014年	2015年
日　本	4,956	4,210	5,370	5,376	5,563	5,047
中　国	18,062	18,505	19,306	21,984	23,492	24,598
台　湾	328	378	366	378	282	421
韓　国	1,556	1,580	1,542	1,540	1,730	1,833
タ　イ	800	794	1,436	1,331	882	800
インドネシア	765	894	1,117	1,230	1,208	1,013
マレーシア	605	600	628	656	666	667
フィリピン	170	165	184	212	269	324
ベトナム	113	111	81	97	158	210
ASEAN 5カ国計	2,453	2,564	3,446	3,526	3,183	3,014
総　計	27,355	27,237	30,030	32,804	34,250	34,913
比　率	36.8%	35.1%	36.8%	38.6%	38.8%	39.0%

（注）　比率は世界総販売台数に対する東アジア諸国の比率。
（出所）　表8-1と同じ。

表8-4　主要東アジア諸国の自動車生産台数

（単位：千台）

国	2010年	2011年	2012年	2013年	2014年	2015年
日　本	9,629	8,399	9,943	9,630	9,775	9,278
中　国	18,265	18,419	19,272	22,117	23,723	24,503
台　湾	303	343	339	339	379	351
韓　国	4,272	4,657	4,558	4,521	4,525	4,556
タ　イ	1,645	1,458	2,454	2,457	1,880	1,913
インドネシア	703	838	1,066	1,208	1,299	1,099
マレーシア	568	536	570	601	595	615
フィリピン	80	65	75	79	89	99
ベトナム	113	111	81	97	121	210
ASEAN5カ国計	3,109	3,008	4,246	4,442	3,984	3,936
総　計	35,578	34,826	38,358	41,049	42,386	42,624
比　率	45.2%	43.0%	45.0%	46.3%	47.2%	46.9%

（注）　比率は世界総生産台数に対する東アジア諸国の比率。
（出所）　表8-1と同じ。

第 8 章　生産システム：東アジア自動車企業における展開

3　中国自動車産業の発展と自動車企業の生産システム

［1］急速な成長と市場構造の変化

　中国ではすでに見たように生産・販売台数ともに急伸しており，ともに 2000 万台を突破している。輸出は乗用車，バス，トラックあわせても 70〜100 万で，まだ少ない状況である。生産・販売を車種別に見ると，乗用車の伸びが商用車を大きく上回り，特に SUV（Sport Utility Vehicle：スポーツ用多目的車）の伸びが高い（生産・販売とも 2011 年の 160 万台から 2015 年には 610 万台へ）。中国乗用車市場の地域別需要構造を分析すると，東部地域は乗用車販売台数が 2009 年の 438.2 万台から 2013 年は 768.7 万台までに拡大，また，中部と西部地域も，それぞれ 2009 年の 133.8 万台，172.8 万台から 302.6 万台，323.6 万台に拡大した（表 8 - 5）。一方，東部地域の乗用車保有規模は飽和状態に近づきつつあり，販売伸び率は鈍化している。市場需要も東部から中西部地域にシフトする中，中西部地域が今後市場全体の更なる発展を牽引する原動力となっている。

　生産・販売数ともに世界最大となった中国では，外資系，民族系合わせて 100 以上の自動車完成車メーカーが存在している。系列別に乗用車生産・販売状況を見ると，中国系は，生産・販売とも台数は増加しているが，シェアは 2010 年をピークに徐々に低下している。生産・販売ともに外国系は，2014 年度では，第 1 位は欧州系で約 24.0％，第 2 位は日系で約 16.0％，以下，米国系約 13.0％，韓国系 9.0％となっている（表 8 - 6，表 8 - 7）。

　中国自動車産業の急速な発展には外国企業との合弁が大きく寄与している。中国では外資単独での進出は許可されていないため，外国の自動車企業は中国企業と合弁の形態で中国に進出している。欧米系メーカーは 1990 年代から，日本メーカーは中国の WTO 加盟前後，2000 年頃から参入している（日本企業との合弁状況については，表 8 - 8 参照）。合弁によって世界レベルの最新技術とマネジメントが全面的に導入され，国際競争力の早期獲得，国内市場基盤の強化が図られた。中国自動車企業の生産システムは，民族系か外資系かによって，またどの国の企業との合弁かによって多様性を持つ。日産と提携した東風日産乗用車公司について具体的に考察してみよう。

189

第Ⅱ部　職能・企業形態編

表8-5　中国・地域別乗用車販売台数（2009～2013年）

（単位：千台）

地域	2009年		2010年		2011年		2012年		2013年	
	台数	比率(%)	台数	比率(%)	台数	比率(%)	台数	比率(%)	台数	比率(%)
東　部	4,382	54.4	5,931	55.7	5,962	53.1	6,780	52.2	7,687	51.2
中　部	1,338	17.2	1,798	16.9	2,014	17.9	2,481	19.1	3,026	20.2
西　部	1,728	21.4	2,145	20.1	2,405	21.4	2,778	21.4	3,236	21.6
東　北	607	7.5	757	7.1	851	7.6	949	7.3	1,062	7.1
合　計	8,058	100.0	10,631	100.0	11,232	100.0	12,987	100.0	15,011	100.0

（出所）　FOURIN『中国自動車調査月報』No.219, 2014年9月，4頁より筆者作成。

表8-6　中国・系列別乗用車生産台数の推移

	2011年		2012年		2013年		2014年	
	台数 （千台）	シェア （%）	台数 （千台）	シェア （%）	台数 （千台）	シェア （%）	台数 （千台）	シェア （%）
中国系	6,093	42.1	6,532	42.1	7,257	40.1	7,610	38.2
日　系	2,817	19.4	2,517	16.2	2,957	16.3	3,195	16.0
欧州系	2,808	19.4	3,342	21.5	4,050	22.4	4,815	24.2
米国系	1,593	11.0	1,793	11.6	2,232	12.4	2,538	12.8
韓国系	1,175	8.1	1,341	8.6	1,589	8.8	1,761	8.8
合　計	14,486	100.0	15,525	100.0	18,085	100.0	19,919	100.0

（出所）　FOURIN『中国自動車調査月報』各年度，2月【系列別／ブランド別，乗用車生産台数】より筆者作成。

表8-7　中国・系列別乗用車販売台数の推移

	2011年		2012年		2013年		2014年	
	台数 （千台）	シェア （%）	台数 （千台）	シェア （%）	台数 （千台）	シェア （%）	台数 （千台）	シェア （%）
中国系	6,113	42.2	6,485	41.9	7,222	40.3	7,520	38.2
日　系	2,807	19.4	2,542	16.4	2,931	16.3	3,148	16.0
欧州系	2,804	19.4	3,316	21.4	3,976	22.2	4,741	24.1
米国系	1,577	10.9	1,812	11.7	2,222	12.4	2,526	12.8
韓国系	1,172	8.1	1,340	8.6	1,577	8.8	1,766	9.0
合　計	14,473	100.0	15,495	100.0	17,928	100.0	19,701	100.0

（出所）　FOURIN『中国自動車調査月報』各年度，2月【系列別／ブランド別，乗用車工場出荷台数】より筆者作成。

②　東風日産乗用車公司の概要

　2002年9月に，日産と東風汽車公司は包括的・戦略的な提携を締結し，2003年に東風と50％ずつ出資した合弁企業「東風汽車有限公司（Dongfeng Motor Co., Ltd., 以下「DFL」）」を設立した。DFLは，乗用車（PV），小型商用車（LCV），お

第8章　生産システム：東アジア自動車企業における展開

表8-8　日系自動車メーカー合弁状況（2015年1月時点）

日本企業	合弁企業	出資比率
トヨタ	天津一汽トヨタ 四川一汽トヨタ 広汽トヨタ	中国一汽20％，天津一汽夏利30％，トヨタ50％ 中国一汽50％，トヨタ50％ 広汽集団50％，トヨタ50％
日　産	東風日産 鄭州日産	東風汽車50％，日産50％ 東風股份51％，東風有限28.7％，日産20.3％
ホンダ	広汽ホンダ 東風ホンダ	広汽集団50％，ホンダ50％ 東風汽車50％，ホンダ50％
マツダ	一汽驕車（技術供与） 長安マツダ	中国一汽53％，他47％ 中国長安50％，マツダ50％
スズキ	長安スズキ	中国長安50％，スズキ50％
三菱自	広汽三菱 東南汽車	広汽集団50％，三菱自33％，三菱商事17％ 福汽集団50％，台湾中華汽車25％，三菱25％
日　野	広汽日野	広汽集団50％，日野50％

（出所）　FOURIN『中国自動車調査月報』No.227, 2015年2月，45頁より筆者作成。

よび中・大型商用車（H&MCV）のフルラインアップを持つ中国における最初の
合弁企業である。乗用車は日産ブランドで，商用車は東風ブランドで販売する
方針となり，乗用車部門としては東風日産乗用車公司（以下，東風日産）が設立
された。

　東風日産は成長スピードが最も速い企業であり，販売台数は11年間で14倍
に拡大し，2014年中国販売台数は約95万台で，中国の自動車会社では第5位，
日系自動車メーカーではトップとなっている。自主開発ブランドである啓辰ブ
ランドや新モデルの販売増により，販売は拡大傾向を維持している。今後の成
長維持に向けて，開発・販売の強化やEV（電気自動車）事業の強化（2014年9月
にEVの啓辰e30を投入，EV市場20％を狙う），SUV市場への進出も進めており，
大連に新工場を建設し生産能力を拡大するとともに，中国市場向けの製品開発
を強化している（新型SUV「ラニア」は，中国の若者向けに開発された初のモデルで，
開発初期の段階から若手の中国人デザイナーが関わり，消費を牽引する20代，30代の取
り込みを狙っている）。

　部品の現地調達に関しては，傘下または日系サプライヤーから調達する戦略
から，エンジン，変速機，ABS（Anti-lock Braking System）等コア部品など重要部
品についても中国現地系サプライヤーから調達する戦略へと転換を図り，現地

第Ⅱ部　職能・企業形態編

図8-2　東風日産の生産工場（生産車名と生産能力）（2014年）

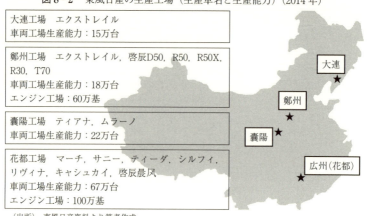

（出所）　東風日産資料より筆者作成。

調達率を100％にする目標を打ち出している。地域別サプライヤー分布では，花都工場が位置する広東省や江蘇省，上海市等の長江デルタ地域に集中している。コア部品の現地調達から見ると，東風日産は2011年10月に河南省鄭州市でエンジン60万基の生産を目指すプロジェクトを開始し，2012年9月に花都エンジン工場の年産能力を48万基から96万基まで引き上げた（FOURIN『中国自動車調査月報』No.208，2013年7月，40頁）。

③ 東風日産乗用車公司の生産システム

東風日産の生産拠点は，華南の花都工場，華中の襄陽工場，中原の鄭州，中国東北部の大連工場である＊（各工場の生産品・能力については，図8-2参照）。

＊　東風日産に関しては，広州花都工場と日系部品企業2社（2007年3月，2014年9月），本格稼働直前の大連工場（2014年9月）の現地調査を行った。図表の出所などで東風日産資料とあるのは，その時に提供していただいた資料のことである。

車両生産工場で最大規模を誇る広州の花都工場は，2003年に設立され，高まる需要に対応し，車両工場稼動以後，新エンジン工場の建設，車両工場への新たな投資等（第2工場の建設），生産能力は一層拡大されている。東風日産では，新車製造のための迅速な生産準備，複数の拠点での同時開発，日本と同等の品質を確保する工夫がなされている。

第8章　生産システム：東アジア自動車企業における展開

　需要変化への対応，新車準備期間の短縮を目指し，フレキシブルな日産標準生産技術「Nissan Integrated Manufacturing System：NIMS」が花都工場にも導入されている。その特徴の第1は，柔軟性である。数値制御装置で，事前のプログラムによりそれぞれの車種に応じた位置決めができ，一つの生産ラインで複数の車種を生産することが可能となるほか，迅速な車種変更，追加，新車導入時の大幅なコスト削減が実現されている。第2の特徴は，統合されたフィッシュボーン（魚の骨）型の短いラインである。モジュール化を行いラインの長さを短くするとともに，車種間の仕様の違いをメインラインからモジュールのサブラインへと移転した。モジュール部分はサプライヤーに，更にサプライヤーを構内に誘致することによってモジュールと同期化し短いリードタイムを可能にしている。第3の特徴は，「人にやさしい」ラインである。作業者に負担にならない作業姿勢が維持できるようにエルゴノミクス（人間工学）を考慮した作業環境が織り込まれている。

　新工場建設，設備の導入に加え生産活動の指針として，NPW（Nissan Production Way：日産生産方式）の展開が大きな役割を果たしている。NPW は，1990年代半ばに体系化され，その後，特にルノーとの提携後は，日産の生産活動の指針として，日産グループも包括して，組織的，体系的に国内外で展開されている。

　NPW の基本的な考え方は，「限りないお客さまへの同期」「限りない課題の顕在化と改革」（「二つの限りない」）であり，その主要な目的は，徹底した「同期生産」を進めることで，「受注確定生産」により顧客満足を向上させること，そして生産活動の悪いところを顕在化させ，改善を重ねることにより，生産活動の実力の向上を図ることである。単に生産現場の領域だけでなく，情報のスピードや精度，販売や物流などといった生産活動に関わる全ての仕組みの課題や問題点を顕在化させ解決していくことを目指している。活動としては五つの領域（「車両のメインラインの確定順序生産」「車両と内製部品・ユニットとの同期化」「部品メーカーとの同期化」「車両物流との同期化」「販売との同期化」）が設定されている。第1の「車両のメインラインの確定順序生産」が，その他領域の活動の前提条件であり，徹底的な生産順序，時間の遵守のために，「順序遵守率」と「時間遵守率」が設定され，それに基づく管理が展開されている。この指標は，中

193

第Ⅱ部　職能・企業形態編

国以外の海外工場も含めてグローバルレベルで定期的に比較され，進捗度が確認されている。

　同期生産を実現するには，多車種混流生産や多数回段取りで弾力的に生産すること，付加価値作業に集中しムダを排除することが必要になる。この同期生産を遂行する生産活動を，移動の仕組み（生産管理），加工の仕組み（エンジニアリング），運用の仕組み（現場管理）の三つの柱に分け，三つの柱ごとに評価に必要な構成要素を明確にしている（図8-3）。表8-9は，花都工場の生産コンセプトを示しているが，主にNPWの指標を基に目指すべき目標などが，他の海外拠点との競争を意識して定められている状況がよく把握できる＊。

＊　NIMS，NPWなどのグローバルに共通の生産技術，生産方式の展開とともに，中国の生産システムの特徴については，外資との提携，全体の生産体制とその発展の歴史を視野に入れ，生産技術のハード面（設備の移転，内製化，改良）とソフト面（管理と従業員教育），更に市場規模，賃金，労使関係，教育水準，法律などといった点から多面的に考察する必要がある。2007年の調査時点では，生産設備，特に大型プレスなどは日本から輸入されており，NPWなどの導入に当たっては日本人スタッフが大きな役割を果たしていた。しかし2014年時点では生産設備はほとんど中国製になっており，NPW展開でも中国人スタッフが中心となっていた。

4　ASEAN自動車産業の発展と生産ネットワーク

1 ）ASEAN地域協力体制と自動車産業

　自動車産業はすそ野の広い中核産業であり，経済発展のための不可欠な産業として各国でその育成・発展が図られている。自動車産業は基本的に，輸入代替（ノックダウン［knock down］生産），国産車の開発，モータリゼーションと量産化，輸出拡大，グローバルな生産体制の構築の段階を経ると考えられるが，ASEAN自動車産業は，各国政府の輸入代替工業化政策の下で，海外からの資本と技術の導入によりスタートし，特に1980年代後半から90年代にかけて生

ノックダウン（knock down）生産：ノックダウン（knock down）生産とは，完成品を輸入する代わりに，他国や他企業で生産された製品の主要部品を輸入して現地で組み立てる生産方式である。

第8章 生産システム：東アジア自動車企業における展開

図8-3 NPWの3つの柱

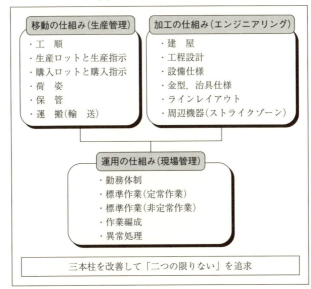

（出所）日産資料より筆者作成。

表8-9 日産東風・花都工場の生産部門のコンセプト

工場運営		日産生産方式（NPW）の採用
目指す姿	生産方式	デイリー受注・週間確定生産 （受注確定生産とIPO方式の導入）
同期生産 三つの柱	生産管理	生産管理システム　IPO方式の導入 工程管理システム　日本同等
	エンジニアリング	NIMSの採用 ・多車種混流生産 ・グローバルに車両生産補完ができるフレキシビリティの構築
	現場管理	現場管理診断の導入 日本と同等レベルの教育体系導入
管理指標 と目標	Q　初期品質評価	初期品質　中国市場同セグメント内トップレベル
	C　自動化	勤勉で優秀な労働力の活用による投資額低減 品質を確保するために必要な自動化設備の導入
	生産性	中国No.1の生産性　日産4大拠点レベルを目指す
	T　順序・時間遵守	中国No.1レベル　日産4大拠点レベルを目指す
	S　安全・環境	日産基準を採用（照度・換気・休憩所・事務所等）

（注）IPO方式：Individual Parts Order方式，受注に対応した部品発注のこと。4大拠点とは，日本，イギリス，スペイン，アメリカ（USA，メキシコ）である。
（出所）花都工場資料より筆者作成。

第Ⅱ部　職能・企業形態編

産規模を拡大してきた。しかし，輸出競争力を持たず，国内市場が狭く，部品産業が未成熟という状況から，主にノックダウン生産による小規模な生産にとどまらざるをえず，最適量産規模を実現することはできなかった。そのため，各国で全部品をそれぞれ小規模生産するよりも，それぞれ得意な部品を補完的に供給することにより，量産効果が生まれ，効率的でコストを低減させることが可能であるとの発想から，一定の量産体制確立のために域内部品相互補完が進められた。この域内での自動車部品相互補完は，1988年のBBC（Brand to Brand Complementation）に始まり，その後，ASEAN工業協力協定（ASEAN Industrial Cooperation Scheme：AICO），共通有効特恵関税（Common Effective Preferential Tariff：CEPT）を経て，ASEAN自由貿易協定（ASEAN Free Trade Agreement：AFTA）という形で進展していった。

　当初の相互補完体制は，各国の民族系自動車メーカーを保護・育成するという観点での域内ネットワークの形成という点が色濃く，補完し合いながらも，現地の民族系自動車メーカーを育て，これによって自国の経済発展を実現するために，完成車や部品に対する関税・非関税輸入障壁や国産化規制により自動車産業を保護する側面も有していた。しかし，1998年の経済危機以降，ASEAN自動車産業は，一層の貿易・投資の自由化，グローバル競争に晒されることになり，このグローバルな競争において国際競争力を確保することが共通の戦略的課題となった。ASEAN域内における完成車に関する関税は，2010年1月にAFTAにより先行加盟国であるASEAN6については撤廃され，CLMV（カンボジア，ラオス，ミャンマー，ベトナム）については2018年までに最終的に撤廃の見込みである。AFTAは，相互補完体制の構築，再編だけにとどまらず，AFTAの下で導入された共通有効特恵関税（CEPT）が引き下げられたことにより，これまで国内市場だけだったASEANの自動車産業を輸出に誘導した。タイはASEAN域内だけでなく，FTA（自由貿易協定）も活用してオーストラリアなどへも輸出を大きく伸ばしている。国産車（国民車プロトン）育成のため保護政策を堅持してきたマレーシアも自動車の輸入税自由化に踏み切り，輸出も含めてAFTA域内貿易に積極的に関わることで，国民車の存続を図ろうとしている。ベトナムでは関税撤廃により，輸入車との価格逆転の可能性があり，現地生産の存続が懸念されているなど新たな問題も生じている。

第8章　生産システム：東アジア自動車企業における展開

②　日系企業による生産ネットワークの構築

　BBC, AICO, AFTA といった ASEAN 域内経済協力・自由化と各国の自動車産業育成政策（保護主義）の両面を考慮し，日系自動車メーカーと部品企業は，内需規模・成長性，各国政府の投資優遇策，輸出市場へのアクセス，関税撤廃スケジュール，産業基盤の集積度，労働コストなどを勘案しながら生産ネットワーク（分業・補完体制）の構築と再編に取り組んできた。ASEAN 自動車産業の大きな特徴として，日系自動車メーカー中心に，域内優遇関税による相互融通を活用した完成車や自動車部品の相互供給体制が構築されてきた点があげられる。ASEAN は域内での自由貿易体制を構築しているだけでなく，域外の近隣諸国を中心に，自由貿易・経済連携体制の構築も積極的に進めている。

　日系自動車メーカーは，生産拠点の再構築に加えて，分業を統括する機能を ASEAN 内に移管し，現地の変化に迅速に対応できる自律的な域内生産分業を展開している。また，コスト競争力のある製品については，当該生産拠点をグローバルな輸出拠点としても活用している。例えば，トヨタはシンガポールに統括会社を設置するとともに，タイなど4カ国で完成車，主要部品の工場を稼働させている。さらにそれを発展させたかたちで IMV（Innovative International Multi-purpose Vehicle）を展開している。

　IMV プロジェクトは，トヨタの重要な新興国戦略である（2004 年 8 月生産開始，2015 年 7 月全面刷新）。IMV は，新たに開発した車台を使い，ピックアップトラック 3 車型，ミニバン，SUV の計 5 車種によって構成されている。タイ，インドネシア，南アフリカ，アルゼンチンの 4 カ国が IMV の主要生産拠点で，そこからアジア，オセアニア，ヨーロッパ，アフリカ，中南米，中近東に供給されている。ASEAN 関連で見ると，タイが世界最大の生産拠点で，グローバル供給拠点として位置付けられている。タイは，ピックアップトラックと SUV のマザー工場であり，IMV 用のディーゼルエンジンの世界供給拠点である。インドネシアもタイに次ぐ主力生産拠点であり，ミニバンのマザー工場である。また IMV 用のガソリンエンジンの世界供給拠点である。フィリピンでは完成車も生産されているが，マニュアル・トランスミッションを主に供給している。IMV はマレーシア，ベトナムでも生産されている。IMV プロジェクトでは，主にタイ，インドネシアから輸出も行われており，ASEAN 各国だけでなく，

197

第Ⅱ部　職能・企業形態編

表8-10　IMV車名と各国の生産・輸出

車名とボデータイプ		国　名	生産車種・（部品）	主な輸出先
	ハイラックス ピックアップ （シングル）	タ　イ	ハイラックス フォーチュナー （ディーゼルエンジン）	アジア諸国， オセアニア， 中近東，欧州
	ハイラックス ピックアップ （エクストラ）	インドネシア	イノーバー フォーチュナー （ガソリンエンジン）	中近東
	ハイラックス ピックアップ （ダブル）	南アフリカ	ハイラックス フォーチュナー	アフリカ ヨーロッパ
	フォーチュナー SUV	アルゼンチン	ハイラックス フォーチュナー	中南米
	イノーバー MPV （ミニバン）	インド	イノーバー フォーチュナー （マニュアル・トランスミッション）	
		フィリピン	イノーバー （マニュアル・トランスミッション）	

（出所）「TOYOTA Global Newsroom」2012年4月6日より筆者作成。

オーストラリア，サウジアラビアなどへも輸出されている（以上については**表8-10参照**）。

　このような長年にわたる取り組みの結果，ASEAN自動車産業においては，日系企業が圧倒的な比重を占めるようになった。**表8-11，表8-12，表8-13**は，ASEAN諸国における日系企業の生産販売台数とシェアを示しているが，全体で8割以上，各国においても大きなシェアを持っている。

③ ASEAN域内分業の変化と市場拡大・多様化

　ASEAN域内での自動車部品補完体制は，小規模生産を各国で行うより，部品を補完的に供給し合い量産効果を生み出すという，当初目的とした部品生産の完全な棲み分けという状況には必ずしもなっておらず，域内部品供給拠点としてのタイの重要性が高まってきている。タイは，域内最大の自動車産業の集積国，域内における完成車の供給拠点，輸出拠点となり，生産機能だけでなく

第8章 生産システム：東アジア自動車企業における展開

表8-11 ASEAN主要6カ国・ブランド別自動車販売台数

(単位：台)

	2008年	2009年	2010年	2011年	2012年	2013年	2014年
日　系	1,711,006	1,507,884	2,061,270	2,105,252	2,931,745	3,032,629	2,725,545
比率（％）	(84.8)	(82.5)	(84.8)	(82.9)	(85.7)	(86.8)	(86.6)
欧米系	109,630	108,338	131,217	185,758	258,025	242,588	218,311
比率（％）	(5.4)	(5.9)	(5.4)	(7.3)	(7.5)	(6.9)	(7.0)
韓国系	50,947	57,502	73,155	83,113	84,276	78,616	85,266
比率（％）	(2.5)	(3.2)	(3.0)	(3.3)	(2.5)	(2.3)	(2.7)
Proton	146,802	153,533	164,920	165,855	146,742	140,538	116,776
比率（％）	(7.3)	(8.4)	(6.8)	(6.5)	(4.3)	(4.0)	(3.7)
総　計	2,018,385	1,827,257	2,430,562	2,539,978	3,420,788	3,494,371	3,145,898
比率（％）	(100.0)	(100.0)	(100.0)	(100.0)	(100.0)	(100.0)	(100.0)

(注) 日系は次の12社。トヨタ/Lexus，ダイハツ/Perodua，ホンダ，三菱自，スズキ，日産/Datsun/Infiniti，マツ
　　ダ，スバル，いすゞ，三菱ふそう，日野，UDトラックス。
　　韓国系は，起亜と現代自の2社。欧米系は次の9社，FORD，GM，Mercedes-Benz，BMW，VW，Peugeut，
　　Audi，Volvo Car，Renault。Protonはマレーシアの自動車メーカー，Peroduaもマレーシアの自動車メーカーで
　　あるが，ダイハツと提携しているため日系に入れている。
(出所) FOURIN (2015)『ASEAN自動車産業　2015』36-39頁より筆者作成。

表8-12 ASEAN主要6カ国・ブランド別国別自動車販売台数・シェア（2014年）

(単位：千台)

	タイ（％）	インドネシア（％）	マレーシア（％）	フィリピン（％）	ベトナム（％）	主要6カ国計
トヨタ	327 (37.1)	400 (33.0)	101 (11.3)	107 (39.4)	41 (30.8)	987 (29.9)
ダイハツ	未参入	186 (15.3)	197 (29.5)	未参入	未参入	382 (11.9)
ホンダ	106 (12.1)	159 (13.2)	77 (11.6)	13 (5.0)	6 (4.9)	364 (11.4)
いすゞ	206 (18.2)	32 (2.3)	12 (1.9)	12 (5.2)	2 (2.8)	265 (6.9)
三菱自	63 (7.1)	86 (7.1)	14 (2.1)	49 (18.1)	2 (1.5)	214 (6.7)
スズキ	20 (2.3)	155 (12.8)	4 (0.6)	7 (2.6)	4 (3.3)	191 (5.9)
日　産	59 (6.7)	54 (4.5)	45 (6.8)	7 (2.8)	2 (1.1)	172 (5.4)
マツダ	34 (3.9)	9 (0.8)	11 (1.7)	4 (1.3)	9 (7.1)	70 (2.2)
Ford	88 (4.3)	12 (1.0)	14 (2.1)	20 (7.5)	14 (10.5)	99 (3.1)
G M	26 (2.9)	10 (0.8)	2 (0.3)	5 (3.0)	5 (3.0)	84 (1.6)
起　亜	0.7 (0.1)	9 (0.7)	10 (1.5)	6 (3.0)	22 (16.8)	44 (1.6)
現代自	4 (0.5)	2 (0.2)	3 (0.5)	22 (8.5)	0.7 (0.2)	34 (1.0)
V W	0.5 (0.1)	1 (0.1)	9 (1.3)	0.6 (0.2)	未参入	14 (0.4)

(注) （　）内がシェア，ダイハツのマレーシアは，Perodua分も算入している。
(出所) 表8-11と同じ。

開発，調達面でも域内分業の中核としての役割を強めている。市場の潜在力の
大きいインドネシアは，タイとの補完関係を重視しながら完成車，部品の域内
供給拠点となっている。国内市場が小さいフィリピンは，部品輸出国として成
長している。

　ASEAN自動車産業は生産・販売とも300〜400万台の規模に達しており，

第Ⅱ部　職能・企業形態編

表8-13　タイ・インドネシア・マレーシアでの日系ブランド別自動車生産台数・シェア（2013年）

（単位：千台）

タ　イ		インドネシア		マレーシア	
ブランド	台数・シェア(%)	ブランド	台数・シェア(%)	ブランド	台数・シェア(%)
トヨタ	860　(35.0)	ダイハツ	488　(40.4)	トヨタ	73　(12.1)
三　菱	360　(14.7)	トヨタ	163　(13.5)	ダイハツ (Perodua)	207　(34.4)
いすゞ	288　(11.7)	スズキ	180　(14.9)	ホンダ	48　(8.0)
日　産	240　(9.8)	ホンダ	82　(6.8)	日　産	50　(8.3)
ホンダ	273　(11.1)	三　菱	129　(10.7)	いすゞ	13　(2.2)
スズキ	53　(2.2)	日　野	51　(4.2)	マツダ	5　(0.8)
日　野	22　(0.9)	日　産	60　(5.0)	日　野	7　(1.2)
三菱ふそう	2　(0.1)	いすゞ	29　(2.4)	スバル	5　(0.8)
AAT	216　(8.8)				
小　計	2,314　(94.2)	小　計	1,182　(97.8)	小　計	408　(67.8)
総　数	2,457 (100.0)	総　数	1,208 (100.0)	総　数	601 (100.0)

（注）　AAT は Auto　Alliance (Thailand) Co., Ltd.の略，マツダ 50％，フォード 50％の資本構成である。2014 年
　　　からは提携を解消，マツダ専属になった。
　　　小計は日系分，総数はその国の全生産数。
（出所）　表 8-12 と同じ。

2015 年以降については，タイでの生産回復が進む一方，インドネシア自動車産
業が内需と輸出の両輪で成長を続けると見られ，人口増加に加え，1 人当たり
GDP の増大などにより，中長期的には各国の独自性を保ちながらも拡大基調
が続くことが予想されている。タイ，インドネシア，マレーシア以外の国にお
いても，モータリゼーションが始まろうとしており，各国のニーズも多様化し
始めている。タイではピックアップトラック中心のシンプルな市場から小型乗
用車も売れる多様化した市場へ，インドネシアでは MPV（Multi Purpose Vehicle
の略でミニバンの同義語）だけでなく小型乗用車も売れる市場へと変化している。
各国の低燃費車優遇の政策も，この動きを促進しており，多様化する市場動向
を国別に把握し，域内の分業体制を柔軟に深化させることが求められている。

5　ASEAN 主要国の自動車産業の状況と日系企業

1　インドネシア：ASEAN 最大の自動車市場国

2010 年にインドネシアの自動車販売台数は，前年比 60％近く伸び，2011 年
に 89 万台に達し，タイを抜いて東南アジア最大の自動車市場国となった。そ

第8章　生産システム：東アジア自動車企業における展開

の後も需要の拡大が続き，2014年には120万台の販売台数となった。生産台数は2012年には100万台を超え，輸出も20万台ほどなされている。インドネシアの自動車普及率は，まだ8％ほどで，モータリゼーションが飛躍するといわれる1人当たり所得3000ドルの水準を2010年に超えたばかりなので，2.4億人の人口を有する国内市場を背景に，インドネシアが，アジアでも有数の自動車市場になるのは時間の問題であろうと予測されている。

　インドネシア国内自動車市場の拡大と産業育成に向けた政策としてLCGC（Low Cost Green Car）政策が，2013年9月から実施された。低価格で低燃費，一定量の国内産部品を使用した小型車に対して，物品税（消費税）・輸入部品の輸入関税等の減免といった税制面の優遇を与え，自動車需要を喚起し，自動車産業の発展を目指している。LCGC適合の技術要件は，価格が9500万ルピア（約81.6万円）以下，ボディタイプはセダン・ステーションワゴン以外，ガソリンエンジン車であれば排気量980〜1200cc，ディーゼルエンジン車であれば排気量1500cc以下で，燃費20km/l以上を達成することが求められており，この要件を満たせば，奢侈品販売税（車両価格の10％）が免税となる。現在までにLCGC対応車を投入しているのは，トヨタ，ダイハツ，スズキ，ホンダ，日産の5社で，車名は，トヨタ「アギア」，ダイハツ「アイラ」，スズキ「カリムン・ワゴンR」，ホンダ「ブリオ・サティヤ」，日産「ダットサン」である。

　車のタイプ別の販売構成比を見ると，インドネシアの自動車市場の特徴は，乗用車7割，商用車3割という比率で，低価格の家族向けMPVが全体の約40〜50％を占めている。また，1トン未満のピックアップトラック，SUVの需要も高く，各々30％，10％ぐらいの比率を占めている。一方，セダン型の車については，上級車（1500cc以上）のみならず，排気量が小さい（1500cc未満）タイプもシェアはごく小さい。MPVが売れている背景として，インドネシアは日本などと比べ家族の構成人数が多い点があげられる。

　自動車販売のメーカー別の構成比を見ると，トヨタを筆頭に，ダイハツ，三菱などの日系企業が上位を独占しており，日系合計でのシェアは，2013年では9割近くを占めている。韓国・中国系メーカーや，ヨーロッパ，米国系メーカーの存在感は薄く，日系以外のメーカーのシェアは合計でも1割に満たない。

　日系自動車メーカー各社は，インドネシア市場の中長期的な成長を見込んで

201

第Ⅱ部　職能・企業形態編

現地開発・生産体制を強化しようとしており，研究開発センターの設立，生産能力増強，新工場設立の発表が相次いでいる。販売シェアトップのトヨタは，2013 年にカラワン第 2 工場を開設，2016 年にはエンジン工場の新設予定を発表している。ダイハツも 2012 年に第 2 工場を増設し，工場内に R&D センターを建設中である。スズキは既存工場の増強，2015 年 1 月の稼働を目指す新工場によって生産能力の倍増を図っている。ホンダは，2014 年 1 月に新工場の稼働を開始，年間生産能力は 20 万台となる。日産は，2014 年 5 月にプルワカルタ第 2 工場を新設している。新工場の稼働により，日産のインドネシアでの年間生産能力は従来の 10 万台から 25 万台へと拡大する [*]。

　　＊　インドネシアの自動車産業については，現地調査を行った（2014 年 3 月，ADM［アストラ・ダイハツモーター：ダイハツの子会社］，部品企業の工場，販売店の見学とヒアリング）。

　例えばダイハツの「アイラ」は，LCGC 政策の導入により期待されている新規自動車購入層向けのモデルとして，他社に先駆けて販売された小型ハッチバック，コンパクトカーで，日本の軽自動車「ミライース」で培ったコンパクトカー作りのノウハウをベースに，現地子会社が参画した開発体制の下，インドネシアのニーズを追求して低価格と低燃費を実現している。アイラの開発に当たっては，現地の潜在的ニーズをつかむ徹底的な市場調査，デザイン開発能力の強化のために，人材（デザイナーとモデラー）の確保・育成，現地リーダーの育成，現地での R&D センターの建設が進められた。更に設計段階から部材の配置や形状，材料を徹底的に検証し，低コストにするダイハツの中核技術であるイース技術の手法がアイラに応用され，エンジン，車両の開発，低価格化に大きな効果をもたらした。アイラはカラワン新工場で生産されているが，工場のコンセプトは「Just Fit For Indonesia」であり，日本で最新鋭のダイハツ九州第 2 工場を基本にしながらも，インドネシア特有の条件を考慮して設計されている。インドネシアに適合した形で，設備とその運用，管理・教育面でさまざまな工夫がなされて，生産工場の SSC（Simple Slim Compact：「シンプル・スリム・コンパクト」）化が図られ，効率的な生産体制が築かれている [*]。

　　＊　ダイハツのインドネシア進出とアイラの開発・生産に関しては，次の文献を参照。

第8章　生産システム：東アジア自動車企業における展開

今田治（2016）「新興国（インドネシア）市場における新車開発と生産」『入門　生産システム論──自動車企業の発展にみる生産革新──』ミネルヴァ書房）。

②　タイ：ASEAN 最大の自動車生産国

　タイでは，外資を積極的に誘致する自動車産業マスタープランに沿って，2000年代初めから自動車産業が急速に発展し，アジア地域ないし新興地域向けの車両・部品の生産拠点化が進んだ。現在では，タイは ASEAN 最大の自動車産業の集積国となり，域内における完成車の供給拠点としてのみならず，グローバルな完成車の輸出拠点として，域内分業の中核としての役割を強めている*。

*　タイでは完成車メーカーが23社（4輪車16社，2輪車7社），1次サプライヤーが690社，2，3次サプライヤーが1700社，計2413社がバンコク周辺に存在している。それに対しインドネシアでは，完成車メーカー20社，1次サプライヤーが約550社，2，3次サプライヤーが約1000社，計1570社とされている（FOURIN［2015］『ASEAN 自動車産業 2015』59，89頁参照）。タイの自動車産業についても，現地調査を行った（2016年3月，タイ日産，日産販売店，部品企業の見学とヒアリング）。

　2012～13年に自動車購入補助策導入により国内販売が80万台水準から130～140万台に急増した後，2014年には補助策の反動と政情の影響で88万台に急減した。しかし2014年も過去3番目の販売水準であり，中期的には拡大基調と見られる。自動車生産は現在200万台規模となり，ASEAN 最大の自動車生産国となっている。自動車の輸出も2012年には100万台を超え，2014年には輸出が112万台と国内販売を上回り（輸出先は ASEAN 周辺国，中近東，オーストラリア，中南米，アフリカなど世界150カ国以上），自動車の生産・輸出拠点に台頭してきた。なお，タイの自動車生産の約9割は進出日系自動車メーカーによるものである（表8-13）。

　第3次自動車産業マスタープランでは，2017年の生産台数の目標値が300万台とされ，グローバル自動車生産拠点としての一層の発展，ピックアップトラックと小型乗用車に加えて SUV や小型の Eco Car の生産など生産車種の拡大も意図されている。その達成に向けて，生産能力の拡大とともに，研究技術開発，人的資源開発成長基盤作り，インフラ整備が進められている。これに対応して，

203

第Ⅱ部　職能・企業形態編

日系企業は，政情不安なども考慮しながら，完成車工場，エンジン工場の能力増大などを行い，生産能力を拡充している。2016年からの「Eco Car政策」第2弾には10社が参加申請しており，順調にいけば50万台を超える生産能力が新たに追加される予定である。

③ マレーシア：自由化と国民車メーカーの強化

　マレーシアは国家自動車産業政策，NAP（National Automotive Policy）を基本方針に，国民車メーカーの競争力の維持・拡大を目指しており，国民車メーカーであるプロトン（Proton）とプロドゥア（Perodua）の比重が大きい。ASEAN第3位の自動車市場は2010年に初めて60万台を超え，2011年には前年実績をわずかに下回ったが，2012年以降は過去最高の更新を続けている。2013年には65.6万台に拡大した。今後も拡大基調が続くと予想されている。国民車メーカー2社で約50％のシェアを持つが，近年は外資メーカーの新規参入や販売車種の増加，国民車メーカーの政策上の優位性の低下などにより，競争が激化しており，国民車メーカーのシェア低下が鮮明となっている。

　2006年に導入された国家自動車政策NAPは，AFTAのCEPT（共通有効特恵関税）の完全導入を促進するとともに（ただし物品税制による国産メーカーの支援など，市場自由化の圧力から国内産業を保護する方針も維持されている），国民車メーカーを中心とした国内産業の競争力強化を重視している。2014年1月に施行された最新版，NAP2014では，こうした従来の基本方針を維持しながらも，いくつかの新しい数値目標と具体的な施策が盛り込まれている。NAP2014では，2020年の乗用車生産目標を125万台（20万台を輸出）と設定している。その具体的な施策の1つが，エネルギー効率の良い車両「EEV（Energy Efficient Vehicle）」の生産促進策である。EEV政策は，車体重量を基準に区分された車種・カテゴリーに対してそれぞれの燃費基準を設定するもので，基準を満たす車両に対して優遇を付与するものである。現在までPeroduaの「Axia」が認定を受けている*。

　*　NAP2014の詳細は，前掲，FOURIN（2015, 116頁）参照。
　　マレーシアの自動車産業についても，現地調査を行った（2015年3月，Perodua社の車両組立工場，訓練センターの見学とヒアリング）。国民車企業と日系も含む外

第8章　生産システム：東アジア自動車企業における展開

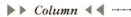

> **モータリゼーション**
>
> 　モータリゼーションとは，自動車普及率の急上昇のことで，経済力・工業力が一定の水準に到達すると，急速に進展することが多いです。モータリゼーションの進展には所得要因と価格要因があり，1人当たりGDP（国内総生産）が3000ドルから7000ドルへの中所得水準の移行期に入り，国民の年収のおよそ3分の1で自動車を購入できるようになるとモータリゼーションが進むといわれています。
>
> 　モータリゼーションの考察は，自動車市場の分析，更に地域，国の経済・工業発展の状況を把握する上で欠かせないものです。例えば中国，タイ，インドネシア，インド，ベトナム等は，現在，日本の1965年頃の所得水準にあり，今後10年間に所得水準の向上とともに自動車普及率が飛躍的に上昇することが見込まれます。モータリゼーションを規定する1000人当たりの自動車保有台数，1人当たりGDPは，先進国，移行国，新興国の区分によく用いられます（表1，参照）。主要国を上記の基準で分類すると，表2のようになります。
>
> 表1　先進国，移行国，新興国の区分
>
> | | ①1,000人当たりの自動車保有台数 | ②1人当たりGDP（年間：USドル） |
> |---|---|---|
> | 先進国 | 500台以上 | 25,000以上 |
> | 移行国 | 100～400台 | 10,000～20,000 |
> | 新興国 | 100台以下 | 10,000以下 |
>
> 表2　モータリゼーション基準による分類（2013年）
>
> | 先進国 | | | 移行国 | | | 新興国 | | |
> |---|---|---|---|---|---|---|---|---|
> | 国名 | ① | ② | 国名 | ① | ② | 国名 | ① | ② |
> | 日本 | 589 | 38,468 | マレーシア | 415 | 10,457 | 中国 | 93 | 6,959 |
> | 米国 | 771 | 53,101 | ブラジル | 196 | 11,311 | タイ | 204 | 5,676 |
> | ドイツ | 561 | 44,999 | ロシア | 319 | 14,819 | インドネシア | 77 | 3,510 |
> | フランス | 591 | 43,000 | ハンガリー | 342 | 13,405 | インド | 25 | 1,505 |
> | イギリス | 563 | 39,567 | メキシコ | 278 | 10,630 | ベトナム | 15 | 1,902 |
>
> （出所）　FOURIN（2014）『世界自動車統計年刊　2014』より筆者作成。

　資系企業との競争，国民車企業への日本企業の支援など複雑なマレーシア自動車産業の実情を知ることができた。

　日系企業のシェアは，トヨタが15％前後，ホンダが5～8％であったが，2014年には11.6％へ急増している。日産は7％前後である。ダイハツはPeroduaと提携し，車両とエンジン生産を行っている（「Axia」はインドネシアLCGC対応車「アイラ」をベースにした車である）。更に，スズキは2015年6月にプ

第Ⅱ部　職能・企業形態編

ロトンとの提携を発表した。エンジンなど主要部品を供給し，プロトンブランドで生産・販売する予定である（『日本経済新聞』2015年6月15日付）。

（推薦図書）

今田治（2016）『入門　生産システム論──自動車企業の発展にみる生産革新──』ミネルヴァ書房。

　生産システム，技術経営について基本的なことを学び，また自動車企業における生産システムの発展の概要を知ることができる。

西村英俊・小林英夫（2016）『ASEANの自動車産業』勁草書房。

　工程間分業という視点からASEAN自動車産業について包括的に，また各国の状況も詳細に明らかにしている。

下川浩一・佐武弘章（2011）『日産プロダクションウェイ──もう一つのものづくり革命──』有斐閣。

　日産プロダクションウェイ（NPW）について，その実像を明らかにし，トヨタ生産システムとの違いも示しており，自動車企業の生産方式を理解する上で参考になる。

（設問）

1．東アジアの自動車産業は大別するといくつに分けることができ，各々，どのような特色を持っていますか。

2．ASEANの自動車産業では，生産ネットワークがどのように形成され，日系企業はどのような役割を果たしていますか。

（今田　治）

第9章	マーケティング：東アジア企業のマーケティング戦略

　マーケティングとは，消費者に新たなライフスタイルを提案し顧客欲求を充足する企業活動です。特に経済が急速に発展している東アジアでは，所得の伸びに比例して新たな生活の理想図を描けない状況が多く見られるため，マーケティングの役割ははなはだ重要になります。

　それではマーケティングはどういう企業活動なのでしょうか。マーケティング戦略はどのようなプロセスで策定されるのでしょうか。東アジアの企業が直面するマーケティングの戦略は何でしょうか。

1 東アジアの企業とマーケティング

　マーケティングを学問的に初めて体系づけたのはドラッカー（P. F. Drucker）である。経営学ブームの火付け役にもなった著書『現代の経営』の中で，「企業の目的は，企業外部になければならない。実際，企業は社会の機関であるから，企業の目的も社会のなかに求められる。それは顧客を創造すること（to create a customer）である。……企業の目的が顧客を創造することにあるので，企業はマーケティングと革新の二つの基本的機能をもつ。マーケティングと革新だけが成果を生み，その他の職能は費用だけしか生まない」と述べている。

　東アジアの企業を念頭に置きながら，マーケティングの概念，マーケティング理念，マーケティングの基本的プロセスの順に説明しよう（図9-1）。

1 マーケティングとは

　マーケティングは，企業やその他の組織における，その提供する**商品（物資，サービス，アイディア）**についての流通関係の企業活動であり，商品を意図的に

商品（物資，サービス，アイディア）：商品（経済財）は有形の物資だけではなく，無形のサービスやアイディアを含む。サービスは労働力として提供される財で，金融，医療，旅行案内，経営コンサルティング，宅配便，インターネット・サービスなど多

207

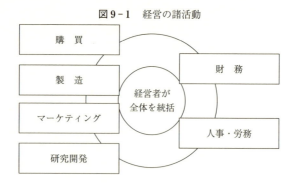

図9-1 経営の諸活動

計画的に流通させることを目的とする。生産を行う事業経営においては購買，生産，研究開発 (R&D) などとともに実体的な活動を構成し，これらは財務や人事などの活動によって支えられている。

マーケティングにはさまざまな活動が含まれるが，これらを生産と消費の間の人的・物的隔たりを連結するという経済的働きに照らして分類すると，市場把握，商品調整，プロモーション，取引，ロジスティクス（物流）の五つに大別される。

市場把握は，消費欲求，競争事情などのマーケティングにおける外部的環境を明らかにする活動であり，マーケティング・リサーチ（市場調査）によって行われる。商品調整は，製品計画，価格決定など商品を市場に適合させるための諸活動であり，新製品の開発，既存商品の改善，価格決定，ブランド政策，パッケージングなどの活動が含まれる。プロモーションは，製品計画に基づいて準備された商品の情報を消費者に提供して，需要を喚起させる活動であり，その手段には広告，販売員活動，パブリシティ，販売促進（セールス・プロモーション，SP）がある。取引は，商品を売り手から買い手へ，生産者から商業者の手をへて消費者に引き渡すために，取引契約を締結するとともに，それにともなう信用の供与，集金，技術的サービスの提供などを行ったり，買い手の満足度などを検討したりする活動である。そして**ロジスティクス**は，取引にともなって，

様である。アイディアは，特許，実用新案，意匠，コンピュータ・ソフト，ビジネス・モデル，ノウハウ（利用技術）などがある。

第9章　マーケティング：東アジア企業のマーケティング戦略

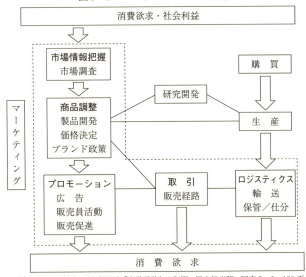

図9-2　マーケティングの諸活動

(出所)　久保村隆祐編(2016)『商学通論』9訂版, 同文舘出版, 図表5-6, 130頁。

商品を物的に移転させる活動で，運送，保管，仕分け，在庫管理が主なものである。サービス，アイディアのマーケティングにおいてはこれを必要としない（図9-2）。

　市場把握，商品調整，プロモーション，取引は人的隔たりを連結するもの，ロジスティクスは物的隔たりを連結する働きをする。また，取引は生産と消費を結びつける本質的機能であり，市場把握，商品調整，プロモーションは準備的機能，ロジスティクスは付属的機能と分類される。ただし，本質的機能が必ずしも重要ではなく，生活水準が向上し生産が高度化すると，取引を意図的に計画的に行うための準備的機能の遂行に多くの努力を割かなければならなくなる。

2　マーケティングは製品差別化競争

　商品流通が行われる場が「市場」であり，市場でどのような競争が行われて

───────────

ロジスティクス：兵站（後方から戦線へ軍需品や物資の輸送を担う機関・任務）の意味が転じて，原材料調達から生産，流通，消費に至るまでの物流を効率的に行う管理システムのことをいう。

209

第Ⅱ部　職能・企業形態編

いるかが，商品流通方式に影響を及ぼすし，マーケティングが高度化する程度
も異なる。競争は，独占的要素がほとんどない純粋競争（pure competition）と，
製品差別化が行われ，売り手や買い手が少数の市場における独占的競争
（monopolistic competition）に分けられる。

　工業製品は，程度の差はあるが，一般に製品差別化が行われており，独占的
競争の方式での流通が行われている。農産物は一般に純粋競争方式で流通させ
られるが，近年，独占的競争方式によっても流通させられるようになっている。
農水畜産物でも，生産物の選別を厳しくして，これにブランドを設定し，ある
いは包装に特徴を持たせて，協同組合などによる共同出荷を行うと同時に，効
果的なプロモーションを実施すれば，独占的競争の状態を導くことができる。
日本の「コシヒカリ」，韓国イチョン（利川）のブランド米やタイのジャスミン
ライス「ゴールデンフェニックス」などがこの例である。

　売り手としては自己の需要を拡大するために，マーケティング活動を行って
創意工夫を発揮できる独占的競争の状態で商品流通を行ったほうが望ましい。
純粋競争では，全体の需給関係で決まる市場価格（相場）で販売するかどうかの
意思決定しかできない。生活水準が向上し消費欲求が個性化し，生産が高度化
してきたことなどを背景に，独占的競争による商品流通が普遍化，高度化して
きている。

　独占的競争は製品差別化による競争である。各売り手は自己の商品を特に選
好する消費者層を持つため，一定の限られた価格範囲内においては，一種の独
占状態にあって，値上げをしてもほとんど需要は減少しないが，同時に競争商
品や代替商品があって，その範囲をこえると需要は競争商品などに移る。

　マーケティングの基本的プロセスは，市場把握に基づいた差別優位性のある
製品開発に始まる。これにブランドを設定し，プロモーションにより消費者を
はじめとする買い手に浸透を図ることによって行われる（図9-3）。

　製品差異化（product differentiation）は，機能，品質・性能，デザイン，包装，
製品サービス・販売サービス，製品イメージなどの分野について行われる。機
能は消費者の消費または使用の目的に役立つ商品の働きであり，商品に本来的
なものと，副次的なものとに分けられる。家電製品などは**コモディティ化**が進
み，日中韓の各メーカー間では基本的機能での差別化は希薄化しコモディティ

第 9 章　マーケティング：東アジア企業のマーケティング戦略

図 9-3　マーケティングの基本的プロセス

製品差別化　━━▶　ブランド設定　━━▶　プロモーション

化が進んでいる中で，付属品，スタイル，デザイン，色彩などの副次的機能による差別化の重要性が高くなっている。例えば，中国では冷蔵庫はキッチンのスペースがあまりないので幅が狭いスタイルが好まれ，カラーでは白色系より赤色系の人気が高く，赤色系といっても毎年色合いの流行が微妙に変化するので，工業デザイナーの役割は大きくなっている。

　同じ機能を持つ商品であっても，原材料や部品，製造技術，作業の熟練度，設計などによって生じる品質と性能により，その機能を遂行する程度は異なってくる。スマートフォン市場では，サムスン（韓），アップル（米），ファーウェイ（中）など海外勢が上位を占めているが，スマートフォンの主要部品である積層セラミックコンデンサー，SAW フィルター，電子コンパス，無線ランモジュール，電磁波シールドフィルムなどは技術水準の高い日本メーカーが主に供給している。日本製の高品質の主要部品を使えばスマートフォンとしての品質と性能が向上するからである。

　デザインは「意匠計画のことで，製品の材質・機能および美的造形性などの諸要素と，技術・生産・消費面からの各種の要素を検討・調整する総合的造形計画」（『広辞苑』）であって，一般には副次的機能に役立つが，ファッション商品に見られるように，本来の機能に役立つこともある。副次的機能が重視される場合は，薄型時計に見られるように最初に意匠を考案し，これに合うように内部機構を設計することもある。

　1980 年に「わけあって，安い」をキャッチフレーズで西友の PB（プライベートブランド）として始まった「無印良品」は，国内ばかりではなく海外でも人気があり，最近では中国でもヒットしている。無駄なものをそぎ落としたシンプルなデザインが特徴で，カラーはモノトーンを基本に，自然の色合いを使って素材の味を損なわないようにしてあり，使いやすさを追求したことが人気の秘

――――――――――

　コモディティ化：機能，品質・性能，デザイン，包装，イメージなどにつき競争商品と同質的になり，市況商品化すること。取引は市場価格（相場）で取引されるようになり，マーケティングによる創意工夫を発揮する余地が少なくなる。

第Ⅱ部　職能・企業形態編

密になっている。目立つデザインを好む傾向が強かった中国で，この無印良品の素朴さが消費者の琴線に触れたことは，生活水準による消費欲求の多様化がすすむ一つの証拠となるであろう。1989 年に西友から独立した良品計画は，東南アジアにも販路を拡大し，2016 年現在，東アジア 2，シンガポール 9，マレーシア 5，韓国 14，中国 160，台湾 38，タイ 13，インドネシア 3，フィリピン 7店舗を出店している。

　包装 (packaging) は品質・性能を保護したり，商品の消費や購買を便利にしたりすることを目的にするが，近年，セルフサービス販売方式の店舗が増加し，消費者が店内を回り自主的選択を行うようになっており，包装による差別化の重要性は増している。包装革命により競争力を増した商品も少なくない。

　コンビニエンス・ストアはアメリカで発明されて，日本で一つの業態コンセプトとして確立し，東アジアに飛び出している。東アジアの店舗数をセブン-イレブンで見ると，2016 年現在，日本が約 1 万 9000 店に対し，韓国 8227，中国2237，台湾 5055，タイ 9252，フィリピン 1740，マレーシア 2001，シンガポール445，インドネシア 179 店となっている。各国それぞれの店舗で共通の課題は，いかにして来店者を増やし，店内をできるだけ回遊させ，客単価を引き上げるかである。客単価を引き上げる有力な手段が包装であり，店内を回遊する客に包装で訴求し，一品でも多くお買い物品目に加えてもらうことが重要になっている。

　近年，サービス-ドミナント・ロジック，サービス・イノベーション，経験価値などサービス・マーケティングの議論が盛んであるが，差別化の対象としては製品サービスと販売サービスがある。製品サービスは，買い手の購買決定を容易にしたり，適正な消費や使用をしたりして，商品の効用をより十分に発揮させることを目的とする諸活動で，品質保証と技術的サービスが主なものである。品質保証は新製品や耐久財に多く行われ，返品・取り替え，一定品質の保証，故障に対する一定期間の保証などの方法が取られる。技術的サービスは，特に機械類の販売に当たって提供され，適切な機種を選定するための既存設備の調査や新しい機種を加えるための設計，機械の使用についての教育，定期的点検や修理などのアフターサービスなどを含む。販売サービスは，信用の供与，販売店援助，迅速な配送，適切な店舗配置などが含まれる。

212

第9章　マーケティング：東アジア企業のマーケティング戦略

中国の家電メーカーは，配送，据え付け，使用方法の説明などのサービス提供の満足度を競っており，また韓国の二大家電メーカーでは，排他的なアフターサービス網を確立し，差別優位性を獲得している。インターネット通販では，迅速な配送や安全かつ簡便な決済方法を巡ったサービス競争が激化している。

消費者などの買手が購買するのは，それによって得られる満足（経験価値）であるが，これは以上の要素ばかりではなく，全体として商品の持つ名声や信用から生ずる製品イメージをも要素とする複合体であると見られる。この製品イメージは企業の歴史や伝統から生まれてくるものであるが，広告などにより積極的に高揚が図られることも少なくない。製品イメージはブランド価値と密接な関連性を持っている。ブランド価値（ブランド・エクイティ）は，ブランド認知，ブランド・ロイヤリティ，知覚品質，ブランド連想などから構成されるが，製品イメージはこれらのうち知覚品質とブランド連想と特に結びついている。消費者がブランドに抱く品質イメージが知覚品質で，消費者の心に表現させたいものがブランド連想である。中国・香港・台湾などの中華圏で業績が好調なユニクロのブランドは，素材や縫製などの良さがイメージされ，品質の確かなカジュアル衣料品が連想され，ブランド価値が高いことが支えとなっている。

2　マーケティング戦略の策定

企業戦略に基づいて策定されるマーケティング戦略とは，**戦略事業単位**（Strategic Business Unit：SBU）が対象市場において事業目標を達成するためのマーケティングについての諸方策であり，マーケティング環境の明確化，対象市場の決定，マーケテイング・ミックスの構築という三つのプロセスで行われる。これらを順番に説明しよう。

戦略事業単位（Strategic Business Unit：SBU）：企業を構成する主な事業のことであり，独立した明確な使命と目標を持ち，計画されるもの。独立した事業部門やその中において独立採算性を採る各製品部門で，どのように事業単位を取り上げるかは事業の歴史や性格，市場環境，経営組織，製品の種類などによって異なる。

図9-4 マーケティング戦略の策定プロセス

1 マーケティング環境の明確化

　マーケティング環境とは，マーケティングが行われる環境条件のことで，これを明らかにすることがマーケティング戦略策定の出発点となる。マーケティング環境は，企業内部のものと企業外部のものに分けられる。マーケティングを東アジアという視野で捉える場合，それぞれの国や地域で相違する要因が多いので，このプロセスは特に重要となる（図9-4）。

　①企業内部の環境

　企業内部の環境には，製品開発力や特許の保有状況，製造設備や生産能力，マーケティング能力（ブランド価値，プロモーションの有効性，チャネルと物流のネットワークの整備など），財政能力（資本調達，キャッシュフロー，安定性）などの各部門の能力，そしてこれらが総合されて生じる企業文化（意欲的な社員が育つ革新的な風土），これらを総合して活用する経営能力（有能なリーダーシップ）などがある。1997年にハイブリッドカー「プリウス」を商品化して世界を驚かせたトヨタ自動車は，どの要因を見ても最高レベルの内部環境要因を持っているが，これに対してベンチャー企業は，製品開発力は備えていてもマーケティング能力や財政能力は十分でないことが多い。中国や台湾のメーカーはこれまでは生産能力はあってもブランドなどのマーケティング能力がなく，**OEM（相手先ブランドによる生産：Original Equipment Manufacturing）**供給に応じることが多かった。

　②企業外部の環境

　企業外部の環境は，市場的環境，政策的環境，技術的環境の三つに分けられる。

　初めの市場的環境は，需要事情，競争状態，流通機構の状態などである。需

OEM（相手先ブランドによる生産：Original Equipment Manufacturing）：相手先ブランドによる生産のことで，生産能力はあるがブランド力がない製造企業が引き受けることが多い。生産技術がない企業が新規事業に参入したり，効率的生産を行ったりPB商品の開発をしたりする場合などにも利用される。序章用語解説も参照。

要事情に影響する環境としては，景気動向，物価水準の変動，所得水準の上昇などの経済的環境や，消費者の年齢構成，教育水準その他の社会的・文化的環境がある。高齢化が進んでシニア市場が重視されるように，比較的容易に把握されるものもある。消費水準が上昇して物的豊かさを求めていた消費者が精神的豊かさを求めるようになるなど，具体的に見定めにくいものもある。高齢化につき，日本は2007年に高齢者が21％以上の超高齢社会に入っているが，韓国は高齢社会（2015年：13.12％），中国は高齢化社会（同：9.55％），タイは高齢化社会（同：10.47％）でその進捗度は国により違っている。

　競争状態としては，関連ある企業から構成される市場における主導的企業（leader），追随企業（follower），シェアは小さいが独自の市場を確保する適所企業（nicher）などによる状況や企業動向などが注目される。これにより現在の事業における自己の競争上の地位が明らかになり，その評価の有用な資料となる。韓国経済の大きな特徴の一つは，財閥支配と結びついた主要産業における高度寡占である。製鉄ではポスコ，自動車では現代自動車のガリバー型寡占であり，家電メーカーは高度寡占の一つ複占構造にある。これに対して中国では，さまざまな業界で生産者市場でも小売市場でも内外のプレイヤーが多く競争的であり，**オリンピック現象**などといわれている。

　第2の流通機構の状況としては卸売商，小売商，消費者の商品流通に占める地位がどうなっているのかということである。日本では，江戸時代の「問屋」「仲買」などに見られるように，卸売商が発達し商業資本が蓄積され，卸売商が商品流通において重要な地位を占めてきている。これに対して，中国や韓国，あるいは東南アジアなどでは卸売業の発達はあまり見られず，日本の企業が現地に進出する際には，商品調査や市場開発などのマーケティング活動は総合商社や卸売商の協力を得るケースが多い。

　次の政策的環境とは，国や地方公共団体の流通，経済，財政などに関する政策に関したものである。政府の金融政策などで円高が進めば，海外に生産拠点を移す方が有利な事業も出てくるし，反対に円安に振れれば国内に生産拠点を

オリンピック現象：世界的な有名企業が参入して，激しい競争が行われている市場が形成されることをいう。

第Ⅱ部　職能・企業形態編

表 9 - 1　中国大手家電メーカーの SWOT 分析

強み（S）　企業内部	弱み（W）　企業内部
①中国の消費者欲求を知悉している。 ②政府との関係で財政は安定している。 ③マーケティング・チャネルとサービス網が整備されている。	①日韓メーカーに比べて技術水準が低く製品開発力が弱い。 ②売上高は伸びても利益率が低い。 ③思うように人材が育たない。
機会（O）　企業外部	脅威（T）　企業外部
①高齢者市場が拡大している。 ②発展途上国の需要の拡大により，グローバル・マーケティングが期待できる。 ③電子商取引が急速に普及している。	①国内の景況がこれまでのように高度成長しなくなっている。 ②政治的・社会的リスクがある。 ③環境規制が厳しくなる。

戻すケースもある。また，マーケティングに大きな影響を及ぼすのが，独占禁止法の動向である。近年，東アジアの各国は独占禁止法を整備するとともにその運用を強化する方向にあり，価格の安定化を図ろうとするマーケティング戦略に大きな影響を及ぼすようになっている。

　さらに，エレクトロニクスや ICT（情報通信技術）の普及，新素材の開発，バイオテクノロジーや遺伝子工学の発達などの技術的環境は，事業経営にさまざまな影響を及ぼし，時には決定的な役割を果たす。1980 年代に発明されたデジタルカメラは，その後画質の向上，高速化，記録媒体の大容量化が一気に進み，カメラ市場における主役の座はフィルムカメラに置き換わった。しかし，近年，手軽に撮れるスマートフォンが急速に普及，カメラ機能が向上したことにより，デジタルカメラの売り上げは減少傾向が続いている。

　③ SWOT 分析

　これら企業内部・外部の環境を明らかにする一つの方法が「SWOT 分析」である。企業内部の相対的な強みと弱み，自社を取り巻く企業外部の環境に関するビジネス上の機会と脅威を分析する手法である。中国の大手家電メーカーを想定して SWOT 分析を試みてみよう。この手法では，企業内部の要因は強み（Strength）と弱み（Weakness），企業外部の要因は機会（Opportunity）と脅威（Threat）に分けられる。

　中国の家電メーカーは，日本や韓国を追撃しており，ハイアールの冷蔵庫や珠海格力電器のエアコンのように，生産台数では世界のトップに立つ企業もある。ハイアールは，中国で最も有名な企業の一つであり，顧客志向に基づいて

216

製品開発，品質管理の徹底，チャネルとサービスネットワークの確立などにより，ブランド・イメージを確立している。そもそもの製品ラインは冷蔵庫や洗濯機などの白物家電であったが，現在ではテレビ，エアコン，パソコンなどもラインに加え総合家電メーカーに成長している。このほか大手家電企業には，「ハイセンス」ブランドの液晶テレビで人気の海信，液晶テレビ，スマートフォン，パソコンなどに強みを持つ TCL などがあり，家電業界で主導的な地位を固めている（表9-1）。

②　対象市場の決定

　マーケティング戦略は特定の市場（消費者層）を対象にして策定されるのであって，どのように市場を選択するかによって成果は異なってくる。これは競争商品の存在しない新製品，自社としては新製品であっても競争商品がある場合の対象市場の選択と，既存商品の市場拡大を目的とする対象市場との検討がある。対象市場が決定したら，その市場の大きさや特性を明らかにしなければならない。

　資生堂が中国で現地生産と販売を始めたのは 1995 年のことである。中国向けに開発したブランド「オプレ」が，百貨店で美容部員のカウンセリングによって対面販売が行われた。その後「ウララ」というブランドを立ち上げて，中国全土の個人経営の化粧品店のネットワークづくりを進めて市場を開拓し，また，若年層をターゲットにした通販専用ブランド「ピュアマイルド ソワ」を導入するとともに，高所得者層には高級百貨店でグローバルブランド「SHISEDO」を独立したカウンターで販売するようになっている。更に，売り出したのは日本や台湾，韓国など東アジアを中心に販売している化粧品ブランド「専科」，これはドラッグストアや総合超市（日本の総合スーパーに相当する）で顧客が自主的選択を行うセルフ化粧品である。このように資生堂のマーケティングの特徴は，所得水準や年齢などによる市場細分化政策を採るとともに，それぞれのブランドに応じたチャネル戦略を採用し，きめ細かく対象市場の消費欲求に応じるところに特徴があるといえる。

　市場細分化政策（market segmentation policy）は，地理的基準（国別，地域別，人種別，気候別など），人口統計的基準（性別，年齢別，家族規模別，所得階層別，家族

第Ⅱ部　職能・企業形態編

のライフサイクル別，職業別，人種別，宗教別，その他），買い手心理的基準（ライフスタイル別，パーソナリティ別など），買い手行動的基準（関与［involvement］別，用途別，その他）などで細分化した上で，そのいずれかに決定する。その選択は商品やサービスの種類，製品ライフサイクルの位置などによって異なるが，包括した主要市場を対象とするもの，細分化された部分市場を対象とするもの，および複数の部分市場を対象とするものに大別される。開発されたばかりの新商品は主要市場を対象とし，次第に成長して成熟期に近づくと市場細分化政策が採られるのがふつうである。

　韓国のサムスン電子は，適正な商品を適正な時期に一気に投入する戦略にあり，特に成長する新興国市場で力を発揮してきた。そこでは技術者の誇る良い製品は必ず売れるという日本市場での「定石」には捕らわれずに，進出する国や地域の市場特性に合わせて品質，価格，デザインを効果的に組み合わせて的確に現地適応するかという市場細分化戦略が功を奏したといえる。これとは反対に，バスタブを使わずシャワーで済ませる習慣の国で，風呂の水を再利用できる洗濯機を作ったり，冷蔵庫の上に物を置く習慣がないのに不必要に上板を頑丈にしたりして高機能，高品質化して，その結果高価格になることは，現地の消費欲求に適合していないケースといえるであろう。

　花王は，2014年からどんな地域の水でも汚れ落ちがいい洗浄成分を開発し，中国，タイ，マレーシア，インドネシアなどで中間層向けの衣料用洗剤を売り出している。アジアは国や地域によって水質が大きく異なり，水に含まれるカルシウムイオンなどの質量を示す「硬度」は，日本では低く，中国などでは一般的に中から高程度とされる。価格設定は，現地メーカーなどの商品に比べると高めだが，同社の従来品より約2割安くしている。

　包括した主要市場を対象とする場合をマス・マーケティングというのに対し，部分市場を対象とするものはターゲット・マーケティングといわれ，単一または複数の細分化された部分市場を対象とし，それぞれに応じる商品やサービスを開発し，消費欲求をキメ細かく充足しようとする。マレーシアは，2015年の

　関与（involvement）：消費者行動論の概念。商品やブランドに対する関心の程度で，これにより買い手の行動が異なる。

外務省データによると、マレー系（67％）、華人系（25％）、インド系（7％）から構成される多民族国家で、各民族グループ間に大きな経済格差がある。また、それぞれ宗教を含めたライフスタイルが大きく異なるために混在が難しく、都市や地域によって民族構成にかなりバラつきがある。イスラム教徒は食文化が異なることはよく知られているが、体型や肌の色などもさまざまで、女性用の衣料品や靴などの色や柄、サイズに影響を及ぼすので、ターゲット・マーケティングが効果を発揮することになる*。

* 川端基夫（2011）『アジア市場を拓く──小売り国際化の100年と市場グローバル化──』新評論。

③ マーケテイング・ミックスの構築

マーケティングにはさまざまな活動が含まれるが、マーケティング・ミックス（marketing mix）は、これらの諸活動の組み合わせである。諸活動は個々別々に遂行されるのではなく、与えられたマーケティング目標を達成するのに最も効率が上がるように総合的にマーケテイング・ミックスを構築して遂行されるのであって、その構築はマーケティング戦略の中心課題である。

マーケテイング・ミックスの構成要素となる諸活動は、商品調整を準備するための市場調査（marketing research）を除いて、商品調整、プロモーション、取引、物流の各分野にまたがるが、これらは4P（Product, Price, Promotion, Place）にまとめられる（Perreauit, W. D., J. P. Cannon and E. J. MaCarthy [2014] *Basic Marketing: A Marketing Strategy Planning Approach 19th Edition*, McGraw-Hill.）。製品（Product）は、対象市場に適した製品を開発する活動で、新製品の開発、既存製品の改善、ブランド・パッケージ政策などが含まれる。価格（Price）は、適正な価格を決定する活動で、標準価格の設定、割引、リベート、支払い条件などを決定する活動である。プロモーション（Promotion）は、情報を提供し需要を喚起させる活動であり、販売員活動（Personal selling）、広告、パブリシティ、**販売促進**などに分けられる。チャネルと物流（Place）は、適正な商品を対象市場に

販売促進：セールス・プロモーション、SPなどともいわれ、販売員活動、広告、パブリシティ以外のプロモーション活動で、サンプル配布、スタンプ発行、新製品発表会など多様な手段がある。

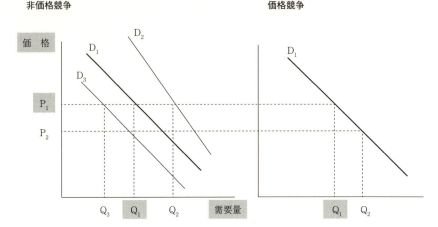

到達させる活動で，マーケティング・チャネル，輸送，在庫，仕分け（ピッキング）などに関する意思決定と活動が含まれる。

マーケティング・ミックスの構築は，戦略の目的によって異なり，新製品の開発のような比較的長期にわたるものと，既存商品の維持・拡大のような比較的短期の観点に立つものとがある。マーケティング戦略策定，したがってマーケティング・ミックスの構築の基本的類型を示すものに価格競争方式と非価格競争方式がある。非価格競争 (non-price competition) は，価格を一定または一定範囲に据えおき，需要曲線 D_1 を右方 D_2 に移行させるとともに，非弾力的にして需要量を Q_1 から Q_2 に増加させたり，不況や競争商品の進出によって左方 D_3 に移行しようとする需要曲線を現状の D_1 に維持したりすることにより，売上高の増加または維持を図ろうとするものである。このように，需要曲線の位置と傾きをかえるためには，品質の改善，積極的なプロモーションによる企業やブランド・イメージの高揚，新しい顧客や用途の発見，チャネルや物流システムの整備などの活動が必要に応じてミックスされる（図9-5）。

これに対して価格競争 (price competition) は，需要曲線は与えられたものとして，価格を P_1 から P_2 に引き下げることにより需要量の増加を図るものである。実際には，価格の引き下げについての情報を提供するために，多少ともプロモーションが行われるのがふつうである。

価格競争は競争企業の追随が容易であり，また追随しないとはなはだ不利になるため次第に高進して破滅的競争（cut-throat competition）に陥るおそれがある。これに対して非価格競争は創意と工夫によるマーケティング競争であり，新しい顧客を創造することによって競争企業にも好ましい影響を及ぼし，産業需要を拡大することになるので，企業にとっても経済全体にとっても望ましいといえる。

価格競争と非価格競争のいずれを採用すべきかは，製品ライフサイクルのどの段階にあるか，あるいは需要の価格弾力性の違いなどによって決まることが多い。需要の価格弾力性とは，価格の変化率に対する需要量の変化率で，価格が1％変化した時に，需要量が何％変化するかを示す数値の絶対値を指さす。Dを需要関数，Pを価格，⊿を変化，Xを需要量とすると，弾性値 ε（エプシロン）は以下の式で定義される。

$$\varepsilon = |\Delta X / X| / |\Delta P / P|$$

一般に需要の価格弾力性の小さい市場であれば相対的に高い価格設定ができる可能性があり，逆に弾力性が大きければ低価格を検討する必要がある。弾力性の値は，密接な代替商品があれば，需要の所得弾力性が大きく，またその商品に対する支出が所得の中で高い比率を占める場合も大きくなるので，東アジアの発展途上国などでは，価格競争方式を採用しなければならないことが多くなる。

［4］ 製品ライフサイクルとマーケティング戦略

製品ライフサイクル（Product Life Cycle：PLC）は，新製品が市場に導入されてから，次第に普及し，成熟期に達し，やがて代替商品の出現や生活慣習の変化などによって市場から姿を消すまでの過程をいう。PLCをどのように区分するかについて定説はないが，ここでは導入期，成長期，競争期，成熟期，衰退期の5段階に分けることにする（図9-6）。

導入期（introduction stage）では，その商品の機能が一般に認められず，産業需要が伸び悩みの状態にある段階であって，各企業は産業需要の喚起に努める。操業度が低いため生産費は高くつく。また，研究開発費の償却分やプロモー

第Ⅱ部　職能・企業形態編

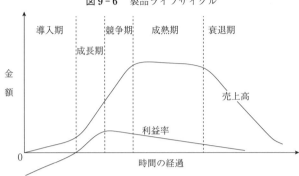

図9-6　製品ライフサイクル

ション費も嵩み，価格は比較的高いにもかかわらず，利益が上がらないことが多い。商品の価値が認められない段階であるから，これを消費者に認めさせて生活の必需品にすることが必要であり，そのためには価格の引き下げよりプロモーションが必要である。

　成長期（growth stage）は，商品の機能が認められだし，産業需要が急速に増え始める段階である。いわゆる**デモンストレーション効果**（demonstration effect）が現れるのはこの段階であって，競争企業が進出し，先発企業も生産設備を拡張してそれぞれの銘柄需要の喚起に努める。操業度が高くなって利益率は向上し，この期の終わりに最高に達する。この期では，価格競争，非価格競争いずれによっても産業需要を拡大させることができる。

　競争期（competitive stage）は，参入する企業は更に増加し競争が激化して，いわば市場開拓の戦国時代のような様相を呈する段階である。この期の終わりに近づくと，市場力の弱い限界的企業は次第に競争から脱落する。産業需要はなお増加を続けるが，プロモーション費の増加や価格の引き下げなどにより利益率は減少傾向を示すようになる。この期は，市場開拓の戦国時代であり，あらゆる手段を合わせて激しい競争が行われる。強引なマーケティングが見られるわけであるが，競争期においては，ある程度の行き過ぎはやむをえないものとして認められる。

デモンストレーション効果（demonstration effect）：個人の消費行動が，自発的に行われるのではなく周囲の消費行動の影響を受けること。発展途上国の消費者が，先進国のライフスタイルの影響を受けることも含まれる。

成熟期（maturity stage）は，産業需要がほぼ飽和状態になる段階である。新規需要は少なく，取り替え需要ないし反復需要が大部分を占める。この期の操業度はなお高いが，利益率は減少傾向を続け，コスト削減が大きな関心事になる。飽和状態に達した産業需要は多少の値下げに対しては感応しないし，場合によっては，価格に対してほとんど感応しないこともある。そのために，この段階以降の価格競争は互いに銘柄需要を奪い合う侵略的競争や自滅的競争になることがある。競争期の売上げやシェアを重視する強引なマーケティングに対して利益率を重視したきめ細かいマーケティングを行わなければならない。海外市場などに進出する新顧客層の開拓，製品コンセプトの見直しによる新用途の発見，既存商品の機能の強調や計画的陳腐化（耐久消費財のモデルチェンジ）による反復需要・買替え需要の促進，流通経路の整備によるマーケティング費用の削減などが行われる。

衰退期（decline stage）は，代替商品の出現や生活慣習の変化により，産業需要が減退する段階である。競争は緩和されるが操業度が次第に低下し，遂に採算がとれなくなった段階で，製品ラインから削除される。

このように見れば，製品ライフサイクルのどの位置にあるかによって採るべき競争方式は異なるが，成長期に特に問題になる。また，同じ製品であっても，国によって製品の成熟度が異なることに注意する必要がある。日本では成熟期の製品が多いが，乗用車や家電製品，薬粧品なども東アジアの国によってはまだまだ成長期である。企業の製品政策は，主力商品が衰退期に入ると同時に，次の主力商品が成長期を迎えるように長期計画が立てられなければならないが，当該商品が国内で成熟したとしても，まだ市場拡大が期待できる中国や東南アジアに進出を図るグローバル・マーケティングを検討すべき状況が増している。

3　社会的マーケティング理念

製造，マーケティング，研究開発，財務などの企業活動でどれが事業経営で中核的地位を占めるかは，事業の性格，経済の発展状況，消費欲求の動向などの事情によって異なる。経営者が新規の事業分野や市場に参入するかどうかといったような重要な意思決定に迫られた場合，かつては，製造部門の意見を尊

図9-7 マーケティング理念

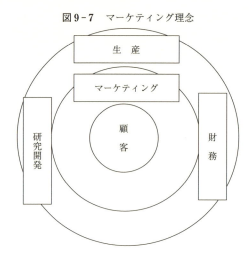

重して判断されることが多かった。これが生産志向の経営であり，自己の持っている生産技術によって企業の目的を決め，それに沿った意思決定を行う経営姿勢で，生産第一主義や技術志向ともいわれる。経済発展があまり見られず，需要に比べ供給が不足している状況では，生産性の向上が最大の関心事であり，作れば売れ，消費欲求は単純で変化も少ないので市場動向に無関心でもそれほど問題がない。

しかし，現代の企業経営では，顧客志向のマーケティングが中心に決定が下されるようになっている。企業の基本的機能はモノを作ることではなく，顧客欲求を充足し，新たなライフスタイルを提案することによって顧客を創造することにあり，こうした経営姿勢を顧客志向理念という。顧客志向ないしは消費者志向としてのマーケティング理念（marketing concept）は，次のような社会的意義を持つ。

第1に，生産活動の唯一の目的は消費であり，企業が何を生産するのかを決定する基準は消費者の欲求であるという消費者主権（consumer sovereignty）の姿に沿う。第2に，企業間競争を力による市場占有率の奪い合いから，顧客創造による秩序ある競争へと導く。第3に，市場における企業間競争を通じて生産資源を適正に配分し，生活水準を向上させるという現在の経済体制における競争のあり方を示す。ただし，こうしたことが成立する前提として，消費者満足と社会利益が一致しなければならない（図9-7）。

しかし，近年，この前提が成立しないことが一部で顕在化するようになっている。それは次のようなケースである。

①消費欲求の充足が，消費者自身の安全性を阻害する場合がある。

②消費欲求を充足する結果，公害を発生するなど社会環境を破壊することが

目立つ。

③行き過ぎた計画的陳腐化は，中古品市場が発達している場合を除いては商品の機能を十分利用しないため，消費欲求に応じるものでも，生産資源の浪費になる。

④廉売や景品付き販売などは，その程度が大きいほど消費者に喜ばれるが，産業における上位企業と下位企業との格差を広げ，有効な競争を制限することがある。

こうした商品の安全性や社会環境の破壊などの問題は東アジア各国で起こっている。顧客志向が社会の利益に反する場合を生ずるとすれば，企業は，社会を構成する一つの機関であるという性格から，社会利益を考慮した顧客志向を採り，マーケティング理念を高度化しなければならない。こうした企業の社会利益を考慮した高度化されたマーケティングのことをソーシャル・マーケティング（social marketing）という。企業の社会的責任（Corporate Social Responsibility：CSR）の概念と密接な関連を持つが，企業としては，社会利益を考慮すれば，消費者利益に反し，競争上不利になり，定着するには時間がかかる。しかしこうした状況を放置することはできないため，そこで必要なことはまず実行可能な業界全体での自主規制である。

最も重要なことは消費者意識の向上であり，そうすれば消費者利益と事業利益と社会利益が一致する。しかし，消費者意識が向上するためには相当の期間を要するので，消費者意識の向上の時間的ズレを補い，また，社会的不利益の判断基準を明らかにし，高度化されたマーケティング理念による企業の自主規制を促進するためには法律，行政指導，助成，税制など公的規制や助成が必要になるわけである。

ポーター（M. E. Porter）は，CSR は企業の競争力向上の契機となるとし，「環境問題についてはより厳しい規制がかかるほど，企業は競争力を高めてきた。社会貢献をする企業の経済性は下がるとされていたが，それはトレードオフではなく，社会的問題には経済性があることも分かってきた。社会的問題を経営戦略に取り込み，同時に解決できるビジネスを構築する。こうした『価値の共有』という考えをもつ会社が最終的には競争力を獲得するだろう」と述べている[*]。

[*]　ポーター（2009）「企業戦略——新たな知見——」（法政大学特別講演）。

第Ⅱ部　職能・企業形態編

▶▶ *Column* ◀◀

オムニチャネル・マーケティング

2015 年の日本国内のインターネット通販（BtoC）市場規模は，経済産業省によれば「物販系分野」が 7.2 兆円，「サービス分野」が 4.9 兆円，「デジタル分野」が 1.6 兆，合計 13.8 兆億円に達しています。小売総額に占めるインターネット通販のシェア（EC 化率）は 4.75％で，前年比 0.38 ポイント上昇しました。「物販系分野」7.2 兆円のうちスマートフォン経由の市場規模は 2.0 兆円，27.4％で，急速にシェアを拡大しました。

中国電子商務研究センターによると，2015 年，中国の BtoC 小売市場の取引規模は前年比 35.7％増の 3 兆 8285 億元で，社会消費財小売総額の 12.7％を占め，前年比 2.1 ポイント上昇しました。韓国統計庁によると，韓国のインターネット通販の年間販売額は 01 年，わずか 3 兆ウォンに過ぎませんでしたが，15 年には 19 倍の 58 兆ウォンに達しています。東南アジアの各国では，EC 化率は 1％から 2％程度とされますが，中国などに比べて成長余地が大きく，外資と地場企業の競争が激しくなっています＊。
　＊ 『日本経済新聞』2016 年 3 月 1 日付。

B. アンドリューらによれば，仮想市場では，企業規模にかかわらず出店でき，消費者は地理的距離に関係なく情報を収集し，価格を比較ができます。経済学から見れば，完全競争の特徴を多く備えています。オムニチャネル・マーケティングとは，マルティチャネルの発展系で，市場把握，製品調整，プロモーション，取引，物流などのマーケティング機能が統合されます。

韓国のロッテグループ（ロッテショッピング）では，オムニチャネル戦略室を設け，会員制度（L ポイント），商品分類，決済（L ペイ），ロジスティクスの統合などを推進しており，2016 年からロッテ百貨店で購入した商品を全国 8300 店舗あるセブン-イレブンで受け取ることができる「スマートピッキング」のサービスを始めています。

[付記]　本章の基本的フレームワークと一部の論述は，久保村隆祐・関根孝・住谷宏（1990）『現代マーケティング入門』ダイヤモンド社によっている。

推薦図書

川端基夫（2011）『アジア市場を拓く——小売国際化の 100 年と市場グローバル化——』新評論。

日本小売業の国際化の系譜を，百貨店とスーパーに対象を絞り明らかにする。国際化の背景と実態，撤退の要因を分析し，市場の捉え方を提示している。

マーケティング史研究会（2014）『日本企業のアジア・マーケティング戦略』同文舘出版。

アジア市場における日本企業の実態とその特徴を解明したもの。新興国市場の中間層以下を対象としたマーケティングの重要性にも触れている。

吉原英樹・白木三秀・新宅純二郎・浅川和宏編（2013）『ケースに学ぶ国際経営』有斐閣。

日本の代表的な多国籍企業やグローバル企業ばかりでなく，成長著しい東アジア企業のケースも取り上げている。資生堂の国際マーケティングや新興国における現代自動車とトヨタ自動車のケースなどが面白い。

Perreauit, W. D., J. P. Cannon and E. J. MaCarthy (2014) *Basic Marketing: A Marketing Strategy Planning Approach 19th Edition*, McGraw-Hill.

1960年に出版された有名なマーケティングの入門書で，この本で4Pの概念が初めて登場した。現在も再版されており，P. Kotler らの Marketing Management と並ぶ標準的教科書である。

設　問

1. 本章の中で資生堂の中国におけるマーケティングを紹介しましたが，ほかの日本の消費財企業（花王や味の素など）の東アジアにおけるマーケティング戦略を調べてみましょう。
2. コンビニエンス・ストアは米国で発明され，日本で業態コンセプトとして確立し，そして東アジアに飛び出していますが，各国のコンビニエンス・ストアの品ぞろえや顧客との応対方式，立地や店舗規模，経営方式などを比較分析してみましょう。

（関根　孝）

| 第10章 | CIO：中国における展開と課題 |

1980年代に米国で設置が一般化したCIO（Chief Information Officer, 情報管理担当役員）は1990年代末になってようやく中国においても設置が見られるようになりました。

では中国ではどのような人材がCIOとして登用され，どのような役割を果たしているのでしょうか。また，課題は何でしょうか。その中国的な特色はあるのでしょうか。本章のねらいはCIOの概念について明らかにするとともに，アンケート調査の結果から中国のCIOの現状と課題について明らかにすることです。

1　CIOという概念の出現

CIO（Chief Information Officer, 情報管理担当役員）は企業において情報化戦略を立案，実行する責任者のことである。日本語訳では定訳は無く，「情報管理担当役員」以外には「最高情報責任者」，「情報システム担当役員」，「情報戦略統括役員」などさまざまな訳語がある。

今日の先進国企業等では，CEO（最高経営責任者），CFO（最高財務責任者），COO（最高執行責任者）と並んで，CXO（チーフ・オフィサー）の一角をなす。

中国においてもCIOの概念は普及しつつある。中国の企業情報化は概ね1980年代に始まった。しかし，当時の企業情報化は主に大型国有企業が企業内LAN（Local Area Network）を構築したり，あるいは，国外から既存のMRP Ⅱパッケージ（MRP Ⅱは製造資源計画）を導入したりといったものであり，ERP（企

MRP（資材所要量計画）／MRP Ⅱ（製造資源計画）／MRP Ⅱパッケージ：MRPは，Material Requirement Planningの略であり，「資材所要量計画」といった日本語訳が当てられる。1960年代に製造業務の手法として提唱されたもので，部品表と基準生産計画をもとに資材の所要量を求め，これを基準に資材の発注，納入，出庫をコントロールするシステムである。

MRP Ⅱは，Manufacturing Resource Planningの略であり，「製造資源計画」ある

業資源計画）の導入を含む本格的な大企業の企業情報化は実質的には 1990 年代
に始まっている。この企業情報化の進展が同時に CIO の出現をもたらしたので
ある。

1981 年に米国ではすでに CIO という概念が提起されていたが，どのような
役割を果たすべきなのかについては依然曖昧であった。サイノット（W. R. Syn-
not）は当時出版された『情報資源管理』と題された書物の中で次のように述べ
ている。すなわち，今日においても CIO は実際上豊かな想像力を持つリーダー
のみが理解できる概念に留まっている。将来の 2 ～ 3 年のうちは情報を一つの
資源として献身的に管理する管理者たちが力を注いで創造するようなものに留
まるだろう，と（Synott, W. R and W. H. Gruber [1981] *Information Resource Manage-
ment*, John Wiley & Sons）。

当時米国はすでに MRP II 等のソフトウェアの開発を完成させており，情報
技術は広範に企業管理の中に取り入れられつつあった。例えば，当時，ウォル
マートの米国での販売額はわずかに 16 億ドルにすぎず（2001 年には 2200 億ドル），
販売店は 276 店（2001 年 4000 店）で，大型小売業の中では 33 位であった。ウォ
ルマートは 1982 年に通信専用衛星の回線を購入し，その後，年成長率 40％で
成長を続け，1990 年代にはシアーズを凌駕するとともに，世界最大 500 社にラ
ンキングされるようになった。このような状況の下で，人々は CIO の重要性

いは「生産資源計画」といった日本語訳が当てられる。1980 年代にそれまでの
MRP から進化したもので，MRP を生産能力計画，人員計画，物流計画まで拡張し
たシステムである。ただしこれらの生産計画の指示は，中央の計画立案部門から全
工程に同時に押し出されていく，「押し出し方式（プッシュ方式）」である。日本では，
トヨタ自動車のジャスト・イン・タイム方式の隆盛もあり，大きくは広がらなかった。
　MRP II パッケージは MRP II のために開発された標準パッケージソフトである。
ERP（企業資源計画）／ ERP システム／ ERP パッケージ（統合基幹業務パッケージ）：
ERP は財務，管理会計，人事，生産，調達，在庫，販売といった部門を超えて人的・
物的・金銭的経営資源を企業全体で最適化する手法・概念を指す。1990 年代から発
展してきた。ERP を実現するための情報基盤を ERP システムといい，ERP システ
ムを利用することによって，業務処理コストを削減できるだけでなく，リアルタイ
ムに業務内容が把握できるようになり，データの一元管理が可能となる。ERP シス
テムを具現化するために標準的な企業を想定して開発されたパッケージソフトウェ
ア製品が「ERP パッケージ」である。ERP パッケージとしては，SAP 社の R ／ 3，
オラクル社の Oracle Applications, PeopleSoft が有名である。

229

第Ⅱ部　職能・企業形態編

を強く認識し始め，CIO の研究も始まったのである。したがって，CIO という
管理職の出現と企業情報化の発展は不可分一体のものである。

　CIO の概念が体系的に提起されたのはデービス（G. B. Davis）『情報管理シス
テム　第 2 版』においてが初めてである。筆者（李東）は同書の中国語訳に関わ
り，1985 年に同書は中国語に翻訳されてテキストとして使用されるようになっ
ていた（Davis, G. B and M. H. Olson［1985］*Management Information Systems 2nd
Edition*, McGraw-Hill，中国語訳李東［1985］『管理信息系統——概念基礎，結構和研制
——』哈爾浜工業大学出版社）。CIO の概念は 1980 年代半ばにすでに中国には紹
介されていたのである。しかし，当時の中国においては情報化は一部の国有企
業に限定されており，したがって人々の関心を惹くことはまれであった。その
後，1990 年代に入り，企業情報化が発展するにつれ，CIO はようやく企業の中
の重要な職位であるとの認識が高まり，CIO に関わる諸問題が情報システムの
中でも重要な研究課題となったのである。

2　CIO の発展

　情報技術の普及と企業の ERP 導入にともない，1990 年代末には CIO の概念
は中国社会においても広範な関心を寄せられるものとなっていた。聯想集団
（レノボ），海爾集団（ハイアール）など数社が企業情報化の代表的な成功事例と
なり，企業情報化の過程において CIO が果たす役割と責任についての社会的
な認識が高まっていった。

　この時期においては二つの事柄が企業の共通認識となっていた。すなわち，
第 1 に改革・開放は正確な発展方向であり，経済発展の基本政策をなすという
ことである。過去数十年においては間違った指導方針の下で，中国経済は紆余
曲折を重ねてきた。そして，抜本的にやり直し，国際的な潮流とも流れを合わ
せることで初めて現状を打破できるとの認識である。第 2 に，企業情報化が必
須であることである。企業の発展過程において，国際的な潮流と流れを合わせ
る重要な対策として情報技術を国際的潮流に合わせるということがある。情報
技術の発展はすでにいかなる躊躇も許さないほどになっている。情報技術の運
用に劣る企業は将来において全面的な競争劣位に立つことになる。したがって，

230

第10章　CIO：中国における展開と課題

少なくない企業は「工業化と情報化」のバランス問題において「情報化が工業化をリードする」成長モデルを選択したのである。

　企業情報化の実践過程において，人々は企業情報化は単なる技術的な問題ではないということに気付き始めた。情報技術の導入は企業の発展戦略と将来の管理モデルにも関わるものであり，したがって，単純な技術管理方式は企業の要求を満足させない。真の意味で企業を発展させる情報システムは，経営戦略にしたがって情報技術に関して全面的な計画がなされていることが必要となるのである。このことを経営組織の側面から見れば，当該企業のトップマネジメントの中にできるだけ早く専門の役員を置かなければならないことを意味する。これこそが，CIO の役割である。

　この段階において，情報システム関連の学術界もまた，CIO 問題を当該領域の重要な研究課題として取り上げるようになっていた。当時，霍国慶たちの研究は，中国企業において情報管理を主管するのは，圧倒的に部長クラスであり，通常，「情報センター主任」ないし「情報部門管理者」と呼ばれていたことを明らかにしている。企業の最高意思決定層の一員であり，企業情報管理を専業とする（あるいは主たる業務とする）副総裁クラスの CIO を置く企業はごくわずかな比率を占めるにすぎなかった（霍国慶・尹小山 [1999]「中国 CIO 写真——CIO'98 問巻調査分析——」『IT 経理世界』1999 年 3-4 号，51-54 頁）。

　しかし，中国企業の部門級の情報管理責任者，あるいはもっと精確にいえば情報センター主任ないし情報部門管理者は決して現状に満足はしておらず，環境が熟してからアクションを起こそうと待ち望んでいる。いかなる組織的な発展も外部環境変化と組織内部の推進とが結合されることで発生する。事実，情報技術の急速な発展にともなう 1990 年代の企業情報化は CIO が集団的に生まれ出てくる重要な要因であった。聯想集団（レノボ），海爾集団（ハイアール）などいくつかの先進的企業が ERP を導入し，生まれたばかりの CIO が企業の中でますます重要な職責を担うようになって，CIO が集団として出現したのである。

　中国においては CIO の急速な成長とともに，数多くの矛盾も現れてきた。例えば，企業情報化の成功率が低く，企業にもたらした経済的便益が必ずしもはっきりしなかったため，CIO たちはその存在意義が問われた。このことは，

231

第Ⅱ部　職能・企業形態編

CIO がまだまだ外来的な概念であり，中国企業の中で健全な形で成長しなければならないことを示している。CIO は企業の置かれている経済環境，運営方式，組織構造，情報部門の組織内影響力などの現実的な要素を十分に認識すべきなのである。

　このことについて筆者（李東）は 1990 年代に以下の提起を行った。すなわち，中国のビジネススクールは CIO 集団に関して深い研究を行うべきであり，かつ，CIO の研究を情報システム学会の一つの重要課題とすべきである，と（李東[1999]「探索中国企業情報化的道路」『計算機系統応用』第 10 号，4-6 頁）。このような研究の実践的意義は，CIO 集団に対し，彼ら自身の立場を正確に理解する一つの参照モデルを提起できるということである。このような立場の明確化は以下のように多層的に行われなければならない。① CIO の概念内容を明確化し，基本的な理解における曖昧さや混乱を避けること，②中国における CIO 集団の特徴を確定し，CIO 集団が今後の発展過程の中で持ちうる優位性と問題点を明らかにすること，③先進国との差異を明確化し，CIO 集団に今後の発展方向と目標を提示すること，④何人かの成功した CIO の経験を総括し，中国の CIO 集団の発展方向を模索し，計画的に段階を追って先進国との差異を縮め，目標を実現することである。

3　CIO の概念内容

　表面的に見ると，CIO は情報技術に関連する組織上の一管理者に過ぎない。しかし，深く分析してみると，CIO は決して一管理者に留まらないのであり，情報戦略意識を持つ意思決定者なのである。企業情報化の水準が高ければ高いほど情報技術が企業において果たす役割はより重要となるのであり，CIO の企業内における役割は更に大きくなるのである。いくつかの先進企業における CIO の地位はそれゆえ高いのである。忘れてはならないのは，企業の情報化が進むと，情報と情報技術は企業において代替不能な役割を果たすようになるということである。情報化を始めたばかりの企業においては，CIO の役割は情報機器設備の管理に留まる。これらの企業では CIO の出現した背景，意義，役割などが十分に理解されていないため，企業において情報機器設備を管理する責

第 10 章　CIO：中国における展開と課題

任者が CIO であると誤解されているのである。企業情報資源管理の観点から
すると，このような誤解は企業の情報化の発展を阻害する。もし，企業内にお
いて情報機器設備を管理する情報センター主任が自分は CIO であると誤認し
ていたら，それらの人々は企業の最高意思決定層に昇格する機会を失うか，あ
るいはその時期を遅らせることになる。それゆえ，中国の CIO は自らの現在
の位置および業務をよりよく遂行するためにあるべき位置について精確に認識
し，現在の位置から目標とする位置へと移動するべく尽力しなければならない
のである。

　中国の企業においてはおおよそ 3 分の 1 の CIO しか CEO（最高経営責任者）
に直接報告することができないし，CIO の管理する資産も国外企業ほどには多
くない。我々（李東）の調査結果から見ると，多くの CIO は上層管理層におけ
る支持者を見つけることを重視しており，また，それと同時に現業部門とのコ
ミュニケーションについても大変重視している。しかし，大多数の CIO は IT
投資における意思決定権限を有しておらず，また，現業部門に IT の重要性を
理解させることにおいても必要な地位を与えられていない。このことから，
CIO の現業および現業人員に対する理解と現業部門の IT 部門および CIO に
対する理解はともに不足しがちなのである。CIO の概念の内容が企業内にお
いて精確に理解されることが待ち望まれている。

　また，CIO の概念の内容もまた進化の途中にあり，情報システム管理主任，
情報資源管理者と CIO の区別は依然，不明確なところがあって，多くの問題に
おいて共通認識が得られていない。理論的にいえば，CIO は組織の上層に位置
しなければならず，IT 部門以外の機構の理念を指導し，管理しなければならな
いのであるが，それをどのようなメカニズムによって実現するかについては，
深く研究されているとはいいがたい。それゆえ，CIO の概念の内容はまだまだ
深化させなければならないのであり，そのような深化は企業情報化の実践プロ
セスにおいてきわめて重要となっている。

4　CIO の役割

CIO 研究において明らかにされるべき最も重要な問題は，CIO は企業内にお

233

第Ⅱ部　職能・企業形態編

いて一体何をすべきなのか，ということである。この問題に対する研究は，経営者職能に関する著名な研究者であるカナダのマギル大学教授のミンツバーグ（H. Mintzberg）の先駆的な研究にまで遡ることできる。1975 年，ミンツバーグは『ハーバード・ビジネス・レビュー』誌に発表した「経営者の仕事——伝説と事実——」（Mintzberg [1975]）において，人々が管理者に対して持っている多くの仮説が誤りであることを指摘した（Mintzberg, H. [1975] "The Manager's Job：Folklore and Fact," *Harvard Business Review*, July-August）。例えば，経営者と情報システムはどのような関係にあるか，という問題である。人々は情報システムは経営者が必要とする多くの情報を提供すると仮定する。しかし，ミンツバーグの経営者の役割に関する研究の中で明らかにされたことは，企業の上層経営者は情報システムの中から多くの情報を引き出すことはできないということであった。上層経営者は彼らが必要とする情報の大部分を会話の中から得ている。上層経営者が会話に費やす時間は総勤務時間の 78％を占める。つまり，上層経営者が本当に必要とする情報の多くの部分はこのような非公式的なチャネルから入手されるのである。

　では，CIO が企業内において果たすべき役割は何なのか。サイノット（W. R. Synott）は 1987 年に『情報武器』と題する書物の中で，CIO の果たすべき三つの役割を提示している。つまり，ビジネスマン（Business man）としての役割，管理者（Manager）としての役割，そして技術者（Technologist）としての役割である（Synott, W. R. [1987] *The Information Weapon*, John Wiley & Sons）。

　CIO に関する優れた研究を通じて，以下のことが明らかにされている。すなわち，成功した CIO は一つの共通点を持つ。それは，そのような人々は当該領域に必要とされる業務技能と知識を持ち，企業の業務を明確に理解しているということである。そのような成功した CIO は情報技術を理解しているだけではなく，市場，財務指標，営業成績などについても十分な理解を持ち，それゆえ企業内において IT の活用を進めていけるのである。聯想集団（レノボ）のCIO である王暁岩は繰り返し以下のように主張している。つまり，CIO は業務の手順，生産・販売・財務のそれぞれの業務内容など会社のすべての業務とその発展方向について理解していなければならない，と。彼女は現業部門の上層経営者であった経験もあり，会社業務について深く理解しており，それによっ

第 10 章　CIO：中国における展開と課題

て企業情報化推進過程において鍵となる役割を果たし，多くの CIO が学ぶロールモデルとなっている（喬欣［2002］「企業信息化的関鍵成功要素——聯想信息化的啓示——」『第 8 届海峡両岸資訊管理研討会論文集』）。CIO は管理能力を必要とするのであり，人的資源，予算，プロジェクトに関して管理できなければならない。大企業の CIO は通常 1000 人以上の情報部門従業員，大規模な IT 予算を管理しなければならない。中国の情報化過程において出現したいくつかの非理想的な事例を通じて分かったことは，情報システムに関するプロジェクトはしばしば予算超過，時間的な遅延，人員流失といった問題を引き起こしているということである。これらの諸問題の原因は何だろうか。筆者（李東）はその原因としてプロジェクトリーダーが当該プロジェクトに必要な人的資源管理，財務管理，プロジェクト管理等の知識と能力に欠けているということを発見した。CIO はもちろん情報技術について理解していなければならない。中国企業の CIO の大部分は情報技術を専攻してきた人々であり，一般的にいって情報技術に関する基本知識を有しているだけでなく，技術トレンドに関してもきわめて敏感である。しかし，CIO は一つの特定領域において深く研究してきた専門スタッフではなく，技術一般に通暁した人材である。彼らは上層経営者と専門技術スタッフの架け橋とならなければならない。CIO が持つべき技能に関してはさまざまな見方がある。ある論者は業務，管理，技術の三者の中では情報技術こそが最も重要であると考えている。中国のある銀行の CIO は次のように主張する。すなわち，CIO はまずもって技術専門家でなければならず，IT 技術全般の発展，技術の最先端とその特徴，発展方向を全面的に把握し，理解していることが必要である，と。CIO は今日の投資が明日の基礎となることを理解するために，新技術を理解しなければならないのであり，そうすることで初めて新技術の重要性が理解できるのである，と。しかし，どのような新技術を採用するかは一つの難題である。それゆえ，新しい情報技術概念（サービス指向アーキテクチャ：SOA，ビジネス・インテリジェンス等）を学習し，理解していることは，CIO の能力を判断する上で，一つの重要な指標である。このことについては疑いようはない。

　別の CIO はそれ以外にも持つべき能力と役割があると主張する。多くの CIO は中国の CIO を次のように認識している。すなわち，CIO は自己と CEO

235

第Ⅱ部　職能・企業形態編

との関係を上手く処理するだけでなく，CFO（最高財務責任者）との関係も上手く処理しなければならない。なぜなら，CFO の観点からすると，CIO は IT 関連の投資をひっきりなしに提案してくるからである。CFO の関心は今日の投資が明日にどのような形で報われるかである。CIO の観点から見れば，彼らの関心はしばしば技術の企業への影響および先進性である。それゆえ，両者をいかに均衡的に発展させるかについて CIO は CEO や CFO と良好な関係を保ち，恒常的に意思疎通を図っていなければならないのである。更にいうと，CIO は企業内において変革をリードする役割を演じることが必要である。変革をリードするためには，技術の最先端を理解しているだけでなく，改革が省力化や業務方法の改善につながることを理解していなければならないのである。これらはいずれも，CIO が推進し，成し遂げるべき変革であり，彼らは精確に変革の尺度と速度を把握していなければならないのである。

5　中国の企業情報化と CIO

1 中国 CIO の現状と職務満足度に関する調査（2006 年）の趣旨と概要

　CIO の体制的な発展方向について系統的に研究を進めるため，北京大学光華管理学院管理科学・情報システム学科は国家自然科学基金の資金協力を得て中国 CIO 研究チームを結成し，中国の CIO に対して実証的な研究を行った。2006 年に実施した第 1 次調査では，『中国計算機用戸』（『中国コンピュータユーザ』）誌の協力を得て，中国全国の 2000 名の CIO に対してアンケート調査（郵送，ネットの両方）を実施し，いくつかの都市では種々の類型の企業における CIO に調査と統計分析を行った。これらの調査に基づき，中国の CIO の現状と職務満足度に関する有意義な結論を引き出すことができた（北京大学光華管理学院信息系統系 CIO 領導力研究小組［2007］『中国企業信息化成熟度国際比較研討会』資料）。

　これらの調査の結果，明らかになったことは以下の通りである。

　企業情報システム構築の進展具合を所有制別に見ると，外資系企業の情報システム構築の程度が最も高く，それに次ぐのは国有企業である。民営企業は国有企業にやや劣る。企業規模から見ると，従業員数 2001 人以上の大企業の情

報システムの構築能力は最高レベルであり，それに次ぐのは 101 人以上 2000 人以下の中企業である。業種別に見ると，政府，教育，ハイテク等の業種の情報化レベルが最高レベルであり，サービス業がそれに続き，製造業は相対的に見れば最低レベルになる。情報化投資についても外資系企業の年平均情報化投資額 400.77 万元はその他の所有制企業よりもはるかに高く，民間企業の約 5 倍にも上る。

　CIO の平均年齢は民間企業が最も低く，国有企業が最も高い。両者の平均年齢差は 7 歳近くにもなる。87％の CIO は男性であり，女性は 13％しかいない。CIO の企業情報化水準に関する評価としては大多数の CIO は情報化に対して比較的肯定的な態度を取っている。大部分の CIO は比較的良好に関係部署を指揮し，企業情報化を進めており，企業情報化の効果について上層経営者に認められている。大部分の CIO は企業情報化の発展に対して楽観的な見通しを持っていた。しかし，その一方で少なくない CIO は現時点での収入にあまり満足しておらず，かつ，昇進や昇級の機会もあまり多くないと認識していた。また，企業の大多数の CIO は依然として全社レベルの管理職の地位を獲得しておらず，CIO が本来持つべき地位との間で乖離があるということを示している（より詳細については中川涼司・髙久保豊編［2009］『東アジアの企業経営──多様化するビジネスモデル──』ミネルヴァ書房，第 8 章を参照のこと）。

2　北京大学光華管理学院課題組『2013 年度 IT 推動業務創新調査報告』『IT 経理世界』雑誌社の概要

　北京大学光華管理学院と『IT 経理世界』雑誌社は，2013 年 7 月 11 日から 9 月 30 日に中国国内 82 名の CIO に対しての調査を行った。調査項目は，IT 化による業務革新を行ったか，行ったとしたらどのような業務分野においてか，IT 化による業務革新はどのように統括されたのか，革新の発議はどこから行われたのか，業務プロセス，製品・サービスおよび企業内関係においてどのような改善がもたらされたのか，CIO の役割は何か，業務革新において最も大きな問題点は何で，その克服のために最も必要なことは何か，である。

①実施の有無

　80.5％の CIO はすでにプロジェクトは実施済みと答え，実施中とした 12.2

第Ⅱ部　職能・企業形態編

図 10-1　IT 化による業務革新の実施分野

項目	%
顧客ニーズの分析と発掘	58.4
営業プロセスの改善	42.9
顧客サービス	41.6
生産製造プロセスの改善	37.7
製品開発	35.1
購買プロセスの改善	26.0
流通チャネル管理プロセスの改善	26.0
提携先管理プロセスの改善	13.0
その他	5.2

（出所）　北京大学光華管理学院課題組（2014）『2013 年度 IT 推動業務創新調査報告』『IT 経理世界』雑誌社，7 頁。

図 10-2　IT 化による業務革新の発議者

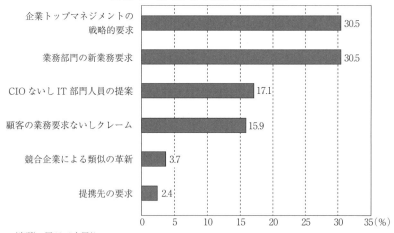

（出所）　図 10-1 と同じ。

％を加えると 92.7％はなんらかの IT 化による業務革新プロジェクトに取り組んでいることになる。

②業務分野

どのような職能において実施されたかを見ると,「顧客ニーズの分析と発掘」が最も多く，58.4％，ついで「営業プロセスの改善」42.9％,「顧客サービス」41.6％，が上位 3 項目で顧客との関係に重点が置かれていることが分かる（図 10-1）。

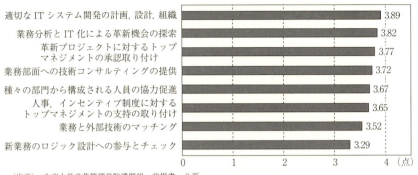

図10-3　IT化による業務革新におけるCIOの役割

(出所)　北京大学光華管理学院課題組,前掲書,8頁。

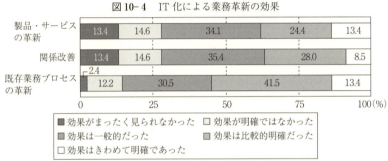

図10-4　IT化による業務革新の効果

(出所)　北京大学光華管理学院課題組,前掲書,9頁。

③業務革新の統括

業務革新の進め方であるが,「トップマネジメントによる定期協議」44.2％,「トップマネジメントによる臨時協議」39.0％,「革新委員会管理」16.9％,「業務部門リーダー管理」6.5％であり,「トップマネジメント」が「定期的」に管理する必要性が示されている。

④業務革新の発議者

同じく業務革新が誰の発案によるものかを見ると,「企業トップマネジメントの戦略的要求」30.5％,「業務部門の新業務要求」30.5％,「CIOないしIT部門人員の提案」17.1％,「顧客の業務要求ないしクレーム」15.9％,「競合企業による類似の革新」3.7％,「提携先の要求」2.4％で,トップの戦略と業務部門のニーズに基づく展開がされているが,CIO／IT部門の提案によるものが少ないともいえる(図10-2)。

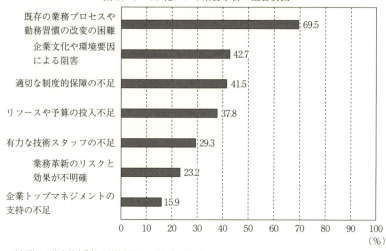

図 10-5　IT 化による業務革新の阻害要因

(出所)　北京大学光華管理学院課題組，前掲書，10 頁。

⑤ CIO の役割

CIO の役割については「適切な IT システム開発の計画，設計，組織」が 3.89（4 点満点）と最もポイントが高く，ついで，「業務分析と IT 化による革新機会の探索」3.82，「革新プロジェクトに対するトップマネジメントの承認取り付け」3.77，「業務部面への技術コンサルティングの提供」3.72 で，企業経営の根幹への関わりに役割意識を持っていることが分かる（図 10-3）。

⑥分野別の成果

では，どの部面で成果が上がっているかだが，現有の業務プロセスの改善では，効果が比較的明確であるが，製品・サービスの革新にはさしたる効果が上がっていないことが分かる（図 10-4）。

⑦ IT 化による業務革新の阻害要因

何が阻害要因であるか，という問いについては「既存の業務プロセスや勤務習慣の改変の困難」が 69.5％で群を抜いている。それとも密接に関連する「企業文化や環境要因による阻害」も 42.7％であり，企業カルチャーを変え，業務のやり方や習慣を変えていくことの難しさが最大の問題であることが分かる（図 10-5）。

⑧問題解決のために最も重要なこと

第10章 CIO：中国における展開と課題

では問題の解決のために何が最も重要かということに関しては，「トップマネジメントの業務革新プロジェクトへの支持」が62.2％で最大である。ついで，「CIOの権限とリーダーシップ」59.8％，「業務部門と最終ユーザーの積極的参与」50.0％となっている。

6　中国におけるCIOの展望

本章の分析から，中国のCIOに対して以下の結論を引き出すことができる。

第1に，外資系企業や民間企業のCIOは実践経験がより評価される傾向にあり，国有企業のCIOよりも若く，昇進も早い。CIOの大部分は男性である。

第2に，大多数の企業において，ITはその経営的な役割を上層経営者によって認められているだけでなく，実際に，企業発展の中においてますます重要な役割を果たすようになっている。少なくないCIOは上層経営者の一員となっており，大多数のCIOは自社の企業情報化の発展に対して楽観的な展望を持っている。

第3に，より成果の上がっているのは，職能的には「顧客ニーズの分析と発掘」，営業プロセスの改善，顧客サービスの改善など顧客関係であり，また，既存の業務プロセスの改善には大きな効果がある一方で，新規の製品やサービスの開発にはあまり大きな役割は果たしていない。

第4に，IT化における業務革新はトップマネジメントの発議，リーダーシップおよび定期協議による統括が必要である。既存の業務プロセスや勤務習慣が革新の最大の阻害要因であるが，それを変えるにはトップマネジメントのリーダーシップが必要である。

第5に，CIOは技術的な知識を学習し，吸収することだけでなく，管理能力の向上をきわめて重視している。成功したCIOのほとんどは豊富な管理職務の経験を有している。CIOの最大の役割は，IT化による業務革新の計画・設計・組織化である。企業情報化の成否はCEOおよび関連業務部門の支持が得られるかどうかに大きくかかっており，したがって，情報化の推進を行う際にはCEOと良好な関係を保ち，関連業務部門とは濃密なコミュニケーションを行うことが必要であると認識している。

241

第Ⅱ部　職能・企業形態編

- ▶ ▶ *Column* ◀ ◀ -

聯想集団（レノボ）における企業情報化

　聯想集団（レノボ）は 1984 年に設立されました。マーケティング・オリエンティッドなビジネススタイルを作り上げて，1997 年には，すでに聯想集団は中国 PC 市場において第 1 位の市場シェアを占めるに至りました。

　その急成長の裏では内部管理が一層困難となりつつあり，更に成長を遂げ，コストを引き下げていくには，管理をもう一段階引き上げる必要に迫られていました。1993 年，聯想集団はすでに在庫管理システムを開発し，また，販売管理と財務管理とも連動させていました。しかし，財務決算に 30 日もかかるような状態では，リアルタイムでの有効な管理をすることはできませんでした。この中で，聯想集団はまだその効果について中国では議論があった ERP（企業資源計画）システムを導入し，経営資源の管理を行うこととしました。1998 年，聯想集団は世界でも代表的な ERP 企業である SAP と正式に契約し，SAP の ERP パッケージである R/3 システムを基礎に，共同で ERP システムを構築していくこととしました。

　しかし，4 カ月間，数千万元にも上る投資を行いながら，この ERP システムは何の成果も上げることができませんでした。ここで，1999 年 4 月 18 日，聯想集団総裁（当時，現聯想控股有限公司総裁）の柳伝志は経営幹部会議を開催し，重大な決意を表明しました。財務・人事担当の総裁補佐の王暁岩を ERO プロジェクトの総監督責任者とし（すなわち後にいう CIO とし），王暁岩は直接に柳伝志総裁に対し責任を持つこととしました。そして，業務プロセスの再構築が鍵と見た王暁岩の下に，ERP プロジェクト業務プロセス再構築ワーキンググループが設置され，各部門，子会社にもそれぞれ ERP プロジェクトチームが作られました。かくして，2000 年 1 月になってやっと稼動をし始め，聯想集団の情報化のレベルは一つ上がったのでした。

　聯想集団の ERP システムは人的資源管理と生産管理からサプライヤーの管理に拡張され SCM（サプライ・チェーン・マネジメント）に発展していきました。更に聯想集団は，SCM と顧客管理システム，電子商取引システムを連動させ，顧客ニーズにより適合的な形で SCM が行われるようにしました。顧客へのサポートサービスにおいても，顧客からの電話に対して，カスタマーサービスセンターの人員は即座に過去のサポート記録を引き出すことができるようになり，サービス効率を上げるとともに，顧客満足度を上げることができるようになりました。

　現在，聯想集団の企業情報化は企業の全ての業務を統合するものとなっています。聯想集団の平均納入時間は ERP システム導入以前の 11 日から 5.7 日に短縮され，従業員の 1 日 1 人当たりの注文書処理量も 13 件から 314 件にまで増え，財務諸表の作成に 30 日かかっていたのが，半日でできるようになったのでした。

　聯想集団はこれらのシステムによって毎年 10 億元以上を節約しているともいわれています。

　（資料）「聯想信息化発展歴程」（https://wenku.baidu.com/view/7e68dfb667ec102de2bd89bd.
　　html　2017 年 6 月 19 日閲覧），「《電子商務》：聯想信息化建設的 5 個故事」（http://tech.
　　sina.com.cn/it/m/2001-12-07/95044.shtml　2008 年 8 月 30 日閲覧），「聯想信息化的十年
　　道路」（http://www.enet.com.cn/article/2007/0704/A20070704708370.shtml　2008 年 8 月
　　30 日閲覧），その他。

第10章 CIO：中国における展開と課題

　第6に，CIOという職業は吸引力を持つ職業であり，特に，仕事内容への関心という点で比較的大きな吸引力を持つ。しかし，大多数の企業においては，CIOは依然として上層経営者の地位を与えられておらず，報酬や昇進機会の面で不満が多い。

推薦図書

李東・中川涼司（2009）「CIO――中国における現状と課題――」中川涼司・髙久保豊編『東アジアの企業経営――多様化するビジネスモデル――』ミネルヴァ書房。
　2006年中国CIO調査についてより詳しく知りたい場合はこちらを参照のこと。
須藤修・小尾敏夫・工藤裕子・後藤玲子編(2007)『CIO学――IT経営戦略の未来――』東京大学出版会。
　CIOを学問的に捉え，CIO学を提唱した意欲的文献。
甲斐荘正晃・桐谷恵介（2010）『プロフェッショナルCIOの教科書』中央経済社。
　「CIOの仕事」に必要な知識と知恵を得るためのオリエンテーション・ガイドブック。

設　問

1．CIOとは何でしょうか。その求められる役割とはどのようなものでしょうか。
2．今後，日本や東アジアにおいてCIOはどのように発展していくべきでしょうか。
　その障害は何でしょうか。

（李　東・中川　涼司）

SCM（サプライ・チェーン・マネジメント）／SCMパッケージ：サプライ・チェーンとは資材の調達から最終消費者に届けるまでの資材や部品の調達・生産・販売・物流といった業務の流れを一つの大きな鎖（チェーン）として捉えたものであり，そのチェーンはしばしば1企業内を超えて複数の企業にわたる。1990年代以降，ERPの普及に並行する形で広まってきた。
　サプライ・チェーン・マネジメントはこのサプライ・チェーン内における情報，物財，資金の流れを個々の部門や企業レベルでなく全体として最適化するようにマネジメントすることである。SCMの代表的な事例は世界を代表するPCメーカーであるデル社が考案したBTO（Build to Order）がある。これはサプライヤーや配送業者との間で，予測，生産・在庫計画，制御方法といった手法に基づき，的確に情報を伝達し，生産，在庫，配送などをコントロールするものである。
　SCMパッケージはSCMのために開発された標準的なパッケージソフトである。

|第 11 章| 中小企業：北東アジアの経済発展での位置づけ

　「中小企業」は働く場，生産経営の担い手として，国民経済や地域経済に欠くことのできない役割を果たしています。また，「中小企業」のあり方を見ることで，その国の経済や産業の発展の特徴が分かります。日本に近接する北東アジア地域では，「中小企業」はどのように位置づけられ，どのように展開しているのでしょうか。

1　「中小企業論」の視点

1 　中小企業とは

　「中小企業」とは単に中小規模であるというだけでなく，本来，大規模な企業とは質的に異なる面がある経営体のことを意味する。中小企業論の教科書では，中小企業は国民経済の担い手として重要であるにもかかわらず，大企業と比べて「資金調達等で競争上不利な立場に立ち」，「同時に経営組織として単純であることにより大企業とは異なる経営行動をとることができる」ことから「中小規模の企業が中小企業として独自な存在として把握され，中小企業としての政策の対象となる」（渡辺幸男・小川正博・黒瀬直宏・向山雅夫 [2013]『21 世紀中小企業論［第 3 版］』有斐閣，60 頁）と述べられている。このような中小企業が通常どの国でも数の上で圧倒的比率を占めるだけでなく，雇用や生産の面でも大きな役割を担っている（**表 11-1**）。

　ただ，具体的な中小企業の範囲は，国・地域の事情を反映して一様ではなく（北東アジア諸国・地域の工業・製造業の規模区分については**表 11-2** 参照），その範囲には変更も加えられてきた。また，産業組織や企業間関係としての大企業と中小企業との関わり方も，国・地域，そして時期によって異なっている。

2 　国民経済発展の過程と中小企業

　中小企業研究では大企業と中小企業との間のいわゆる「**二重構造**」が主要な

第 11 章　中小企業：北東アジアの経済発展での位置づけ

表 11- 1　北東アジア諸国・地域における中小企業の比率

(単位：％)

	企業数	生産額	従業者数	輸出に占める比率
中国（2008 年，工業）	99.3	66.6	77.7	57.9
韓国（2014 年）	99.9		87.9	33.8
台湾（2015 年）	97.7	30.4	78.2	15.2
日本（2014 年，製造業）	99.5	53.7	73.0	6.5

(注)　中国の生産額は「総産値」ベース。日本の企業数，従業員数は事業所ベース，生産額は付
　　　加価値ベース。台湾の生産額は営業額に占める比率。
(出所)　経済部（2008），中華民国統計処ウェブサイト（http://www.moeasmea.go.tw　2016
　　　年 10 月 30 日閲覧），韓国中小企業庁ウェブサイト（http://www.smba.go.kr　2016 年 10
　　　月 30 日閲覧），中国中小企業年鑑編集委員会（2009）『中国中小企業年鑑（2009）』経済科
　　　学出版社，中小企業庁（2016）『2016 年版中小企業白書』より筆者作成。

表 11- 2　北東アジア諸国・地域中小企業の基準（製造業，工業の場合，基準のいずれかを満た
　　　　　すもの）

国・地域		従業員	資本金・総資産	年　商
中国 （2011 年 9 月改定）	中小企業	1000 人未満		営業収入 4 億元未満
	小企業	20 人以上 300 人未満		同 300 万元以上 2000 万元未満
	零細企業	20 人未満		同 300 万元未満
韓国 （2015 年施行）	中小企業		資産総額 5000 億ウォン未満	製造業 6 業種，3 年平均年商 1500 億ウォン
				製造業 12 業種，3 年平均年商 1000 億ウォン
				製造業 6 業種，3 年平均年商 800 億ウォン
	小企業	50 人未満		
	零細企業	10 人未満		
台湾 （2009 年 9 月改定）	中小企業	200 人未満	資本金 8000 万台湾ドル以下	8000 万台湾ドル以下
参考：日本	中小企業	300 人以下	資本金 3 億円以下	
	小企業	20 人以下		

(注)　中国では，鉱工業のほか，15 の産業大分類（農林水産業，建設業，卸売業，小売業，交通運輸業，倉庫業，郵
　　　政業，宿泊業，飲食業，情報通信業，ソフト・情報技術サービス業，不動産開発業，不動産管理業，リース・商
　　　業・サービス業，その他）について規模区分が定められている。
　　　韓国の区分のうち，1000 億ウォンで線引きをする産業には製造業以外に，農林水産業，電気・ガス・水道供給，
　　　卸売・小売業，鉱業，建設業がある。また 800 億ウォンで線引きをする産業には製造業以外に交通運輸，下水処
　　　理・環境処理，印刷・情報サービス産業が含まれる。このほか 600 億ウォン，400 億ウォンで線引きをする産業
　　　がある。
(出所)　中国国家統計局，韓国中小企業庁，台湾経済部中小企業処，日本中小企業庁の各ウェブサイト（それぞれ
　　　http://www.moeasmea.gov.tw，http://www.smba.go.kr/，http://www.chusho.meti.go.jp/　いずれも 2016 年
　　　10 月 30 日閲覧），日本政策金融公庫中小企業事業本部保険企画部（2017）『韓国の信用保証制度調査報告書』
　　　（https://www.jfc.go.jp/n/findings/pdf/hosyo_korea _170222.pdf　2017 年 6 月 15 日閲覧）より筆者作成。

245

第Ⅱ部　職能・企業形態編

論点の一つになってきた（福島久一編［2002］『中小企業政策の国際比較』新評論）。しかし，北東アジア三カ国・地域のそれはまた日本の「二重構造」とは異なり，例えば台湾と中国では「官営ないし公営（公有制）企業と民営企業」，韓国では「財閥と非財閥」というような「もう一つの二重構造」が主要な問題として存在してきた。同じくアジア NIEs（新興工業経済地域）として括られながら，韓国は大企業主体で，台湾は中小企業主体で発展してきたとされる（北原淳編著［2002］『アジアの経済発展における中小企業の役割』日本図書センター，服部民夫・佐藤幸人編［1996］『韓国・台湾の発展メカニズム』アジア経済研究所）。その違いはどこからくるのか。また，理論的には大企業だけで運営可能なはずの計画経済期においても，中国には中小規模の企業が多く存在してきた。ならば中国で 1990 年代末になって中小企業が，2010 年代には更に零細企業が重視されるようになったのはなぜだろうか。

　北東アジアの中小企業の位置を明らかにするには，規模別差異やこれに由来する差異以外の要素も踏まえて，個々の国民経済の発展過程に即して考えていく必要がある。そこで本章では，まず中小企業のありようがそれぞれの国民経済の発展過程に深く規定されていることを，台湾，韓国と中国を事例として概観し，次に新興国における中小企業をとりまく事業環境の変化とそこでの中小企業の発展可能性について，中国を事例に論じる。

二重構造：経営規模が相対的に大きい企業と相対的に小さい企業とで経営関連指標を比べると大きな格差が認められる。これが「二重構造」の数量的内容だが，中小企業と大企業との格差を平均値で固定的に捉えると中小企業の積極的側面を見落とすことになる。

財閥：創業者とその家族が株式を支配的に保有して経営も支配し，さまざまな事業に多角的に展開してきた企業集団を指す。開発途上国では市場が未発達な条件下で政府が産業育成に乗り出し，企業のほうは事業リスクの分散を志向する傾向を持つことで，政府と癒着した多角的ファミリービジネスが生まれやすい。

第11章　中小企業：北東アジアの経済発展での位置づけ

2　経済発展過程における中小企業の位置づけとその特徴

1　台湾：「官民二重構造」からの中小企業発展

①台湾の「二重構造」の特徴

　台湾では歴史的経緯を反映して，大企業・中小企業の二重構造は，公営・官営企業と民営企業との「官民二重構造」としてあらわれた。国民党政権が接収した元日本企業の大規模な各種重化学工業と大陸から移転してきた金融・交通運輸・物資系・その他の企業が公営企業として，外来者である国民党の台湾支配を支えることになった。民営中小企業は外来人に支配される台湾人（内省人）を背景に持つ企業であったから，台湾では当初，民営中小企業の発展は顧みられなかった（**図11-1**，石田浩［1999］『台湾経済の構造と展開　台湾は「開発独裁」のモデルか』大月書店，平川均・劉進慶・崔龍浩編著［2006］『東アジアの発展と中小企業——グローバル化のなかの韓国・台湾——』学術出版会）。

　台湾において中小企業の基準が初めて制定されたのは，国民党政府（の首都）が台北に移ってきて20年近くたった1967年，労働集約型輸出志向工業化を民営中小企業が担い始めた時期のことだった。中小企業を管轄する専門の政府部門である「中小企業処」ができたのは81年，中小企業基本法に当たる「中小企業発展条例」が公布されたのは更に遅く91年である。ただ，逆説的ながら，台湾では発展が顧みられなかったことが，かえって中小企業の発展を促進することとなった（前掲平川均・劉進慶・崔龍浩編著［2006］）。

②初期の輸入代替を担った民営中小企業

　1950年代初めから60年代前半までの輸入代替期には，内需を中心とする公営経済と政府による米・砂糖の輸出が成長を担った。60年前後から米国資本の市場開放要求を受けて外資規制が緩和され，公営企業に国内市場を独占されていた民営中小企業は，60年代半ばから，外資との提携（委託加工，合弁，下請け）をテコに輸出に活路を開いた。台湾政府も50年代末からの為替レートの統一，60年代初めの各種投資条例，65年の輸出加工区の設置で，労働集約型輸出志向工業化の基礎を整え，外資（電気・電子，化学，製薬）と民営企業（紡績，セメント，食品，プラスチック）が60年代以降の台湾の成長を牽引し，民営工業が公営を完

247

第Ⅱ部　職能・企業形態編

図 11-1　台湾の工業生産額に占める公営企業と民営企業との比率の変化

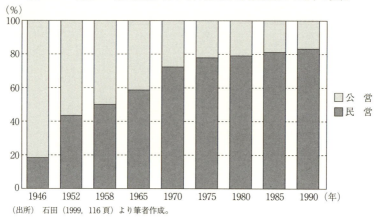

(出所)　石田(1999, 116頁)より筆者作成。

全に凌駕した（図11-1）。60年代には台湾の貿易構造は米国との相対関係から，資本財を日本から輸入し完成品を米国に輸出する構造に変化した。

1960年代末から70年代初頭に，紡績，化学，セメント，家電・電機，自動車，製紙，保険，建設等の業種からは後に大企業に成長する民営企業があらわれ，公営企業の独占を崩す力となった（前掲石田浩［1999］，前掲平川均・劉進慶・崔龍浩編著［2006］）。

③「官vs.民」から「大vs.中小」へ

1974年から，台湾ではインフラ建設と重化学工業の輸入代替化が始まった。それは，71年に台湾が国連から脱退して国際的孤立を深め，台湾への定着に注力せざるをえなくなったためであり，そして73～74年の石油危機で受けた打撃からの立て直しに投資が必要になったためだった（前掲石田浩［1999］）。

またこの時期，公営紡績業が退出し，企業の構図は「官vs.民」から「大vs.中小」へと移ってきた。公営大企業は砂糖輸出を除き依然として台湾域内市場を独占したが，中小企業から成長してきた民営大企業が外資との合弁で輸入代替を担い，やはり台湾域内市場を対象とした。他方，中小の民営企業は1960年代から台湾に進出した外資を窓口に輸出を担った。この結果，中小企業は輸出，大企業は域内市場という市場のすみわけが形成され，80年代前半には民営中小企業による輸出が台湾の全輸出の約60（1984年）～70％（82年）を占めた。ただ，この段階では大企業と中小企業との連関関係はなお希薄であった。

第 11 章　中小企業：北東アジアの経済発展での位置づけ

　1973 年に行政院は初めての中小企業政策といえる中小企業金融支援を行った。翌 74 年，石油危機を受けて一連の中小企業融資政策を実施したが大きな効果はなかった。ただ，この頃つくられた中小企業信用保証制度は効果があったとされる。また，77 年には既存の「無尽」（参加者の掛け金を融通しあう民間金融の一種）を改組再編する形で中小企業銀行が設立された（前掲石田浩 [1999]，前掲平川均・劉進慶・崔龍浩編著 [2006]）。

　④労働集約加工型輸出志向からハイテク加工輸出志向へ

　1980 年代に入ると重化学工業化は行き詰まりを見せた。台湾では経済発展の結果として 1 人当たり所得が上昇し（賃金上昇），貿易黒字が累積（外貨保有増加）してきた。1985 年 9 月のプラザ合意以降，為替レートが上昇すると，台湾域内での労働集約加工型発展も限界に達し，構造転換を迫られる中で支援策なしには域内中小企業が立ち行かなくなった。そこで 91 年にようやく中小企業発展条例が公布された（前掲平川均・劉進慶・崔龍浩編著 [2006]，朝元照雄・劉文甫編 [2001]『台湾の経済開発政策』勁草書房）。

　だが，そもそも政策支援の蚊帳の外に置かれ続けてきた民営中小企業は，1980 年代後半には安価な労働力を求めて自ら ASEAN（東南アジア諸国連合）へ進出し始めており，更に 1987 年の戒厳令解除以後，（香港等を形式的に経由しつつ）中国大陸への投資も活発になった。

　他方，1980 年代末から内資の電子関連民営大手企業が成長してきた。90 年代に台湾では産業構造が高度化し，伝統産業（紡績，プラスチック加工，日用雑貨）が台湾域内から淘汰され，IT 機器，PC・周辺機器，電子産業へとシフトした。大企業も中小企業も輸出志向的でそれぞれ外資と合弁，提携して成長を遂げた。90 年代の経済グローバル化の中で，多国籍企業が PC や周辺関連機器を OEM・ODM 委託するようになり，台湾はこの受託に成功して PC 委託加工，IT 周辺機器部品生産の世界的基地になった。

　なお，民間の力が台湾経済発展の源であったと同時に，1980 年の新竹サイエンスパークの設立など「官」の役割も見落とせない。工業技術研究院からの独

OEM・ODM：OEM（Original Equipment Manufacturer または Manufacturing）は，序章，第 9 章参照，ODM（Original Design Manufacturer）は，相手先のブランドで製造，供給するが設計を自社で行う製造業者のことをいう。

249

立や技術移転が台湾のIC産業発展のもとになったといっても過言ではない。受託生産に特化したICメーカー（ファウンドリー）が成立し，IC生産が分業化されたことが大きく関わって，新竹サイエンスパークの集積効果が中小企業である生産機能を持たない半導体メーカーやIC設計受託業（デザイン・ハウス）の成長をもたらした（前掲平川均・劉進慶・崔龍浩編著［2006］）。

⑤大企業－中小企業間垂直分業的関係の形成と産業構造調整

1990年代からのハイテク加工輸出志向型工業化の過程で，電子産業ではアセンブリー大企業と中小サプライヤーとの垂直的分業関係が形成された。ただし，これは日本のいわゆる系列関係とは異なり，中小企業間でも広範な横断的分業・提携関係が展開された。電子産業は台湾の対大陸投資の3分の1を占め，2004年には電機電子工業組合の会員企業の4分の3が大陸で生産を行い，生産額の過半を大陸での生産が占めたという（前掲平川均・劉進慶・崔龍浩編著［2006］）。大陸への生産移転については「産業空洞化」と両岸政治関係との関わりから常に議論がなされてきた。

台湾から大陸への生産機能の移転と台湾域内の産業構造の調整（サービス化）により，中小企業数は増加する一方で企業規模は零細になり，また中小企業の台湾域内における生産額比率や輸出比率は低いように見えるが（表11-1），大企業と中小企業との間に垂直分業的関係が形成されるようになっており，間接輸出も含めれば中小企業の輸出貢献はより大きいと見られる。

⑥2010年代以降の台湾中小企業

リーマン・ショックはグローバル経済の中で生存する台湾経済にも影響が及んだ。年商，輸出額が落ち込み（2008，09年），雇用にも影響があらわれた（2009年）。企業数はそれに先立つ2007年から3年連続で廃業・倒産が創業を上回っていた。しかし，10年から台湾経済が回復すると，創業が廃業・倒産を上回るようになった（図11-2）。ただし，中国大陸域内にサプライチェーンが形成されてきたことで，中小製造業の内需向け供給比率が高まっている。同時に，製造業のサービス化（設計，メンテナンス，販売への進出）も進展している（中華民国経済部中小企業処［2015］『104年中小企業白皮書』）。

第11章　中小企業：北東アジアの経済発展での位置づけ

図11-2　台湾経済に占める中小企業の割合

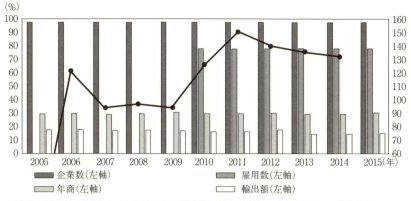

（出所）経済部中小企業処ウェブサイト『中小企業白書』各年版の数値より筆者作成（URL, 閲覧日は表11-1に同じ）。

2　韓国：財閥系大企業 vs. 中小企業の「二重構造」

①「二重構造」の起源と特徴：輸入代替工業化

韓国では財閥系大企業が経済開発を担い，中小企業の発展は遅れてきたとされる。その起源は，建国初期の輸入代替工業化とその後の輸出志向工業化への転換の過程にあった。

建国後，李承晩政権下の韓国には，親米政権維持を目的とした援助物資と資金が米国からもたらされ，まず援助物資を加工する製粉，製糖，綿紡績の輸入代替工業化が始まった。加工原料となる援助物資の販売先がすでに加工能力を持つ事業者（主に元日本人工場の帰属資産を得た者）に限られたことが，財閥形成の源泉の一つとなった。財閥は朝鮮戦争の際の米国の特恵からも生まれている（梁先姫［2008］「韓国財閥の歴史的発展と構造改革」『四天王寺国際仏教大学紀要』第45号）。安価な援助物資の供給で小企業は市場を失い，援助物資の加工産業である大企業と農業・農産物加工を中心とする小企業との間には連関を欠き，生産性格差も拡大した。

国内市場の限界から1950年代に輸入代替工業化が行き詰まると，輸入代替工業化を担った企業家たちは，援助物資の扱いから得た利益を不動産投資や高利貸での運用に向け始めた。1961年に軍事クーデターで実権を握った朴正熙は政権掌握後，このような「商人資本」的性格を持った企業群に対し，不正蓄

251

第Ⅱ部　職能・企業形態編

財の罪を問い，これら企業が蓄積した資本を工業投資に向けさせることを狙った。そして国の開発計画に応じた企業群には，用地取得から資金調達まで便宜を図り，民間資本を育成しようとした（朴一編［2004］『変貌する韓国経済』世界思想社）。

　朝鮮半島が南北に分断され，工業生産力が北に偏在し，資金や技術が圧倒的に不足した初発条件の下，韓国は北との緊張関係の中で経済建設を進めることになった。そのような条件や環境の下では，国内の限られた資源を有効活用し，政府が主導して特定産業に民間資本を誘導する工業化のやり方には，一定の合理性があった。

　他方，中小企業に対しては「中小企業育成対策綱領」（1956年），「経済開発3年計画（59〜61年）」（1959年）で，大企業＝重工業，中小企業＝軽工業という産業間分業の形成や農工間連携により，大企業と中小企業との間の生産性格差縮小が目指されたが，現実には大企業優先発展が貫かれ，ほとんど実行されなかった（前掲平川均・劉進慶・崔龍浩編著［2006］）

②輸出志向工業化と二重構造の深化

　1960年代後半から輸出志向工業化に転じてからは，政府が選んだ企業群に支援が集中され，労働集約型産業分野で多くの財閥が形成された。そして財閥企業群は政府の開発計画に沿い，制度金融に頼って60年代はさまざまな輸出産業，70年代は重化学工業へと多角的に事業を拡大していった（前掲朴一編［2004］）。

　1960年代には，財閥大企業を中心とする輸出志向型の経済成長が実現したが，その過程では大企業との技術格差がもたらす中小企業の存立条件の悪化が指摘された。そこで財閥系大企業と競合関係にあった中小企業を分業関係へ転換し，中小企業を系列化して，輸出産業の補助部門として振興しようという政策方針が出され，企業を選別した支援が行われた。また，地方中小企業の支援（工業団地の設置など）も行われたが，大企業と中小企業との格差解消にはあまり役に立たなかった（図11-3）。

　とはいえ1960年代は商工部内への中小企業課設置（1960年設置。1968年中小企業局に昇格，1996年に中小企業庁設立），中小企業基本法制定（1966年，施行法の中小企業振興法制定は1978年），信用保証基金発足（1961年）等，中小企業政策の枠組みが形成された時期であった（前掲平川均・劉進慶・崔龍浩編著［2006］）。

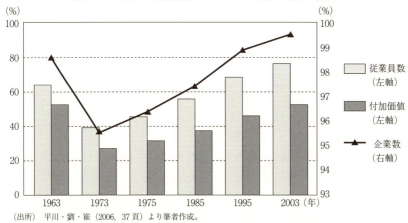

図11-3 韓国の製造業部門における中小企業の割合の変化

(出所) 平川・劉・崔 (2006, 37頁) より筆者作成。

③重化学工業化と中小企業政策

1970年代に入って石油危機を経験すると,外資と財政投融資に依拠し,輸出増加が投入財輸入増加を誘発する軽工業中心の輸出主導型工業化は限界に達した。大企業の不振は系列化を進めてきた中小企業にも波及した。

1973年に政府は「重工業化宣言」を出して,低賃金,消費財最終加工の国際的下請け構造からの脱却を目指した。重工業化は在韓米軍撤退にともなう国防産業育成の必要性と関わっていた。75年に出された中小企業系列化促進法は,大企業への系列化を促進し,軽工業部門での大企業独占対中小企業の構図は重工業分野を含む系列化へと変わって,大企業の資本蓄積に直接中小企業を組み込む形になった。他方で1970年代後半には,地方工業育成(セマウル工場建設)も行われた(前掲平川均・劉進慶・崔龍浩編著 [2006])。70年代以来,製造業における中小企業の比率は高まっている(図11-3)。

政府に誘導された形での重工業への過剰投資が第2次石油危機で顕在化し,1980年代に入ると,韓国の工業化には,外延的拡大(大量生産依存)の限界,技術競争力の不足という新たな限界が訪れた。韓国政府は政府主導体制から民間主導体制への移行を宣言し,公正取引法制定を含む規制緩和を進めた。しかし,民間主導への移行も政府の手を経て行われ,結局,重要産業は財閥系大企業に集中することになった。

中小企業に関しては,小企業の育成,国策研究技術開発事業の成果の中小企

第Ⅱ部　職能・企業形態編

業への移転を始め，技術集約型中小企業の創業を促し始めた。1980年代後半からの賃金上昇を受け，中小企業は大企業との取引だけでなく中小企業間分業にも積極的になり，1981年に23.2％だった下請け企業の比率は89年には53.3％に高まった（前掲朴一編［2004］，前掲平川均・劉進慶・崔龍浩編著［2006］）。

　④中小企業の知識集約化政策

　1990年代に入ると，文民政権の登場，資本取引の自由化など韓国の政治経済環境は大きく変化した。アジア通貨危機で，アジアへの過大な投資を行っていた財閥の資金繰りが悪化し，銀行からの借入金に極度に頼ってきた財閥企業群の破たんが相次いだ。融資に慎重になった銀行の貸し渋りは中小企業の倒産も引き起こした（前掲朴一編［2004］）。

　2000年代になると政府はベンチャー企業育成政策を採択し，金融危機での製造業の停滞に中小企業の技術革新で対応しようとした。これは韓国にとって事実上初めての大企業中心政策から離れた中小企業政策であるといえる。技術集約型の中小企業育成は1980年代からあったが，1997年の金融危機が本格的契機となり，ベンチャー創業2万社を目標とする中小企業支援策が策定された。そこでは財閥系大企業からのリストラ組が多数，ベンチャー創業に関わったといわれる（新宅純二郎［2007］「韓国中小企業の苦悩」『赤門マネジメントレビュー』［オンライン版］第6巻第6号）。ただし，ベンチャーの創業・発展は2000年代半ばに構造調整段階を迎えた。

　他方，1990年代半ば以降，地方経済の振興や雇用創出策は引き続き中小企業政策の一部として展開され，特に1997年からは生業的小企業の育成が始まった（前掲平川均・劉進慶・崔龍浩編著［2006］）。また，92年の中韓国交樹立以降，中小企業の対中投資も活発になった（2003年までで累計直接投資の約3分の2が対中国）。

　⑤2010年代以降の韓国中小企業

　2000年代前半から2014年にかけて韓国の企業総数は2割，雇用総数は35％ほど増加した。2010年代に観察されたのは，リーマン・ショックの影響と見られる創業の停滞並びに，廃業・倒産数が創業数を大きく上回る状態から，創業数が廃業・倒産数を上回る状態への変化である（図11-4）。ただ，財閥・大資本による寡占が国民経済を覆い，中小企業と大企業との賃金格差が拡大している

第11章　中小企業：北東アジアの経済発展での位置づけ

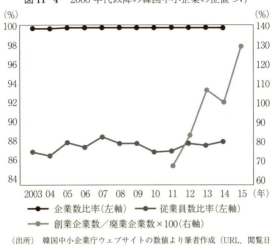

図11-4　2000年代以降の韓国中小企業の位置づけ

(出所)　韓国中小企業庁ウェブサイトの数値より筆者作成（URL、閲覧日は表11-1に同じ）。

と見られ（NNAアジア　アジア経済ニュース，2016年3月6日），「財閥系大企業 vs. 中小企業」の「二重構造」は容易に解決されない。

③ 中国：「公 vs. 非公（民）」から「大 vs. 中小」へ

①「新生事物」ではない中小企業

中国で，「中小企業」向けの政策が多く打ち出されるようになったのは，1990年代末からであった。財閥・大企業体制で発展してきた韓国経済がアジア通貨危機で著しいダメージを受けたのに対し，中小企業主体で発展してきた台湾等その他アジアNIEsのダメージは軽微だったことが，中国が中小企業の役割を認識するに至った一つの要因だといわれる。

たしかに中国では，1998年に中小企業専門の初めての役所「中小企業司」が設置され，2002年に「中小企業促進法」が成立し，03年には簡素化された企業規模区分が公表されたことから，中国における中小企業振興は，20年ほど前からようやく始まったかのように見える。しかし，中国では建国以来，ほぼ一貫して中小企業を必要としてきた。

新中国が成立した時，中国経済の起点はあまりに低く，そうであるがゆえに，より野心的な経済成長が志向された。このため計画経済が本来的には想定して

255

第Ⅱ部 職能・企業形態編

いなかった農村での工業生産が必要とされ，人民公社には農業生産財関連の中小工場が併設された。この点で，同じ社会主義計画経済でも，都市工業が農業生産財を農村へ供給し，農村は農業に専念できた旧ソ連とは大きく異なっていた。また，戦争に備えて人民公社を単位とする地域完結型の生産体系が意図的に形成されたことも，農村の中小企業が計画経済期から多く存在した背景にあった（駒形哲哉［2005］『移行期中国の中小企業論』税務経理協会）。

こうした国民経済の戦略的理由により，中国では計画経済期から中小企業が一定の発展を遂げただけでなく，政治的混乱で計画経済が麻痺した際に，都市部では集団所有形態の中小規模の経営体が設立されたり，農村では中小工場が生産を伸ばしたりして結果的に国民経済を支えた。それゆえ計画経済から市場経済への分岐となる1978年時点でも，当時の基準で工業企業数の99.6％，工業生産額の4分の3を中小企業が占めた（前掲駒形哲哉［2005］）。

②農村中小企業振興の意味

旧ソ連のように都市工業が農業生産財を十分供給できなかったことは，後にかえって幸いする。農村中小工業の発展は，市場経済への移行に当たって，旧ソ連のような急進的な体制移行とは異なる選択を可能にしたのである。

1980年代には，財源を自ら確保しなければ公共サービスが供給できない農村末端の自治体が活発に中小規模の公有制事業体を興し，農村部の雇用創出，所得の向上や市場経済形成に貢献した。**郷鎮企業**と呼ばれるこの事業体は，国有企業の下請けに従事したり，国有企業の進出が薄い業種，国有企業と競合する領域（繊維産業等）に進出したりして発展し，農村の産業構造を変え，かつ国民経済の資本蓄積のあり方を変えていった。更に，80年代後半から中国が国家戦略として労働集約型委託加工で国際分業へ参画し始めた際，郷鎮企業はその中心的役割を与えられ，輸出生産の担い手となった。

郷鎮企業：農村部に立地する各種の非国有企業の総称。人民公社時代には「社隊企業」と呼ばれ，1984年に自治体（郷鎮・村）や個人が設立したものを総称して「郷鎮企業」と呼ぶようになった。1996年制定の「郷鎮企業法」により，農村集団経済組織または農民の投資を主体として郷鎮・村で設立された，農業義務の支援を引き受ける各種の企業と定義されている。

第11章　中小企業：北東アジアの経済発展での位置づけ

③民営経済（非公有制経済）の容認から中小企業振興へ

　毛沢東時代には，労働力をひたすら投入することで先進諸国への急速な
キャッチアップを目指し，人口増加策が採られたため，1970年代末の改革開放
への政策変更の時期までに，雇用問題はすでに深刻な状態になっていた。それ
に加えて70年代末からの諸改革措置のうち，農業請負制導入は更に大量の余
剰労働力を顕在化させ，また，企業自主権拡大は雇用の抑制に作用して，都市
部で「就職待ち青年」の発生が社会的な問題となった。農村では上記のように
公有制事業体の振興も図られたが，都市・農村の雇用創出のために共産党はイ
デオロギーを後退させ，民営経済（非公有制企業）を容認していった。

　1990年代初頭に中国は自らの体制を「社会主義市場経済」と称し，市場経済
化を加速した。90年代半ばに，「売り手市場」から「買い手市場」に転換すると，
競争的な産業では需要を発見し迅速に対応する能力，効率的な経営組織を編成
する能力に優れた非公有制企業が，公有制企業に対し優位性を持つようになっ
た。地域開発のため活発に設立された地方の国有中小企業や，農村の公有制郷
鎮企業も不振に陥っていた。1995年には中央政府は「大企業を摑み，小企業を
放つ」策を提起し，事実上，中小国有企業の売却，民営化を容認した。また，
公有制郷鎮企業の民営化も進展した。

　過去においては経済過熱が発生すると，国有企業以外の企業の経営活動を抑
制し，これらを「調節弁」としてきたが，1990年代半ばを境に状況は大きく変
わり，雇用創出の担い手や，ビジネスチャンスに挑む市場経済の担い手の役割
を非公有制企業群に依存せざるをえなくなった。そこで，1997年の共産党第
15回大会の決定，99年の全国人民代表大会（国会に相当）での憲法改正を経て，
非公有制企業の地位が引き上げられた。

④成長を支える非公有制（民営）中小企業

　1990年代末に中小企業振興を唱え始めた最大の理由は，非公有制企業の振興
が重要になったけれども，そのほとんどが中小規模であるという事実にある。

　工業生産の伸びが大きい一級行政区（省・直轄市・自治区レベル）では中小企業
の比率が高いという傾向があり，このことは中小企業振興の重要性を示唆する
が，中小企業の比率が高い地域というのは非公有制経済の発展した地域でもあ
る（駒形哲哉［2009］「中国・中小企業分析の視角──民営企業論か中小企業論か──」

257

第Ⅱ部　職能・企業形態編

『中小企業季報』第4号，大阪経済大学中小企業・経営研究所）。例えば浙江省，福建省，広東省などがそうした地域で，浙江省では早くから非公有制の農村工業が発達し，成功者に追随する形で特定製品・業種に従事する企業が集中立地する**産業集積**が多数形成された。

　産業集積は1990年代，2000年代の間に，全国250余の地方のうちの160余に形成され，浙江省だけでも2005年段階で800余の集積が存在したという（中国中小企業協会・南開大学中小企業研究中心［2008］『中国中小企業藍皮書──現状与政策（2007-2008）──』中国発展出版社）。広東省の珠江デルタ地域や福建省は，在外同郷人や外資との関係から非公有制中小企業群の輸出産業が発展し，やはり産業集積が多く存在することで知られる。このうち，広東省珠江デルタ地域の携帯電話の集積はスマートフォンの集積へと発展し，更にそれらの部品の転用を中心にしたドローン（マルチコプター）の集積が創出され，世界最先端のドローン生産基地となっている。

　⑤技術発展の担い手としての中小企業

　中小企業促進法では，中小企業に対し，雇用創出の担い手にとどまらず，技術革新の担い手としての役割を期待している。現実に，中小企業は全国の特許の約66％，技術革新の75％以上，新製品開発の82％以上を占める。

　中国におけるIT関連の新産業を牽引したのは，大学や国の研究所が設立した半官半民の企業群であり，また大学・研究機関からスピンアウトした研究者や新卒研究者たちによる新興非公有制企業群である。「中国のシリコンバレー」と呼ばれる，北京の中関村に代表されるハイテクの産業集積も多数形成され，帰国留学生の創業の場が広東の「広州高新区」等各地に形成されている（前掲中国中小企業協会・南開大学中小企業研究中心［2008］）。

　⑥中国の「二重構造」問題

　中国における中小企業は大企業との関係において競争上の不利性を持つ存在

産業集積：同業種・関連業種の企業が特定地域に多数集まることで産業の集中が生じている状態。「産業集積」は，企業が多数集まることによって企業間に相互作用が生じ，全体の経済性がもたらされる「外部経済」という効果を持ち，また，変化する環境に対応できるという「動態的有益性」も持つ。「産業集積」のうち，多くの企業や関係組織が競争しつつも同時に協力し，共通性や補完性により連結している集積やイノベーションを促進するタイプのものは「産業クラスター」と呼ばれる。

第11章　中小企業：北東アジアの経済発展での位置づけ

としてよりも，むしろ非公有制企業として経済成長を牽引する存在と捉えられている。中小企業の直面する困難の中では資金調達難は突出した問題といわれ，1990年代末より展開され始めた信用保証制度も十分機能しているとはいえない。しかし，資金調達難の理由には中小企業としての不利性だけでなく，制度改革の過程における非公有制企業としての不利性もある。

2007年に成立した独占禁止法（反独占法）は，行政独占と外資に対する規制をかけつつ，競争を促進して国民経済の効率を高めることを狙っている。ただし，日本の独占禁止法とは異なり，「自由」（商品流通を除く），「民主的」といった文言がなく，競争促進はあくまでも公益のためと位置づけられている。ここに「社会主義市場経済」の性質をうかがい知ることができる。

⑦小零細企業重視へ

リーマン・ショック，更にその後の行き過ぎた景気対策の引き締め政策により，中小企業の経営は輸出向け，内需向けのいずれにおいても厳しい状況になった。加えて資源浪費型，環境汚染の企業の整理が実施される中，2010年代に入ると，雇用創出が喫緊の課題となった。このため従前の区分で中小企業とされる中でも，より規模の小さい企業の役割が重視されるようになった。これを受けて2011年に企業規模区分が改定され，大企業と中小企業との境目が下方調整されるとともに「零細企業」の区分が登場した（表11-2）。

2010年代に入って中国は中成長段階を迎え，従前の経済成長方式を転換する担い手としても中小零細企業の役割が重視されている。後述のように，2015年からは「大衆創業，万衆創新」（大衆による創業，万民によるイノベーション）という名の下で創業奨励が打ち出されている。

3　技術変化がもたらす中小企業の可能性

1　中国経済を変える情報通信関連産業の発展

①情報通信系民営企業家の台頭

中国の長者番付ともいえる「フォーブス中国富豪ランキング」の上位には，アリババの馬雲，テンセントの馬化騰，百度の李彦宏など情報通信関連産業の，情報通信関連産業＝インターネットないしその利用を含む事業に主に従事し，

259

第Ⅱ部 職能・企業形態編

一代で富を築いた民営企業経営者が多く登場する。格安スマートフォンで急成長してきた小米の雷軍も 2012 年の 55 位から 15 年の 4 位と急速に順位を上げてきた（「中国財経」2015 年 10 月 26 日）。

②インターネットとモバイルの普及が変える経済の質

中国ではインターネットを中心とする情報通信技術を応用して製造業のレベルアップを図る計画「中国製造 2025」が，2015 年 5 月に公表された。また同年 3 月には「インターネットプラス」行動計画も提起された。幅広い産業とインターネットとの融合，イノベーションを目指すもので，産業高度化，大衆による起業・創業の促進に貢献し，国民生活をより便利にするものと位置づけられている。

デロイト LLP によるレポートは「発展途上国におけるインターネットアクセス拡大の効果は，先進国並みあるいはそれ以上の可能性を秘めている」として以下のように述べる（Deloitte ［2014］ Value of Connectivity Economic and social benefits of expanding internet access）。

「インターネットは，発展途上国の経済成長を促進する。インターネットを通じてさまざまな情報へのアクセスが可能になれば，人々とビジネスが至るところで結び付き，新規市場が開拓され，経済の本質が変わるほどの成長に繋がると考えられる」。発展途上国の中小企業にとっては「インターネットへの自由なアクセスから得られる便益は特に大きい」。「インターネットが地方にもたらす効果も非常に大きい。地方に十分な情報が行き届かなかった時代は，より大きな市場や多様な雇用機会にアクセスすることは困難であった。しかし，モバイルとインターネットベースのアプリケーションを活用すれば，地方にいてもビジネスサービスを提供することが可能である」と。

③中国におけるモバイルとインターネットの普及状況

中国では固定電話の普及が遅れたことで，かえってモバイルの普及と基盤整備が進行した。中国の契約件数は日本の 8 〜 9 倍の 13 億近くと，巨大なモバイル市場を形成している。この需要拡大が携帯電話からスマートフォンへの移行と相まって，モバイルとインターネットとが結びつき，人々の生活形態の激変に繋がった。インターネットユーザー数でも，中国は世界の 2 割を占めているが，人口に対する普及率はまだ 5 割でユーザーが増える余地は大きい。

第11章　中小企業：北東アジアの経済発展での位置づけ

図11-5　中国のEコマース市場規模

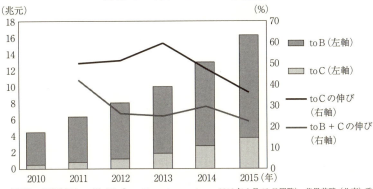

（出所）艾瑞諮訊ウェブサイト（http://news.iresearch.cn　2016年3月10日閲覧），英思普瑞（北京）諮訊顧問有限公司ウェブサイト（http://www.inspire-bi.com　2016年3月10日閲覧）の数値より筆者作成。

2　情報通信関連産業の発展と中小企業

①Eコマースの発展と民営企業，中小企業

インターネットはビジネスにも応用されており，インターネットを通じてモノやサービスを取引するEコマースの市場規模の拡大は著しい。特にネットショッピングの伸びは著しく（図11-5），すでに商品小売り総額の1割以上を占めるようになっている。

Eコマースの取引額では実はネットショッピングより事業者間（BtoB）の取引が大きく，そこでの主役は中小零細企業である。Eコマースは，中小零細企業が創業するための非常に重要なプラットフォームになっている。またアリババが展開する「**農村タオバオ**」に見るように，輸送配送拠点網の整備が並行して進むことになるとともに，Eコマース拠点が農村部にも展開されることによって，Eコマースの更なる拡張と並行して雇用確保も期待できる。

日本の開業率（2009〜12年平均）は事業所数ベースでも1.9％，高度成長期末

農村タオバオ：アリババが2014年11月に始めた事業。インターネット普及率がなお低い農村エリアで，ネットショッピングの売買代行サービスを行う店舗を設け，農村の内需拡大，経済振興を図るものである。地元政府が資金等のサポートをしている場合もある。開始から1年で全国21省，1万4000拠点が設置され，2019年までに10万もの拠点を設置する計画。

261

第Ⅱ部　職能・企業形態編

期でも6％台後半〜7％程度である。ところが中国では2015年の「新登記登録企業」の対前年増加率は21.6％，1日に1万2000社が生まれている（「政府活動報告」2016年3月5日）。2015年から「大衆創業，万衆創新」という名で創業奨励が打ち出されているが，「新登録」が創業の代替概念であるとすれば，日本と比べて中国の創業意欲はきわめて高く，経済の活力は全体として見た時には失われていないといえる。

　例えばアリババのEコマースのプラットフォーム（BtoB，アリババドットコム，BtoC＝事業者と消費者との取引，天猫など）が，創業・参入を容易にしている。注目すべきは先の「インターネットプラス」行動計画の構想を提案したのは，テンセントという民営インターネット関連企業の経営者だということであり，Eコマースの領域やネット金融といった新しい分野を開拓して発展させているのはアリババ，テンセントなどの新興民営企業だということである。新しい分野の開拓と発展には，民間の力が必要であり，中国共産党や政府が頼みとする国有企業ではないということも示唆される。

　中国では「供給側改革」と称し，重厚長大産業の過剰生産能力削減，雇用調整が進められており，更に増加する大卒者の就職事情を緩和するには，産業構造調整の出口となって調整に必要な財源を生み出し，雇用も創出するような新産業・企業の成長が必要となる。

　こうした情勢の下で，経済成長，雇用創出と構造調整の先導役が期待されるのが，インターネット関連企業であり，民営企業・中小企業なのである。

②資金供給構造の変化

　中国では，金融資産の多くが銀行に集まり，その銀行は主に国有銀行であって，金利規制の下，低い金利で集められた預金は預貸金利差が確保されつつ低金利で中央・地方政府の関連プロジェクトや国有企業に集中的に貸し出されてきた。他方，改革開放以来，民営企業・中小企業の発展に依存してきた一部の地域では当初から企業間信用や非正規金融が発展してきた。

　またリーマン・ショック後の4兆元の景気対策で膨張した貸出が引き締めに転じてからは，銀行の通常の預金・貸出とは別ルートでの高利資金調達・運用（貸出債権を小口化した一種の投資信託や企業同士が直接貸し借りする委託融資）が急拡大したが，ほぼ並行して（あるいは関連して）急激にプレゼンスを拡大したの

第 11 章　中小企業：北東アジアの経済発展での位置づけ

がインターネット金融である。この背景には，インターネットを利用したＥコマースが発達したこと，既存の金融機関が提供できなかった金融商品・サービスをインターネット金融が提供できたことがある。

インターネット金融の種類として(1) PtoP（インターネットで貸し手と借り手とを結び付ける仕組み），(2)第三者支払サービス（クレジットカードのような仕組み），(3) MMF（マネーマーケットファンド＝債券を中心に運用される投資信託），(4)クラウドファンディング（インターネットを通じて不特定多数から資金を調達する仕組み），(5)保険，(6)小口貸出──がある（藤田哲雄［2015］「急成長する中国のインターネット金融」『Rim：環太平洋ビジネス情報』第 15 巻 56 号，日本総合研究所調査部）。

③中小企業金融の新たなルート

特にアリババによるオンライン MMF「**余額宝**」が与えたインパクトは絶大であった（神宮健［2015］「金融の正規化を進める中国金融当局」『中国金融市場』2015年 1 月号，野村総合研究所）。インターネットの普及で下地が整うとアリババグループの第三者決済サービス「支付宝（アリペイ）」の利用者は急激に拡大し，2010 年以降「支付宝」とさまざまな金融サービスがリンクされるようになった。2013 年の導入以後，「支付宝」とリンクする「余額宝」の資金残高は急速に増加し，中国の既存の金融システム変更の推進力になっている。「余額宝」の成功を見るや類似商品による参入が相次ぎ，2014 年段階ではインターネット MMF残高は国家予算の 2 割程度の規模になっていたとされる。

中国インターネット金融業界の中核を担うアリババ，テンセント，百度などが用いているのはＥコマースを基盤にしたビジネスモデルであるが，電子商取引をはじめとした無料のオンラインサービスでユーザーを拡大し，そこで囲ったユーザーに対し金融商品や貸付サービスを提供するという形で展開している。

中小零細企業向け金融に関しても，アリババは 2010 年より中小零細企業向け小口貸出に参入しており，15 年に民営企業の銀行参入が認められると直ちに銀行を設立した。設立認可を最初に受けた 5 行のうち，アリババ系「浙江網商銀行」とテンセント系「深圳前海微衆銀行」はいずれも無店舗ネット銀行であ

───────────

余額宝：アリババグループが 2013 年に始めた一種のオンライン MMF。「余額宝」とは「余りものの宝」を意味する。同じくアリババの「支付宝」と呼ばれるネットショッピングの決済サービスの口座残高を利用した金融商品である。

263

第Ⅱ部　職能・企業形態編

り，政府の背景や担保を依拠する既存の金融機関とは異なりオンラインサービスで蓄積した情報を活用した信用供与を行っている。

　中国のある報道番組では，スマートフォンでテンセントのインスタントメッセンジャーを使い，カード決済をしていたメガネ商の女性が紹介されていた。その女性は，経営資金調達のため，スマートフォンの画面に掲示される「微衆銀行」のアプリを使って融資を申し込み，1時間足らずで資金を借り入れることに成功していた（焦点訪談，2015 年 7 月 21 日）。

4　経営環境の変化の下で重要性を増す中小企業

　以上北東アジアの例で見てきたように，「中小企業」とは単に中小規模の企業をあらわす概念ではない。大企業と中小企業との関係は，例えば台湾の場合には「官 vs. 民」，韓国の場合には「財閥 vs. 非財閥」，そして中国の場合には「公vs. 非公（民）」という構図が重なってきた。そして中小企業の存立のあり方には，国民経済の発展や経済システムの特徴が反映され，規模の差に由来する不利性を超えた困難の中で，発展の機会を模索してきた。本章の一つのメッセージは，（個別の企業としては発展の可能性は存在するけれども）中小企業を群あるいは層として見た場合，中小企業の存立のあり方は，それぞれの国・地域の固有性と深く関わっており，振興策の実効性もそれに規定されるということである。

　他方，そうはいっても，グローバルな規模での技術変化は，中小企業の可能性を大きく広げているというのが，本章の二つ目のメッセージである。国民経済の発展にとって重要なことの一つは，競争的な民営企業がどれだけ生み出されるかということであり，また，創業が容易な環境がそこに存在し，かつ中小（零細）企業にとってのビジネスへのアクセスが向上することであろう。そうした点で，情報通信技術の発展と普及は，創業と中小（零細）企業のビジネスチャンスを拡大するものである。

　ただ，そこでも国・地域の固有性が作用しており，本章ではこの点を中国の事例で見てきた。そこでは「公 vs. 非公」という枠組みが残る中で，中国に固有の制度的緩みの下で，「非公」が情報通信技術関連事業の発展そのものを開拓，拡大して，既存の経済システムを変えるような駆動力になりつつ，「非公」中小

第 11 章　中小企業：北東アジアの経済発展での位置づけ

▶▶ *Column* ◀◀

『中小企業白書』は中小企業重視のバロメーターとなりうるか

　日本経済の足腰とものづくりの強さの理由として，中小企業の存在がしばしば指摘されてきました。その日本では，1964 年の中小企業基本法に基づいて，同年以来，『中小企業白書』が毎年発行され，中小企業庁から国会に提出されています。また 2014 年成立の「小規模振興事業法」に基づき，2015 年より『小規模企業白書』も刊行されています。北東アジア地域では日本の他，台湾において 1992 年から『中小企業白書』が経済部中小企業処より刊行されています。

　他方，中国では，中国政府が中小企業発展促進を正式に掲げて以来，「年鑑」「発展報告」「ブルーブック」と称する報告書が，政府の公式刊行物としてではなく複数刊行されてきました。しかし，これらはある程度の状況を把握することはできるものの，系統的な統計資料がほとんど欠落しているので，中国の中小企業を定量的に捉えることができません。更に，韓国では中小企業白書の類は刊行されていません。

　こうした差異は，まさに本章で論じた中小企業をめぐる各国・地域の経緯とも関連しています。

　もちろん『中小企業白書』の実際の作成に関しては，執筆者が中小企業研究に通じているとは必ずしもいえないなどの問題はあるものの，少なくとも日本と台湾に関しては関連統計と実施政策を公開し，直面する課題を共有していく努力を政府が行っていると見ることができます。統計を含む情報の公開は，政策を検証し議論を喚起したり，発展方向を展望したりするのに最も基本となる要件です。国民経済において大きなウェイトを占める中小企業の発展を本当に必要だと考えているかどうかは，『中小企業白書』の刊行，充実の度合いにも表れているといえるのではないでしょうか。

零細企業群の旺盛な創業とビジネスチャンスの拡大を実現しているのである。

(推薦図書)

松野周治・今田治・林松国編著（2016）『東アジアの地域経済発展と中小企業論』晃洋書房。
　製造業を中心に，日本・中国・韓国の中小企業が東アジアの構造変化にいかに対応し，またいかに当該地域の経済発展に貢献しているかについて，実態調査に基づきつつ経済学と経営学の両面から論じている。
平川均・劉進慶・崔龍浩編（2006）『東アジアの発展と中小企業──グローバル化のなかの韓国・台湾──』学術出版会。
　アジア NIEs を代表した韓国と台湾の経済発展の経過の中に中小企業を位置づけている。ベンチャー企業やハイテク企業についても独立した章を設けて深く論じている。
駒形哲哉（2005）『移行期中国の中小企業論』税務経理協会。
　中国の計画経済から市場経済への移行を，調査事例に基づきつつ，中小企業に焦点を当てて論じている（2011 年の企業規模区分変更前後の状況については，駒形哲哉（2012）「中小企業政策の重点対象は『小型』『微型』企業へ」『日中経協ジャーナル』No.

第Ⅱ部　職能・企業形態編

220 を，また中国における情報通信関連産業の発展が中小企業・民間企業に与えるインパクトについては，駒形哲哉（2016）「中国にとっての改革深化のハードル『大』『快』『混』が生む成長と構造変化——情報通信関連民営企業が主導する経済——」『東亜』No. 586，参照）。

> ### 設　問
>
> 1．北東アジア諸国・地域の国民経済の発展過程で，中小企業はどのような役割をはたしてきたのでしょうか。
> 2．グローバル化，技術体系の根本的変化（主に情報通信技術の発展＝IT化）によって，中小企業の経営や創業に関する環境はどのように変わったのでしょうか。

（駒形　哲哉）

| 終　章 | 東アジアにおける企業経営の展望 |

1　東アジアのビジネスモデルの成果

　（日本を除く）東アジア諸国は1997年のアジア金融危機や2001年の世界的な
ITバブル崩壊等の停滞はあったが，概ね経済的な発展軌道に乗っており，多様
性を持ちつつも，それぞれの優位を生かしたビジネスモデルを構築しつつある
といってよい。

　建国当初は世界の中でも最底辺レベルの低所得国であった韓国は権威主義開
発体制の下で，労働集約産業，更に重化学工業へと発展を遂げた。すでに自動
車，鉄鋼，DRAM（記憶保持動作が必要な随時読み出し書き込みメモリー），半導体，
液晶パネル，携帯電話端末などでは世界でもトップクラスのポジションを獲得
してきている。

　台湾はOEM（相手先ブランドによる製品供給）やファウンドリー（半導体受託製
造専業）という形で製造受託に道を見出した。

　シンガポールと香港は1人当たりGDP（国内総生産）でそれぞれ5万ドル，4
万ドルを超え，日本を凌駕した。両国・地域のビジネス・ハブ戦略は大成功を
収めているといってよいだろう。

　ASEAN4も外資に依拠する形ではあるが，産業構造を引き上げてきた。タ
イの輸出第1位品目がコメから繊維に更にコンピュータ周辺機器に変わって

GDP（国内総生産）／ GNP（国民総生産）／ GNI（国民総所得）：GDP（Gross
　Domestic Product）は国内総生産と訳され，一国経済規模を見る基本指標である。
　国内の居住者による経済活動の結果，生産された付加価値（産出額−原材料などの
　中間財の投入額）の総額である。GNPはこれに海外からの純所得（海外からの所得
　流入−海外への所得流出）を加えたものである。GNIはGNPを所得の面から見た
　もので，数値的にはGNPと一致する。もっともGNIには設備の減価償却費に当た
　る固定資本減耗が含まれており，それを除いたものが国民所得（NI）となる。

いったのは，まさにこのようなグレードアップを象徴している。また，タイについては，食品加工業において独特のビジネスモデルを構築するに至った。フィリピンにおいてはインドに続く形で，高学歴者と英語に堪能な人口の多さを生かした BPO（業務外部委託）ビジネス，ソフトウエア・オフショア・アウトソーシングビジネスの展開を行っている。

　中国経済の躍進についてはもはやいうまでもない。1978 年に始まった改革開放路線によって毎年 2 桁前後の経済成長を続け，GDP 規模は名目為替レートで見ても世界第 4 位，購買力平価で計算すれば世界第 2 位の規模となった。「鉄飯椀」や「鉄椅子」と呼ばれたかつての国有企業のシステムはほぼ消え去り，国有企業も厳しい競争にさらされるようになった。また，国民経済に占める国有経済の比率はすでに 20％を切り，それに替わって私営企業など私有経済の占める比率が上昇している。企業内のシステムも日本をも上回る熾烈な競争主義が導入されるようになっている。ただし，2015 年より経済成長は明らかに鈍化し，「新常態」（ニュー・ノーマル）とも称されるようになっている。

　ベトナムはインドシナ戦争，ベトナム戦争に続き，カンボジア進軍による各国との関係悪化，特に中国との間での中越戦争，ソ連の新思考外交によるソ連からの援助途絶や戦争，外交に翻弄されてきた。しかし，1986 年に中国の改革開放政策を真似たドイモイ政策を導入し，市場化を推進し，経済発展を遂げてきた。近年，中国の沿海部では急激な賃金の上昇が見られるようになっており，また，中国への生産の極度の集中によるリスクを避けるために中国以外に生産拠点を確保する China ＋ 1（チャイナ・プラス・ワン）の動きがあるが，ベトナムはその格好の投資先となっている。

　BPO（業務外部委託）：従来企業内で行っていた業務を外部に委託することである。近年の新しい現象として，総務部や人事部などの間接部門の行う業務の一部も外部委託するようになっており，BPO というとこの間接部門業務の外部委託を指すことが多い。なお，BPO は国外で行われることも多く，その場合はオフショア・アウトソーシングの一形態となる。

　ソフトウエア・オフショア・アウトソーシング：ソフトウエア開発や IT サービスを国外の業者に外部委託することである。メーカーが部品や製造工程の一部を国外で行うことは従来も行われていたが，電気通信や交通の発展およびインドをはじめとする途上国のソフトウエア開発力の向上を背景に，ソフトウエア開発 IT サービスも国外へ外部委託されるようになっている。

終 章 東アジアにおける企業経営の展望

　日本についても付言しておこう。日本は世界の中では後発工業国であったが，アジアの中ではいち早く政治体制の改革（明治維新）を成し遂げ，産業革命（殖産興業）にも成功し，労働集約産業から，重化学工業化，更にハイテク化と重点産業を転換させてきた。アジアの経済改革に日本企業との取引や日本企業の進出が起点となったことも少なくない。バブル経済の崩壊した 1991 年以降，長い停滞状況が続いているが，少なくとも現時点では世界第 3 位の経済規模であり，技術的に世界をリードするところも少なくない。アジアにおける日本企業のリバイバルに期待したい。

2　東アジアのビジネスモデルの課題

　東アジアのビジネスモデルはそれぞれ大きな成功を収めているが，同時に大きな課題も抱えている。

　韓国の場合，1997 年の金融危機によっていったん経済規模が縮小し，1 万ドルを超えていた 1 人当たり GDP も 7528 ドルにまで下がっていたが，V 字回復を達成し，2015 年には 2 万 6975 ドルと 2 万ドルを超えるところまで成長してきた。しかし，その過程で，失業率，特に青年層の失業が拡大し，貧富の格差も拡大した。全労働力人口の失業率は 3 ％程度であるが，青年層の失業率は 7 ％を超える。サムスン電子などが躍進する一方で，日本と中国の間で埋没しかねない産業や企業は少なくない。良好な労使関係の構築，透明性のあるガバナンスの構築などを通じて，若年層の力を引き出しつつ，持続的な成長を達成できるビジネスモデルの構築が必要である。

　台湾は OEM ビジネスの転機を迎えている。たしかに今でもノートパソコンの 8 割は台湾企業によって製造されている。しかし，それは必ずしも台湾内での生産を意味しない。今や世界のパソコンのほとんどは中国で生産されており，台湾企業の多くも実際の生産は中国で行っていることが多い。今や 100 万人の台湾人が大陸に仕事のために居住するようになっている。したがって，台湾の OEM ビジネスは，台湾を通過点にするだけになっているといっても過言ではない。もともと利幅の薄い OEM ビジネスにおいてこのように通過点化することは利幅の更なる縮小を意味する。半導体と液晶パネルの 2 大支柱産業におい

269

て技術集約度を高め，台湾内での生産を維持するとともに，バイオテクノロジーなど新たな成長点を切り開くことが必要である。

香港は中国経済，特に広東省経済との一体化がますます進行している。しかし，中国側からすると改革開放の初期のような「西側社会に向かって開かれた窓」という位置づけはどんどん失われている。港湾や道路の整備など物的インフラの整備に留まらず，外資政策の透明性の向上や貿易権撤廃などの制度革新によって香港を経由しないヒト，モノ，カネ，情報の動きが拡大している。改革開放初期にあったような制度的な優位を失いつつある中で，シンガポールに匹敵するビジネス・ハブとして再生できるかどうかが課題である。

シンガポールは空港・港湾，電気通信などの物理的インフラの整備に加えて，各国とFTA（自由貿易協定）を締結し，ビジネス・ハブとしてポジションをますます高めている。強制貯蓄制度に頼る社会保障制度の未整備や民主化の遅れがある中で，ビジネス・ハブの担い手としての人材を確保し続けられるかどうか課題であろう。

タイは東南アジアの中では製造拠点としての地位を高めている。しかし，そのことは同時に，中国との競合関係に立つことも意味している。ASEAN自身が人口5億人を抱え，巨大市場であるだけでなくASEAN内に種々の優遇政策があり，また，先進国にも上記のChina＋1の動きもあり，単純に中国との競争で競り負けるということではないにしても，中国企業に対して如何に優位を確保するかが課題となろう。

タイの順調さに比べ，インドネシアは輸出の対GDP比が低く，輸出志向工業化への転換が十分に進んでいない。かつてオイルブームをもたらした石油が徐々に枯渇し，純輸入に転落したことも同国経済に陰を落としている。また，フィリピンもアウトソーシングビジネスの成功などにより輸出比率は高いものの，経済的な高成長に繋がるに至らず，高成長を続ける中国に1人当たりGDPを凌駕されるに至った。両国とも多くの島々からなる国家であり，地域的独立性も高いという困難はあるが，中国が経済成長ゆえに賃金水準を上げてきたこともあり，両国のビジネスチャンスはまだまだある。

躍進を続ける中国であるが問題もある。地域間および個人間の経済格差，環境破壊，社会保障の整備などが社会的な問題であり，これらに対応することも

ビジネスモデルの課題である。また，高成長の中で賃金が上昇し，高付加価値化が必要となるという日本，韓国，台湾がいずれも経験した課題が浮かび上がってきている。オープン・アーキテクチャ製品の組立て工程を担い，「世界の工場」ならぬ「世界の組立て工場」を続けていることの限界性が見えてきた。それゆえ，中国政府は2006〜2010年の第11次5カ年計画においても「経済成長方式の転換」を掲げ，その後の第12次，第13次5カ年計画でも同様の内容が盛り込まれたのである。全般的には技術水準を上げてきている中国企業であるが，コア・パーツの生産や世界的な技術標準を獲得することは容易なことではない。コア・パーツや技術標準を他国に依拠しつつ利益を上げるだけでなく，高付加価値化をもたらす技術開発やビジネスモデルの構築をすることに意識的に経営資源を割いていくことが必要であろう。

ベトナムはアジア金融危機による一時的な停滞からも回復したが，慢性的貿易赤字，未成熟な投資環境等の諸問題は依然として大きい。China + 1の受け皿となるには更に投資環境の整備が必要であろう。

ミャンマーは独特の封鎖的な「仏教社会主義」ともいわれる体制にあったが，2011年のテインセイン政権の成立と全方位外交に基づく開放政策の実施，2015年のアウンサンスーチー率いるNLD政権の成立による経済制裁の撤廃により，新たな投資地として大きな着目を浴びるに至っている。しかし，社会インフラ整備は遅れており，また，国内の経済基盤も弱い。今後外資の誘致と国内企業の育成が同時進行的に進められていく必要がある。

日本についても再度言及しよう。日本は，経済成長がほとんど無く，今後人口も減少し，高齢化が進む。この中では，従来の日本の「ダイヤモンド」（要素条件，市場条件，関連・支援産業，企業の戦略・構造・競争関係）を生かした「国の競争優位」を維持発展しつつも，グローバル化による劣位の補完を急速に進める必要がある。世界をリードする技術も依然として数多い。しかし，それらが，

ダイヤモンド：米国の著名な経営学者，M. E. ポーターによる造語である。同氏によれば，全ての産業において競争優位を持つ国はなく，ある特定の産業クラスターにおいて優位を持つに過ぎない。その産業クラスターの優位の背景にあるのが，「ダイヤモンド」すなわち要素条件，市場条件，関連・支援産業，企業の戦略・構造・競争関係である。

経済成長に十分に繋がっていかず，成長率はゼロに近い。技術力やグローバル化を経済成長に繋げていけるビジネスモデルの構築が必要である。

　もっとも，東アジアでも本書でこれまで触れてこなかった国々にはもっと多くの問題を抱えるところが少なくない。モンゴル，北朝鮮，カンボジア，ラオスといった国々であるが，これらの国々はいずれも１人当たり GDP が 1000 ドルに満たないか，ぎりぎり上回る水準である。これらの国には共通点がある。それはいずれも社会主義的で閉鎖的な計画経済から資本主義的で開放的な市場経済への転換が行われていないか，移行過程において経済混乱に陥ってしまっていること，戦争（熱戦，冷戦）や内戦の負の影響がまだ残っているかないしは現在も継続中であるということである。

　モンゴルは社会主義からの市場経済への移行において混乱があった上にそれまでのソ連（ロシア）の後ろ盾が失われ，また，内陸部であって，先進国からの対外直接投資の誘致にも不利な条件にある。北朝鮮は極端なまでの軍事経済および「先軍政治」による統制，中国等を除くと封鎖的経済関係を採っていること等によって経済的には停滞している。カンボジアは長期間にわたって続けられた戦争と内戦の傷跡から完全に脱し切れていない。ラオスについてはもともと山間の不利な条件にある上に，ベトナムに追随する形での市場経済化の過程にあり，離陸できていない。

　もっともこれらの国でも光明はある。モンゴルは日本の援助もあり移行経済にともなう経済の縮小局面から脱することができた。北朝鮮では韓国との共同による開城工業団地の成功の事例がある。カンボジアは中国が MFA（多角的繊維取り決め）によるクォータを回避するために同国に進出，繊維産業の勃興を見ている。ラオスではアジア開発銀行のイニシアチブで着手されたインドシナ「東西経済回廊」のうち，バンコクからラオスを経由して，ベトナムのダナンにまで抜けるルートが 2006 年に開通した。陸の孤島というべき同国が，経済発展をする二つの隣国の回廊の中継地点となったのである。過密なバンコクから抜け出してラオスに工場立地をするといったことも期待できる。

　これらの国ではいったいどのようなビジネスモデルの構築が好ましいのか，また，そのビジネスモデルを支えるビジネス職能はどのように組立てられればよいのか。東アジアの企業経営を論じるのであればこういった問題の解明も大

終　章　東アジアにおける企業経営の展望

きな課題として存在している。他日を期したい。

（推薦図書）

塩地洋編著（2008）『東アジア優位産業の競争力』ミネルヴァ書房。

　東アジア4カ国・地域（日本，韓国，中国，台湾）が高い世界的シェアを握る産業に着目し，その競争力がいかに形成されたかを分析している。その要因として，「日本モデルの波及」があるとともに，後発国の独自の革新的転換があり，結果として，地域として高い競争力を持つ「競争・分業構造」ができあがっているとしている。

藤沢武史編著（2013）『アジアにおける市場性と産業競争力』日本評論社。

　市場の規模と成長率（市場性）がアジアの国々に立地した国内外企業の競争力，当該国の産業競争力にどの程度貢献しているかを明らかにしたもの。

加藤弘之（2016）『中国経済学入門――「曖昧な制度」はいかに機能しているか――』名古屋大学出版会。

　中国経済発展の要因が所有，市場，ガバナンス等における「曖昧さ」にあるとして，学界に反響を呼んだ加藤弘之の遺作。

（中川　涼司）

索　引

（＊は人名）

あ 行

IMF　145

IMF 経済危機　31, 32, 35

IMV（Innovative International Multi-purpose Vehicle）　197

IC（Integrated Circuit）　56

赤シャツ派　93

アジア金融危機　7

アジア NIES　6

ASEAN　98, 104

ASEAN4　9

アユタヤ王朝　88

支付宝（アリペイ）　263

暗黙知　52

ERP（企業資源計画）　229

ERP システム　229

ERP パッケージ（統合基幹業務パッケージ）　229

EMS（Electronics Manufacturing Service）　55

E コマース　261

委員会等設置会社　139

移行経済　10

＊李健熙　33, 35-37, 43, 44

＊李在鎔　37, 44, 45

委託加工貿易　79

＊李秉喆　30, 34, 37

インターネット　259, 260

インターネット金融　263

インターネットプラス　260, 262

陰陽和合　68, 82

温州モデル　79

液晶パネル　57

SK　25

か 行

SCM（サプライ・チェーン・マネジメント）　242

SCM パッケージ　242

SUV（Sport Utility Vehicle）　189

NIMS（Nissan Integrated Manufacturing System）　193

NAP（National Automotive Policy）　204

NPW（Nissan Production Way）　185, 193

FDI（対外直接投資）　9

MRP（資材所要量計画）　228

MRP Ⅱ（製造資源計画）　228

MRP Ⅱパッケージ　228

MPV（Multi Purpose Vehicle）　200, 201

LG　25

LCGC（Low Cost Green Car）政策　201

王子の乱　35, 37, 41

OEM（Original Equipment Manufacturing）　7, 8, 12, 52-54, 119, 214, 249

OEC 管理法　80, 86

O2O（O to O）　15, 83

ODM（Original Desing Manufacturer）　12, 52-54, 58-63, 65, 119, 249

オーナー経営　33-36, 44

オリンピック現象　215

か 行

改革・開放政策　68, 69, 71, 87

外国直接投資　116, 117, 120, 127, 128

外資系企業　71-73, 86, 164-166, 174, 175

会社法（中華人民共和国公司法）　76, 146

外人（wairen）　84

＊郭台銘　55

華人　88, 89, 92, 95

華人財閥　9

株式会社（股份有限公司）　71-73, 136, 146,

275

154

株式合作企業　71-73

株式制企業　71, 73, 74, 76

株式の相互持合い　140, 154

株式の分散　136, 154

株主総会　137, 143, 147, 153

関係（グワンシ）　83, 84, 164

関係網　83

韓国　160, 161, 178

監査委員会　139, 145, 147

監査役　137, 143, 153

監査役会　147

監事会　76, 147

官民二重構造　247

関与（involvement）　218

管理費　79

機関投資家　141, 144, 153, 154

起業家精神　50

企業国有資産法　71

企業集団　27

企業情報管理　16

企業特殊的技術　49

企業内党委員会　74, 75

帰国者　50

擬似オープンアーキテクチャ　13

技術　183

規模の経済　8

供給側改革　262

共同富裕論　81

組み合わせ（モジュラー）型　13

軍事政権　110

経営者支配　137

経営メカニズム　74

経営メカニズム転換条例（全民所有制工業企業
　転換経営機制条例）　75, 76

経済制裁　119, 120, 125, 128

権威主義開発体制　6

研究開発　181

現代自動車　25-27, 32, 34, 35, 37, 38, 41, 46

工会　74, 75, 77, 163

工業企業法（中華人民共和国全民所有制工業企
　業法）　74-76

工業技術研究院　51, 62

構造転換連鎖　5

郷鎮企業　77, 79, 256

郷鎮企業法　78

購買力平価（PPP）　13

後発開発途上国（Least Developed Country：
　LDC）　118

後発性の利益　52, 57

公有制企業　71, 74

コーポレート・ガバナンス　11, 135, 142, 143

コーポレート・ガバナンス・コード　142

＊胡錦濤　80

国有企業　10, 71-74, 109-111, 119, 167, 171-
　174

国有企業法（ミャンマーの～）　111

国有資産監督管理委員会（国資委）　73, 147,
　151, 154

国有資本参加会社　73

国有独資会社　71

国有独資企業　71

国有持株会社　71

国家経済社会開発計画　99

国家授権投資機構　149

国家出資企業　71, 74

股東大会　76, 147

コモディティ化　210

さ 行

サーバー　61

財閥（チェボル）　7, 25, 28-32, 34-37, 39, 41,
　42, 44-46, 144, 145, 154, 246, 251

財閥解体　140

サムスン　25-28, 30, 32-37, 43-45

サムスン電子　46

産業集積　258

三資企業　73, 165

三農問題　77

CIO　16, 228, 232, 233, 236

索　引

CEO　228

CSR 活動　105

GDP（国内総生産）　267

CP（チャルーン・ポーカパン）　9

九〇後（ジウリンホウ）　82, 167, 175

私営企業　71-74

自営業者　71-74, 78

自己人　84

自社ブランド　58, 60, 62, 65

市場経済化　110-112

ジニ係数　169

指名委員会　139, 147

ジャイアント　62

社会主義市場経済　68

社外取締役　142, 147, 152, 154

社隊企業　78

重化学工業化　253

従業員代表大会（職工代表大会）　74, 75

集団所有制企業　71-74, 167

14 の企業経営権（自主権）　75, 76

熟人　84

珠江デルタモデル　79

10 ％ルール　145

儒法モデル　81, 82

上場会社　145

商品　207

承包制　74

所有者支配　137

シリコンバレー　48, 50, 51, 64

＊辛格浩（重光武雄）　41

新三会　76, 151

人事・労務モデル　15

新竹科学工業園区　50

＊辛東柱（重光宏之）　40

＊辛東彬（重光昭夫）　40, 42, 43

人民公社　78

垂直分業的関係　250

頭脳還流　64

頭脳流出　64

スピンアウト　53, 64

スマイルカーブ　59, 60

擦り合わせ（インテグラル）型　13

成果主義　160, 161, 170, 173, 178

成果主義的人事管理　159, 161, 170, 172-174

生産活動の管理　184

生産活動の連鎖　184

生産システム　181

生産準備　182

生産諸要素　184

生産戦略　183

生産隊　78

生産大隊　78

製造　182

製造技術　184

製品開発　181

製品技術　183

先富論　81

専門経営者　136

戦略事業単位（Strategic Business Unit:SBU）
　213

速度の経済　8

ソフトウエア・オフショア・アウトソーシング
　268

た 行

大宇グループ　32

大企業を摑み、小企業を放つ　257

タイ財閥　88, 89, 91, 94, 96

大衆創業、万衆創新　262

大統領選挙　46

代表取締役　137, 143

ダイヤモンド　271

タクシングループ　95

多国間繊維取極め（Multi Fiber Arrangement:
　MFA）　119

WTO 加盟　14

足るを知る経済（セタキットポーピアン）
　98

単位（ダンウェイ）　84, 167, 168, 171

地方企業　149

277

地方国有企業　74

＊張瑞敏　80

中央企業　74, 149, 154

中国　66-87, 160, 162-179

中小企業　17, 244

中小企業課　252

中小企業司　255

中小企業処　247

中小企業促進法　255

中小企業発展条例　247

中所得の罠　82

朝鮮戦争　29

調和のとれた社会（和諧社会）　80

＊鄭周泳　34, 37, 41

TSMC（Taiwan Semiconductor Manufacturing Corporation）　56, 57, 63

TPS（Toyota Production System）　185

デモンストレーション効果（demonstration effect）　222

天人合一　68, 81

ドイモイ（刷新）政策　10

党委書記　74, 77, 84

董事会　76, 147

東風日産　189, 191, 192

独占禁止法　259

取締役会　137, 143, 147, 153

な　行

内部労働市場　49

ナッツリターン　39

二重移行　70

二重構造　244, 251, 258

日系企業　104, 171, 174-176

日本・ASEAN包括的経済連携協定（AJ-CEP）　122

人情（レンチン）　83

農村タオバオ　261

農民工　78

ノックダウン（knock down）生産　194

は　行

八〇後（バーリンホウ）　82, 167, 175

海爾（ハイアール）　80, 86, 166, 172, 173

＊朴正熙　30, 31, 40

漢江の奇跡　30

反財閥感情　39, 47

半導体　56

販売促進　219

BOI（Board of Investment：投資委員会）　89

BPO（業務外部委託）　268

東アジアの奇跡　89, 90

非公有制企業　71, 77

ビジネス機能　11

ビジネス・ハブ　8

ピックアップトラック　200, 201, 203

ビルマ式社会主義　109

ファウンドリ　56, 57, 63, 64

ファブレス企業　56

ファミリービジネス　94-96

4S店　14

歩留まり　57

プラザ合意　7

BRICs　186

分社化　60

ベンチャー企業　18, 254

ベンチャー・キャピタル　18

放権譲利　74

報酬委員会　139, 147

募集設立　147

ポスコ　25

発起設立　147

香港・マカオ・台湾系企業　72, 73

鴻海　8, 55, 58, 59

ま　行

マーケティング　14

ミューチュアル・ファンド　141

民営企業　74, 77, 79, 82

民主化　31

民政移管　111

メインバンク　140, 154

面子（ミエンツ）　83, 84

モータリゼーション　205

や　行

有限責任　136

有限責任会社　71-73

余額宝　263

輸出志向工業化　5, 48, 252

輸入代替工業化　5, 251

ら　行

＊ラーマ 9 世（プーミポン・アドゥンヤデート前

国王）　98

＊厲以寧　70

リーマン・ショック　250, 254, 259

利改税　74

ルイスの転換点　82

聯想集団（レノボ）　166, 173

老三会　74, 151

労働市場の流動性　49

労働力の無制限供給　16

ロジスティクス　208

ロッテ　35, 37, 40, 41-43

執筆者紹介

（執筆分担，執筆順，＊は編者）

＊中川　涼司（なかがわ・りょうじ）執筆分担：はしがき・序章・第10章・終章
　　編著者紹介参照。

＊髙久保　豊（たかくぼ・ゆたか）執筆分担：はしがき・第3章
　　編著者紹介参照。

　柳町　功（やなぎまち・いさお）執筆分担：第1章
　　現　在　慶應義塾大学総合政策学部教授，博士（商学）。
　　主　著　『日韓関係史　1965-2015』（II　経済）（共著）東京大学出版会，2015年。
　　　　　　『アジアの持続可能な発展に向けて──環境・経済・社会の視点から──』（共著）慶應義
　　　　　　塾大学出版会，2013年。
　　　　　　『アジアのコーポレート・ガバナンス改革』（共著）白桃書房，2014年。

　中原　裕美子（なかはら・ゆみこ）執筆分担：第2章
　　現　在　九州産業大学経営学部教授，博士（経済学）。
　　主　著　『21世紀ICT企業の経営戦略──変貌する世界の大企業体制──』（共著）文眞堂，2017
　　　　　　年。
　　　　　　International Labor Mobility to and from Taiwan, Springer, 2017 (forthcoming).
　　　　　　"Highly Skilled Migration in Taiwan: Current Status and Possible Problems," *Asian Profile*,
　　　　　　Vol.43, No.6, 2015.

　木村　有里（きむら・ゆり）執筆分担：第4章
　　現　在　杏林大学総合政策学部教授。
　　主　著　「タイ2014年クーデターに関する一考察──タイ社会における人間の価値の問題──」
　　　　　　『地域文化研究』第16号，2015年，130-153頁。
　　　　　　『グローバル・エコノミーの論点──世界経済の変化を読む──』（共著）文眞堂，2017年。

　水野　敦子（みずの・あつこ）執筆分担：第5章
　　現　在　九州大学大学院経済学研究院准教授。
　　主　著　「ミャンマー中央乾燥地域における農村労働力流出の決定要因──ニャンウー県一農村
　　　　　　調査より──」『地域研究』第16巻第1号，2015年，215-239頁。
　　　　　　「日本向け輸出拡大を通じたミャンマー縫製業の成長と未熟練労働力」『産業学会研究年
　　　　　　報』第30号，2015年，159-174頁。

楊　秋麗（よう・しゅうれい）執筆分担：第6章
　　現　在　立命館大学政策科学部専任講師，博士（経営学）。
　　主　著　『中国大型国有企業の経営システム改革——中国石油天然ガス集団公司を中心として
　　　　　　——』晃洋書房，2013年。
　　　　　　「中国天然ガス産業の企業参入と『国進民退』現象の一考察——天然ガス産業バリュー
　　　　　　チェーンの分析を通して——」『立命館国際地域研究』第43号，2016年，51-77頁。
　　　　　　「中国大型国有企業の再編と経営システム改革——中国石油天然ガス集団の事例を中心
　　　　　　として——」『立命館経営学』第51巻第5号，2013年，165-182頁。

中村　良二（なかむら・りょうじ）執筆分担：第7章
　　現　在　労働政策研究・研修機構「雇用構造と政策」研究担当・副統括研究員。
　　主　著　『中国進出日系企業の研究』（共著）労働政策研究・研修機構，2017年。
　　　　　　『縁の社会学——福祉社会学の視点から——』（共著）ハーベスト社，2013年。

今田　治（いまだ・おさむ）執筆分担：第8章
　　現　在　立命館大学経営学部特任教授，博士（経営学）。
　　主　著　『現代自動車企業の技術・管理・労働——技術発展と管理・企業労働の研究——』税務経
　　　　　　理協会，1998年。
　　　　　　『入門　生産システム論——自動車企業の発展にみる生産革新——』ミネルヴァ書房，
　　　　　　2016年。

関根　孝（せきね・たかし）執筆分担：第9章
　　現　在　専修大学名誉教授，博士（商学）。
　　主　著　『小売競争の視点』同文舘出版，2000年。
　　　　　　『日本・中国・韓国における家電品流通の比較分析』同文舘出版，2014年。

李　東（り・とう）執筆分担：第10章
　　現　在　北京大学光華管理学院教授。
　　主　著　『決策支持系統与商務智能』（共著）人民大学出版社，2010年。
　　　　　　『管理信息系統的理論与応用（第3版）』北京大学出版社，2009年。

駒形　哲哉（こまがた・てつや）執筆分担：第11章
　　現　在　慶應義塾大学経済学部教授，博士（経済学）。
　　主　著　『中国の自転車産業——「改革・開放」と産業発展——』慶應義塾大学出版会，2011年。
　　　　　　『移行期　中国の中小企業論』税務経理協会，2005年。
　　　　　　『中国産業論の帰納法的展開』（共編著）同友館，2014年。

《編著者紹介》

中川 涼司 （なかがわ・りょうじ）

　1960 年　兵庫県生まれ。
　　　　　　大阪市立大学大学院経営学研究科後期博士課程単位取得退学，博士（国際関係学）。
　現　在　立命館大学国際関係学部教授。
　主　著　『中国の IT 産業──経済成長方式転換の中での役割──』ミネルヴァ書房，2007 年。
　　　　　　『東アジアの企業経営──多様化するビジネスモデル──』（共編著）ミネルヴァ書房，
　　　　　　2009 年。

髙久保 豊 （たかくぼ・ゆたか）

　1964 年　栃木県生まれ。
　　　　　　慶應義塾大学大学院商学研究科後期博士課程単位取得退学。
　現　在　日本大学商学部教授。
　主　著　『社会保護政策論──グローバル健康福祉社会への政策提言──』（共著）慶應義塾大学
　　　　　　出版会，2014 年。
　　　　　　『中国の製造業を分析する──繊維・アパレル，鉄鋼，自動車，造船，電機・機械──』
　　　　　　（共著）唯学書房，2011 年。
　　　　　　『東アジアの企業経営──多様化するビジネスモデル──』（共編著）ミネルヴァ書房，
　　　　　　2009 年。

MINERVA TEXT LIBRARY ⑯
現代アジアの企業経営
──多様化するビジネスモデルの実態──

2017 年 9 月 30 日　初版第 1 刷発行　　　　　　〈検印省略〉

定価はカバーに
表示しています

編 著 者	中　川　涼　司
	髙　久　保　　豊
発 行 者	杉　田　啓　三
印 刷 者	大　道　成　則

発行所　　株式会社　ミネルヴァ書房

607-8494　京都市山科区日ノ岡堤谷町 1
電話代表　(075)581-5191
振替口座　01020-0-8076

ⓒ 中川・髙久保ほか，2017　　　　　　太洋社・藤沢製本

ISBN978-4-623-08078-6
Printed in Japan

東アジアの企業経営

————中川涼司／髙久保 豊 編著 Ａ５判 308頁 本体2800円

●多様化するビジネスモデル 東アジア企業を国・地域別に特徴づけるとともに，職能および企業形態からも捉え，その発展の実態を検証。

中国のIT産業

————中川涼司 著 Ａ５判 376頁 本体4800円

●経済成長方式転換の中での役割 自主創造革新が課題となる中国経済界において，IT産業は先導的役割を果たせるのか。

国際経営戦略

————中川涼司 著 Ａ５判 216頁 本体3200円

●日中電子企業のグローバルベース化 現実主義的視角からグローバル競争下の諸問題への対応の在り方を示す。

入門 生産システム論

————今田 治 著 Ａ５判 280頁 本体2800円

●自動車企業の発展にみる生産革新 生産システムの全体像と最新環境を有効に学ぶことをめざしたテキスト。

アジア経営論

————陳 晋 著 Ａ５判 274頁 本体2800円

●ダイナミックな市場環境と企業戦略 各国企業の特徴，アジア市場の関わり等，発展の軌跡と実態を解説。

東アジア優位産業の競争力

————塩地 洋 編著 Ａ５判 248頁 本体3500円

●その要因と競争・分業構造 競争・分業構造を検証し，既存の産業発展理論に代わる新たな枠組みを提起。

————ミネルヴァ書房————

http://www.minervashobo.co.jp/